未读
UnRead
–
思想家

如何看待全球化

写给每一个
关心世界的人

ONE WORLD NOW

the Ethics of Globalization

[澳] 彼得·辛格 / 著
沈沉 / 译

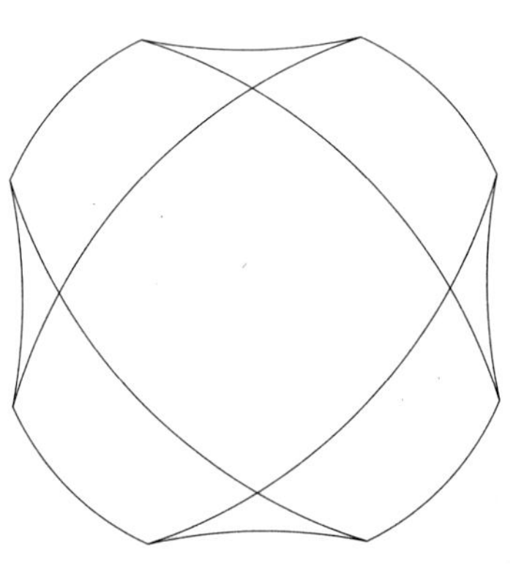

目　录 | CONTENTS

前　言

2000年年初，就在前一年12月于西雅图召开的世界贸易组织部长级会议遭到抗议扰乱之后，我开始筹划一本书，也就是后来的《一个世界》(*One World*)。我的目的是要从伦理学角度考察一下世界在哪些方面已经演变成了一个全球性的共同体，在哪些方面还没有。但没等我写多少，小布什就成了美国总统，而他组建的那届政府，却公然敌视众多的全球性机构和制度，从联合国到国际刑事法院，再到《京都议定书》——一项为阻止或减缓气候变化而首次通过的具有国际约束力的协定，以此来尝试减少温室气体排放量——不一而足。

随后，2001年9月11日，在最后润色这部书稿的时候，我跟普林斯顿大学那些瞠目结舌的学生和教职员工一起见证了世界贸易中心的双子塔燃起熊熊大火，然后轰然倒塌。在对文明冲突不绝于耳的讨论声中，“同一个世界”的理念突然发出了刺耳的不和谐之音。尽管如此，那天的恐怖主义袭击和美国继之而来的回应，仍然证实了世界渐趋一体化的观点。因为这场事件表明：一个国家无论如何强大，都有可能遭受来自全球任何一隅的致命袭击。一届先前还对世界其他地区的意见满不在乎的美国政府，如今却发现，在打击恐怖主义的全球行动中，自己需要其他国家的合作——虽然它后来又将全球性机构与制度踢到一边，未经联合国安全理事会的批准，就错误地发动了最终损失惨重的伊拉克战争。因此，我仍保留了原来的标题，既是为了描述这个星球上联系日益紧密的生活，也是为了指出我们伦理思考的基本单元应当是什么。

《一个世界》触动了高校内外的广大读者。但2002年以后，世界又发生了新的变化，重新审视一下包括气候变化、全球经济、国际法和全球贫困这些全球化问题适逢其时。因此，就有了现在这本书。本书保留了《一个世界》的基本结构，并修订和更新了部分内容，但同时也考量了一些重大的新变化，包括：

· 在《京都议定书》之后，世界未能达成一个具有国际约束力的温室气体减排协议，2015年在巴黎达成的非强制性协议采纳了新途径；

· 多哈回合贸易谈判失败，导致世界贸易组织的影响力衰退；

· 当一国政府无力或不愿阻止针对本国公民的反人类罪行或种族灭绝时，国际社会就有责任去保护他们，这一新出现的观点已被广泛接受；

· 在削减极度贫困方面，尽管取得了巨大进步，但依然任重道远；

· 迫切寻求安居之所的国际难民与国内流民人数剧增。

我之所以开始写作《一个世界》，是因为2000年我受邀参加在耶鲁大学举办的“特里讲座”（Terry Lectures）。我要感谢“特里讲座委员会”（Dwight H. Terry Lecture Committee）的成员，包括罗伯特·亚当斯（Robert Adams）、罗伯特·阿普佛（Robert Apfel）、拉德利·达利（Radley Daly）、卡洛斯·艾尔（Carlos Eire）、利奥·希奇（Leo Hickey）、约翰·赖登（John Ryden）、戴安娜·维特（Dianne Witte）和理查德·伍德（Richard Wood），感谢他们决定将这一荣誉赐予我。耶鲁的听众为我提供了首次反馈，后来又仰赖于众多知识渊博且乐于助人的朋友和同事仔细的阅读和协助。这些都令我受益良多。波拉·卡索（Paula Casal）和布伦德·霍华德（Brend Howard）通读了《一个世界》的草稿并提供了评论，马特·波尔（Matt Ball）、约翰·布鲁姆（John Broome）、迈克尔·多伊尔（Michael Doyle）、加雷斯·埃文斯（Gareth Evans）、尼尔·埃亚勒（Nir Eyal）、彼得·戈德菲–史密斯（Peter Godfrey-Smith）、艾力克斯·戈瑟里斯（Alex Gosseries）、罗莉·格伦（Lori Gruen）、戴尔·杰米森（Dale Jamieson）、安迪·库珀（Andy Kuper）、薇薇安·列文（Vivian Leven）、斯蒂芬·马塞多（Stephen Macedo）、乔纳森·马克斯（Jonathan Marks）、达瑞尔·麦克劳德（Darryl McLeod）、布兰科·米拉诺维奇（Branko Milanovic）、尼克·欧文（Nick Owen）、涛慕思·博格（Thomas Pogge）、列夫·维纳（Leif Wenar）和梅丽莎·威廉姆斯（Melissa Williams）等人都从各自不同的专长领域对书中的特定章节做了评述。阿伦·杰克逊（Aaron Jackson）和迭戈·冯·瓦卡诺（Diego von Vacano）提供了出色的研究协助，而我的助理金·吉尔曼（Kim Girman）则欣然且有效地完成了我交办的许多任务。耶鲁大学出版社的编辑琼·汤姆森·布莱克（Jean Thomson Black）自始至终都为我提供了助力与支持。

在本书历年的写作过程中，曾有许多人就《一个世界》向我提出过建设性意见，他们都令我受益匪浅。即便我能记住他们所有人的名字，在此也无法一一列举。但是，我依然想在此鸣谢约翰·赫斯（John Huss），多年来，他一直将《一个世界》作为其在阿克伦大学开设的"伦理学导论"课程的进阶内容。他在课堂上试讲了本书的部分草稿，并向我提供了课堂反馈，还有他的助教内文·约翰逊（Nevin Johnson）及他的学生扎里克·贝尔（Zarek Bell）、乔·克莱因（Joe Klein）和内森·尼古拉斯（Nathan Nicholas）等人对此书的评论。

加雷斯·埃文斯热心地阅读了第四章中关于保护责任的部分，他的评论使我完善了这一部分内容。耶鲁大学出版社的某位匿名评审提出了一些有益的建议，使我避免了许多错误。

普林斯顿大学特别是人类价值研究中心（University Center for Human Values）多年来一直为我提供最为理想的研究与写作环境。在《同一个世界》与本书写作期间，艾米·古特曼（Amy Gutmann）、乔治·凯特布（George Kateb）、斯蒂芬·马塞多、艾伦·帕顿（Alan Pattern）和查克·贝茨（Chuck Beitz）均曾担任该中心主任，我要一并感谢他们的支持。我讲授的"实践伦理学"的各位学生也曾作为听众批判性地听取了本书部分内容。由于本书完成于澳大利亚，我还要感谢墨尔本大学的历史与哲学研究学院为我提供办公室和惬意的工作环境。最后，我要感谢我的妻子勒娜特。她的爱意与陪伴不断为我的生活和事业增光添彩，她身上的冒险精神也促使我决定来到美国尝试一种新的生活，本书就是这一抉择的成果之一。

彼得·辛格

普林斯顿大学人类价值研究中心
墨尔本大学历史与哲学研究学院

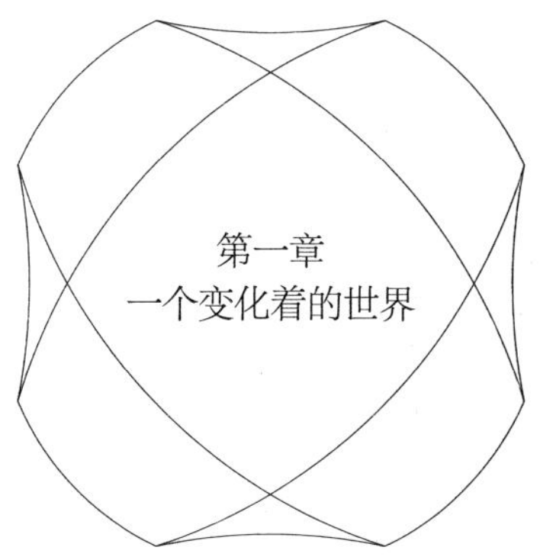

第一章 一个变化着的世界

- A CHANGING WORLD -

该优先考虑我们的同胞吗？

请考虑全球化的两个层面：第一，生活在阿富汗、伊拉克或也门的人，有能力将死亡和恐惧突如其来地带往纽约、伦敦、马德里、巴黎和悉尼；第二，发电厂、汽车甚至还有牛群排放的温室气体。前者留下了令人难以磨灭的图景，全世界的人都能通过电视屏幕看到；后者导致地球气候产生了变化，但只有通过科学手段才能检测。然而，两者却共同揭示了我们现在已经身处同一个世界，而且汽车排放带来的那些十分不明显的变化，正在杀死更多的人，其数量远远多于恐怖分子明目张胆杀的人。

自20世纪80年代以来，虽然科学家们收集到越来越多的证据，证明温室气体排放的增加会危及数亿甚至数十亿人的生命，但各国领导人却一直难以达成一致的方案，实现充分减排，避免这种严重的气候风险演变成毁灭性的气候灾难——虽然这样一份协议明显符合全世界的整体利益。正如我们将在本书的阐述中看到的，就连2015年达成的《巴黎协定》(Paris Climate Agreement)也仅仅是杯水车薪。

从小布什身上我们能再好不过地看出，人们是多么缺乏必要的全球视角。在造成气候变化的问题上，过去半个世纪里美国的排放量远远超过任何一个国家，但作为该国总统，小布什却声称，“我们绝不会做任何伤害我国经济的事，因为美国人民才是重中之重。”[1]这一说法绝不唐突，而是表达了众多政治领袖眼中天经地义的伦理观点。小布什的父亲，即老布什总统，也曾在1992年召开于里约热内卢的地球高峰会议（Earth Summit）上说过大致相同的话。当时发展中国家的代表要求老布什将发达国家——特别是美国的资源过度消耗问题——列入议程，但老布什却说，“美国人的生活方式不容置喙。”意思就是说，这种生活方式容不得讨论，即便这种生活方式长此以往将会导致数百万人因日益难测的天气状况而死亡；即便长此以往，随着海平面上升和区域性洪涝，将会有数千万人失去其赖以生存的土地。[2]

但是，将美国人的利益摆在首位的，绝非只有这两届布什政府。20世纪90年代初，在讨论是否应当干涉波斯尼亚，阻止塞尔维亚人针对波斯尼亚穆斯林的“种族清洗”行动时，科林·鲍威尔（Colin Powell）时任比尔·克林顿（Bill Clinton）总统参谋长联席会议主席，他曾正面引用奥托·冯·俾斯麦（Otto von Bismarck）的言论，声称全部巴尔干人民都不如他一个士兵的骨头重要。[3]不过，俾斯麦说这句话的目的，绝不是要去干涉巴尔干，阻止反人类的罪行。作为德意志帝国的宰相，俾斯麦认定他的国家应当遵从国家自身的利益。把此人的言论当作反对人道主义干涉的论据，就等于要回归

19 世纪的强权政治，而无视这种政治模式曾在 20 世纪上半叶引发的血腥战争，也忽略了 20 世纪下半叶的人们为了奠定和平、遏止反人类罪行而做出的种种努力。

在科索沃，尽管克林顿政府所奉行的“美国人生命绝对优先”的政策并不妨碍保护科索沃人的干涉行动，但是干涉行动仅仅限制在采用空袭手段上。这一战略相当成功：北约（NATO）的部队没有任何人员伤亡，仅有约 300 名科索沃人、209 名塞尔维亚人和 3 名中国人遇难。2014 年至今，在所谓的 “伊斯兰国”（ISIS）威胁要踏平伊拉克后，贝拉克 · 奥巴马总统也采用了类似“仅限空袭”的战略来应对。该战略同样避免了美国人的伤亡，但是正如伊万·伊兰德（Ivan Eland）指出的那样，“如果美国仅仅采取空袭战术，那么 ISIS 就会躲藏到城市里去。美国如果想将这个组织从角落中赶出来，消灭其爪牙，就只能被迫造成大量的平民伤亡。”[4]

在评论美国靠空袭保护科索沃人民的问题时，蒂莫西 · 加顿艾什（Timothy Garton Ash）写道：“如果一个道德准则允许 100 万无辜异族平民沦为赤贫，理由只是你不愿意自己的哪怕一个职业军人去冒任何生命危险，那么这种道德准则就是邪恶的。”当然，这并不是说，派出“地面部队”就总是对的：2003 年美国入侵伊拉克就曾引发了地区性的混乱，ISIS 由此而崛起。根据约翰 · 霍普金斯大学研究者的估计，以战前状况测算，此次行动还导致了 65.4 万多名伊拉克人死于非命。[5] 无论如何，加顿艾什的评论提出了一个根本性的伦理问题：一国的政治领导人应当在多大程度上将自身角色定位为仅限于促进本国公民的利益，而又应在多大程度上关心全世界所有人的福祉？

关于这点，正如加顿艾什所指出的一个强有力的伦理主张那样：领导人将本国公民的利益置于绝对优先地位，是一种错误的行为。某个无辜人类的生命价值，并不会因其国籍而有所区别。然而，也许有人会说，“人人有权接受平等考量”这一抽象的伦理观念，并不足以规定政治领导人的义务。正如我们的观念中，父母应当优先考虑其子女而非陌生人的利益一样，任何人如果做到了美国总统的职位，他就成了一个特定角色：有义务保障和促进美国人的利益。其他国家有自己的领导人，因而也应该为了他们各自同胞的利益而承担类似的角色。世上不存在一个世界政府，而且只要情形一直如此，就必须有主权国家，因此这些国家的领导人，也必须优先考虑本国公民的利益。除非大部分选民突然变成了某种前所未见的利他主义者，否则西方民主制度将会无法正常运转。美国选民不会选择一个在他们自身的利益与伊拉克人或阿富汗人的利益之间不分轻重的总统。政治领导人都会认为，他们必须要在一定程度上优先考虑本国公民的利益，并且在上述论证中，他们这么做是正当合理的。

超越主权国家的世界

世界被分割为不同的主权国家，是否构成了一个支配性的、无法改变的必然现实？那些发生在波斯尼亚、卢旺达和科索沃的骇人事件，已经影响了我们对这个问题的思考。比如在卢旺达，联合国的一项调查认为，如果当时有2500名得到恰当训练和指挥的军事人员，将有可能拯救80万条人命。[6]科菲·安南（Kofi Annan）时任联合国主管维和事务的副秘书长，他当时的无所作为被调查报告评价为“既可怕又可耻”，因此，他注定要为自己的行为负相当程度的责任。他从中吸取了教训，在当上联合国秘书长后，曾呼吁：“当侵犯人权的行为公然、有计划地发生时，世界绝不能袖手旁观。”他还说，我们需要一些“合法、普遍的原则”，来作为干涉行动的依据。[7]后来，正如我们将会在后面第四章详细讨论的，联合国世界首脑会议（World Summit）与会各方达成一致：世界共同体有责任保护任何国家的公民免于遭受种族灭绝、种族清洗、战争罪和反人类罪的危害，即便这意味着需要对某些正在其领土范围内实施此类罪行的政府采取军事干涉。这一责任被普遍认可，英国历史学家马丁·吉尔伯特（Martin Gilbert）称其为“360年来关于主权做出的最为重大的调整”。换句话说，它是1648年结束欧洲“三十年战争”、确立国家主权原则和不干涉他国事务原则的《威斯特伐利亚和约》（Treaty of Westphalia）签订以来最大的一次调整。[8]

恐怖主义怎样弱化国家主权?

另一方面，2001年针对世界贸易中心和五角大楼的恐怖袭击的后果则以一种迥然不同的方式凸显出我们在过去一个世纪里对国家主权的理解发生了多么大的变化。在一百多年前的1914年夏天，也有一场恐怖主义行动震惊了世界：一名来自波斯尼亚的塞尔维亚民族主义分子在萨拉热窝刺杀了奥地利皇储弗朗茨·费迪南大公及其妻子。暴行发生后，奥匈帝国立即向塞尔维亚发出了最后通牒，并举证说明这名刺客接受了“黑手社”（Black Hand）提供的训练和武装，而黑手社乃是由塞尔维亚军情首脑所领导的一个秘密组织。黑手社得到了塞尔维亚政府人员的纵容、支持，后者为刺杀计划的 7 名嫌疑人安排了进入波斯尼亚的安全入境通道。[9] 因此，奥匈帝国在最后通牒中要求塞尔维亚人将嫌疑人员绳之以法，并要求允许奥匈帝国的官员查阅相关文件，以确保能够彻底追责。

尽管有清晰的证据表明——历史学家一致认为证据极为确凿——有塞尔维亚官员卷入了这桩罪行，但奥匈帝国向塞尔维亚提出的最后通牒却遭到了俄、法、英和美等国的广泛谴责。英国外交大臣爱德华·格雷爵士（Sir Edward Grey）称其为“我所见过的一个国家向另外一个独立国家发出的最可怕的文件”。[10] 美国退伍军人协会关于“一战”的官方历史文献则少了一些外交措辞，批判这一通牒为“一份恶毒的文件，纯属无端的指控和专横的要求”。[11] 许多研究“一战”起源的历史学家都曾指责过奥匈帝国的这份通牒，认为它提出的要求超过了一个主权国家能向另一个主权国家要求的合理限度。他们甚至还补充说，在塞尔维亚虽非全部但至少部分接受了奥匈帝国的诸多要求之后，奥匈帝国依然拒绝谈判，这进一步证明了，奥匈帝国及其背后支持者德国只是想要一个发动对塞尔维亚战争的借口。所以，它们必须为发动战争并导致 900 万人死亡一事承担应有的罪责。

现在，请回想2001年由当时在阿富汗的“基地”组织（Al-Qaeda）策划的恐怖袭击发生后美国对此事件的回应。相比1914年针对塞尔维亚的那些要求，布什政府2001年向阿富汗政府提出的要求并不逊色。（主要区别在于，奥匈帝国坚决要求镇压心怀敌意的民族主义宣传，因为当时言论自由还不是当时的工人的人权。不过，由于美国本国宪法对言论自由提供了强力保护，所以，美国很难要求塔利班去做这种在美国国内违宪之事。）然而，美国的这些要求不但没有被指责为发动侵略战争的借口，而且得到许多国家的一致赞同，认为它们正当合理、无可非议。2001年9月11日之后，小布什总统在各种演讲和新闻发布会上宣称，他不会区分恐怖主义者和庇护恐怖主义者的政权。没有任何一个大使、外交部长或驻联合国代表对这一说法进行谴责，批判其为针对其他主权国家的“恶毒”主张或“专横”要求。联合国安全理事会在2001年9月28日的决议，清晰无误地认可了小布什的这一主张。[12] 看起来，各国领导人默认了这样一种观点：一个国家对任何其他国家都负有一种责任——必须镇压本国境内的某些活动，以免他们在别国境内制造恐怖主义袭击，如果此国不这么做，那么对其发动战争将是合理的。这可以表明当今世界在通往全球共同体的道路上到底走了多远。当初波斯尼亚的塞尔维亚阴谋分子要接近他们的行刺目标，只需悄悄越过塞尔维亚和波斯尼亚的边境，而如今的恐怖主义却不再是地方性乃至区域性的了。驾驶飞机撞向世贸中心和五角大楼的“基地”组织恐怖分子跨越的距离要远得多（大多数都是沙特阿拉伯人），而ISIS则一直在互联网上兜售恐怖主义，并煽动其追随者在自己居住的国家内部发动袭击。同样，2015 年发生的叙利亚内战，也已经成为整个欧洲的问题，因为难民进入希腊后继续向欧洲其他地区进发。

就在“9 · 11”恐怖袭击发生前，联合国的一个专门小组曾在报告中指出，即便世上的富人对于穷人没有任何利他主义的关怀，出于自利，他们也应该帮助后者：

> 在地球村内，他人的贫困很快就会变成我们自己的问题：产品缺少市场、非法移民、污染、传染性疾病、缺乏安全保障、狂热主义、恐怖主义。[13]

因此，恐怖主义、大规模跨国迁徙和互联网三者相互结合，已经以一种全新而又令人恐惧的方式将我们的世界变成了一个一体化的共同体。对我们构成潜在威胁的活动，不仅来自我们的邻居，也可能来自世界上那些极为偏远的国家里的偏僻无比的山沟住民，因此，后者也应成为我们的关注对象。我们需要将刑法的边界延伸到那里，需要拥有将恐怖分子绳之以法且不必对整个国家发动战争的手段。为此，我们需要一个可靠的全球性刑事司法体制，令正义不必沦为国家之间意见不合的牺牲品。我们还需要一种意识——尽管要形成这种意识更是难上加难——即我们确实属于一个共同体，我们这群人不但应该承认“不能彼此杀害”这一禁令的效力，而且也应该承认“应当彼此帮助”这一义务的约束力。这也许仍然无法阻止狂热分子实施自杀行动，但将有助于孤立他们、减少他们所能获得的支持。就在 2001 年 9 月 11 日之后仅仅两周，美国国会的保守派议员就放弃了对于支付美国拖欠联合国的 5.82 亿美元会费的反对意见，这并非偶然。[14] 很明显，当美国想要吁请全世界帮其消灭恐怖主义时，再也无法延续那个骇人的 9 月清晨来临之前的老办法，再也不能继续蔑视全球共同体的规则。

伦理学和政治理论的新纪元

与早先的“国际化”一词相比较，“全球化”暗含着这样一层意思：我们已经超越了国家之间的相互联系不断增加的时代，已经觉察到某种比现在的国家主权概念更为丰富的东西。但是这一变化需要从我们思想的所有层面去加以考量，尤其是从我们的伦理学思想与政治理论的角度。

要理解我们的伦理学思想应当做出多大程度的改变，请试着回忆一本著作：约翰 · 罗尔斯（John Rawls）的《正义论》（*A Theory of Justice*），它代表了 20 世纪晚期美国的自由派关于正义问题的卓越见解。这本书出版于 1971 年，出版后不久我就读过，并极为震惊：一本以正义为题的书，厚达近 600 页，竟然完全没有讨论不同社会之间存在的极端富裕与极端贫困这种非正义的现象。罗尔斯凭借探求正义之性质的方法，是在追问人们：如果让他们在某种对自己处于何种社会地位全然无知的前提下做出选择，那他们会选择什么样的原则。也就是说，要求他们在做选择时不知道自己会是富人还是穷人，属于占主导的多数或者少数族群，是有宗教信仰还是无神论者，技术非凡还是一无所长，如此等等。如果我们要在全球范围内而不仅是在某个特定社会中采用这一方法，那么显然，这些做选择的人必须对以下事实保持无知：他们是某个富裕国家（如美国）的公民，或是某个贫穷国家（如海地）的公民。然而，罗尔斯在设置其原初状态*时，直接假定做出选择的那些人全都属于同一个社会，而且他们要选择的原则也只是为了在本社会内部达成正义。他论证说，在他所设定的情境中，人们将会选择这样一种原则：在满足平等的自由（equal liberty）和公平的机会平等（fair equality of opportunity）这两个约束条件下，尽量改善社会最弱势群体的境遇。但是，他仅仅将“最弱势者”这一概念限定在某人自身所处社会的**内部**。然而，想要人们做出公正的选择，他们还必须对自己身为哪一国公民保持无知；如果罗尔斯正是这一观点，那么他的理论将会变成改善全世界最弱势群体命运的一种强有力的支持论证。但是，在出版于20世纪美国的最富影响力的讨论正义问题的这部著作中，上述问题**并未被提出讨论过**。[15] 虽然罗尔斯后来在一本小书《万民法》（*The Law of Peoples*）中曾论述过这一问题（后文我还将具体讨论该书的观点），但是他的方法依然不变地建立在同一个观念的前提上：解决“何谓正义”这一问题的基本单元，仍然是某种类似当今的民族国家的概念。

* 原初状态（original position），又译原初地位，是罗尔斯正义论中的一个重要概念，大意是指假想中选择社会正义原则的人在无知之幕背后的状态，他们被屏蔽了许多与自己的社会政治地位有关的知识。——译者注

罗尔斯的模型涉及的是一种国际秩序，而非全球秩序。当今的大多数政治理论家仍然持有这种假设，不过也已经有一群正在不断壮大的少数派开始运用一种全球性的视角。耶尔·塔米尔（Yael Tamir）曾在以色列议会工作，也曾在政府中担任部长，他绝非那种远离政治现实的纯粹学者，他呼吁政治理论家们要敢于追问那些最根本的问题："主权国家的统一和自主是否应当维持？还是说，为了实现某些目的，应当超越国家；为了另外一些目的，又应当切分国家？"[16]政治理论家如今已在追问这一问题。在一本由研究全球政治理论的领军学者撰稿的论文集的前言中，戴维·赫尔德（David Held）和彼得罗·马非同（Pietro Maffettone）指出，自20世纪80年代以来全球化进程的加速，已经深刻地挑战着规范（normative）政治理念能够限定于各国国内政治生活的观念。这一论文集本身就证明，政治理论正在回应这一挑战，并且在回应挑战的过程中也在改变着自身的性质。[17]

技术（几乎）改变了一切

在人类出现以来的漫长岁月中的大部分时间里，相距很近的人们尽管也曾相当程度地影响过彼此的生活，但仍然可能自始至终生活在完全不同的世界里。一条河、一道山脉、一片森林或沙漠、一片海水……所有这些都足以将不同人群隔离开来。但是在过去的几个世纪中，这种孤立状态渐渐消失了。起初的变化比较缓慢，后来则日益加速。如今，生活在世界两端的人们之间都已被从前不敢想象的方式相互联系了起来。

150 年前，卡尔 · 马克思曾以一句话总结了他的历史观：

> 手推磨产生的是以封建领主为首的社会；蒸汽磨产生的是以工业资本家为首的社会。[18]

如果是在今天，他可能还会加上一句：

> 喷气式飞机、电话机和互联网产生的是以跨国公司和世界贸易组织为首的全球社会。

马克思认为技术改变一切。即便这句话仅有一半正确，它也仍然相当具有启发性。在技术克服交往距离之后，经济全球化就随之而来。肯尼亚的新鲜蔬菜能够通过飞机运到伦敦，去和附近肯特郡的农产品竞价。如果飞机落在坏人手里，也可能变成摧毁高楼大厦的致命武器。即时数字通信将国际贸易的性质从货物贸易拓展为技术服务贸易。在一天的交易活动结束后，某家纽约的银行可能会让印度的职员去结算账目。单一的世界经济体正在深化并形成着，其表现就是各种新形式的全球治理方式正在不断涌现，其中历来最富有争议的就是世界贸易组织（WTO），但它本身并非全球经济的开创者。

全球市场的吸引力激励着各国纷纷穿上了托马斯 · 弗里德曼

（Thomas Friedman）口中的“金色紧身衣”（Golden Straitjacket），即一套特定的政策，包括开放经济的私人部门、削减官僚机构、保持低通胀、移除对于外国投资的限制等。如果某国拒绝穿上“金色紧身衣”或者试图脱掉它，那么弗里德曼所说的“电子兽群”（Electronic Herd）——外汇交易人、股票和债券交易人以及跨国公司的投资决策者们——就会飞快地四散奔逃，带走各国赖以维持其经济增长的投资资本。由于资本可以跨国流动，所以提高自身税率面临风险，可能会导致资本逃向一些投资前景更好而税收更低的国家。结果是，随着经济的增长和平均收入的增加，政治占有的领域可能会收缩——至少在没有任何政治党派试图挑战“全球资本主义即最佳经济体制”这一假设时，情况会一直如此。由于当权政府或者反对派都不愿意冒险脱掉这身“金色紧身衣”，所以，主要的政治党派之间的差别就会缩小，仅限于用哪些细微方式来调整这套紧身衣。[19] 所以，即便 WTO 不存在，全球经济的发育本身也预示着民族国家权力的衰退。[这里有一个无比生动的例子，足以说明挑战国际经济格局的困难程度：希腊左派政党激进左翼联盟（Syriza）在 2015 年 1 月竞选时反对紧缩的措辞，与其执政后面对希腊债主的通牒时所采取的行动，两者大相径庭。]

马克思认为，长期来看，我们不会拒斥满足我们物质需求的手段所取得的进步，所以，历史的推动力就是生产力的增长。曾有人说，全球化是一个由一群公司高管在达沃斯世界经济论坛上密谋出来，再强加给全世界的东西。假如马克思能听到这种论调，他自然会嗤之以鼻；他可能还会赞同弗里德曼的另一个说法，即全球化的一个最基本的真理在于：“**无人居中操纵**”。[20] 对于马克思来说，这一陈述的要点并不在于阴谋论是错的——尽管他大概确实会这么看——而是在于：我们生活在一个异化的世界，也就是说，我们并没有在进行自我统治，而是被我们所创造出来的东西——全球化经济统治着。但是弗里德曼并不认同马克思提出的替代方案。[21]

马克思还认为，一个社会的伦理学，仅仅是建立在一定技术基础上的经济结构的反映。在封建经济中，农奴被限制在领主的土地上，所以，你看到的就是封建骑士精神的伦理学，其基础是骑士和封臣对其领主的忠诚与领主在战争中为之提供保护的义务。资本主义经济则需要流动的劳动力，以回应市场需求，所以，它就打破了领主与封臣之间的关系，代之以另外一种伦理学：买卖劳动的权利至高无上。我们眼前这种全新的、相互依赖的全球社会，能够以无数种方式将全球所有人彼此联系起来，因此，为我们提供了构建一种全新的伦理学的物质基础。马克思也许会认为，这样一种伦理学将会服务于统治阶级的利益，而统治阶级就是富裕国家及其培养的跨国公司。

马克思希望从现实的角度来思考伦理判断。他认为，伦理判断既不是出自上帝，也不是出自理性，而是源于我们所在社会的经济基础及生产消费品的手段。但他没有提到现实中的另一种可能性，那就是我们的伦理判断具有某种生物学基础，而这源于我们作为社会性哺乳动物的身份。我们在判断许多事情的对错时所用到的直觉反应，可以从我们的人类祖先和非人类祖先的直觉行为那里找到根源，而这些直觉反应起初是为了适应人人彼此熟悉的小群体生活。那已经跟我们如今生活的世界相去甚远，但我们仍有相当一部分根深蒂固的道德直觉并未改变。[22]本书的一个主题就是要讨论：如果我们想要克服当今世界面临的问题，这类道德直觉应当做出什么样的改变？

我们的许多道德直觉源自我们祖先在所面临的生存环境中维持生存和繁衍后代的需要，这一事实并不意味着我们的理性能力对重构我们的伦理学无能为力。如果在为自己辩护（justify）时，我们的对象群体是一个部落、一个民族，那么我们的道德观很可能就是部落、民族性质的。但是，如果通信革命已经创造了一大批全球性的听众，我们可能就会体认到某种需要，即必须面向整个世界来辩护我们自身的行为。本书下面的章节就会依据这种伦理学进路展开。[23]

如果认为互联网的存在以及随之而来的跨国界交流的可能性提升，就足以催生出一种新的伦理学，能以此前任何伦理学（尽管它们都曾许下豪言壮语）都未曾做到的方式，满足地球上所有人的利益，那会是相当幼稚的想法。进入21世纪第二个十年，民族主义在许多国家复苏。比如，民族主义在俄罗斯的壮大，便也促使了其占领克里米亚，并为乌克兰东部的亲俄分子提供援助。尽管如此，一种全球性听众和全球性大讨论的存在，仍然可以被视作一种真正的全球性伦理学出现的必要的、非充分的前提条件。

上述这种做法，是我们诉诸对伦理辩护的需求，它似乎相当依赖以下前提：对于人性与理性影响自身伦理判断、行为的能力，要求我们特别仁慈、宽松地理解它。如果是这样，那么，我们还有另外一层考虑，虽然方式完全不同，效果却殊途同归。历史上所有伟大的帝国，无论是波斯、罗马、古代中国还是大英帝国，只要它们的权势不堕，就有能力确保它们的重要城市不受那些身处偏远边疆、被它们视为蛮族的人的威胁。波斯人和罗马人靠军事力量将其拒之门外；英国人是凭借海上霸权所向披靡；中国人则选择修筑了万里长城。然而在21世纪，某个人类历史上最强势的超级大国，却阻止不了心怀另一种世界观的一群所谓的“战士”，它的金融中心和首都均遭到了袭击。本书的另一个主题就是，我们能在多大程度上安然度过全球化时代（或者说，我们是否能度过全球化时代），将取决于我们怎样从伦理学角度回应“我们生活于同一个世界”这一理念。富裕国家没能形成一种全球性的伦理视角，这一直以来都是一种严重的道德错误。长期而言，如今依然是这些国家所面临的安全威胁。

第二章 我们拥有同一个大气

- ONE ATMOSPHERE -

一个全球性的大问题

关于人类如何需要进行全球性行动，再也没有什么例证比人类活动影响大气层所导致的问题更突出了。20 世纪 70 年代，我们住在同一个地球这个事实，以一种相当迫切的方式引发了我们的注意。当时科学家发现，氯氟烃（CFCs）的使用已经危害到地球臭氧层——而臭氧层能够阻挡太阳部分紫外线照射——进而影响它保护地表的功能。这一保护层的损坏会导致癌症发病率飙升，还会带来其他后果，比如影响藻类生长。对于生活在地球最南端城市的居民，其危害尤为突出，因为南极上空发现了一个巨大的臭氧空洞，并且还在逐年增大。长此以往，整个地球的臭氧层都会受到威胁。当这一科学发现为人所共知时，联合国十分迅速地展开了行动：1987 年即签署了《蒙特利尔议定书》（Montreal Protocol）。到 1999 年，发达国家在事实上逐步停止了对氯氟烃的使用，发展中国家则获得了 10 年宽限期，最终要在 2012 年该条约签订 25 周年时，也都可实现这一目标。

然而，淘汰氯氟烃只是序幕，气候变化才是大戏。不是说我们小看了各国签署《蒙特利尔议定书》的功绩，而是所面对的问题并不难，因为氯氟烃的各种用途都可由其他产品替代，并且代价相对不高。因此，解决问题的办法仅仅是停止生产氯氟烃而已。而气候变化则是一个非常困难的大问题。

人类活动正在改变地球气候的科学证据，现在正得到一个工作小组——政府间气候变化专门委员会（Intergovernmental Panel on Climate Change，简称 IPCC）的专门研究，这一国际科学机构成立的目的，就是要为政策制定者提供有关气候变化及其成因的权威观点。该组织于 2014 年发布了其《第五次评估报告》（*Fifth Assessment Report*），在此前历次报告的基础上，又增加了第四次报告发表以来五年间累积的最新证据。这次报告是总计超过 800 名作者的共同成果。其中单是论述气候变化的自然科学基础的这一部分，就长达 2000 多页，且引用了 9200 份经过同行评议的科学成果材料。同其他所有的科学文献一样，这份报告也接受其他学科的科学家的批评，不过它仍然可以反映一种获得了广泛认同的主流科学观点；它是目前为止回答关于气候到底怎么了这一问题的我们所能获得的最为权威的观点。

第五次报告指出，有确凿的证据表明，自 20 世纪 50 年代以来，大气和海洋都已经暖化，冰川开始消退，格陵兰岛和南极的冰盖持续大量消融，北极冰盖也开始缩减，而海平面正不断地加速上升。过去三十年中，每个十年期的地球表面均温比 1850 年以来的任何一个十年期都要高，而且还在逐年递升。[1]2014 年是自 1850 年以来最热的一年，而 2015 年又打破了前一年的纪录。自 1880 年我们拥有可靠的全球气温记录以来，最热的10个年份全都出现在1998年以后；最热的14个年份中有13个出现在21世纪。在出生于20世纪中期的那一代人（例如我）的人生中，全球气候产生了怎样的变化呢？我们可以用以下这句话来表述：如果你生于1985年以后，那么你所经历过的任何一个月份，当月的全球气温都不会低于整个20世纪的同月平均气温。[2]

同时发生的另一种变化是，大气中的二氧化碳、甲烷和一氧化二氮的浓度也在持续增加，而这是由燃烧矿物燃料、砍伐植被以及养牛（就其产生的甲烷而言）和种植水稻之类的人类活动所导致的。这些气体当前的浓度达到了过去80万年以来的最高值。除此之外，大气中二氧化碳含量的增加还导致了海洋酸性的增强。

气候变化中有多少影响是由人类活动导致的，又有多少可以通过自然变化来解释?《第五次评估报告》发现："人类的影响**极有可能**是20世纪中期以来观察到的暖化现象的主要原因。"（在报告所用的词汇中，"极有可能"意为95% ~ 100%的可能性。）我们这些在评估气候变化及其原因的科学方面并无专长的人，面对绝大多数这方面的专家都赞同的观点，很难保持一种置之不理的态度。当然，即便他们**所有人**意见一致，也有可能是他们全错了。但就我们所面临的问题的严重性而言，依赖于这种可能性，相当于拿数亿甚至可能是数十亿面临风险的人命去玩俄罗斯轮盘赌。那些对气候变化科学心怀疑虑的人，如果在智识上是诚实的，就必须承认，绝大多数科学家的意见有很大的可能性是对的；如果是这样，这些人就应该追问自己，无所作为地去面对风险，这种做法是否正确。[3]

假如我们继续当前的行为，持续增加排入大气中的温室气体总量，就有可能导致什么问题呢？《第五次评估报告》认为，如果温室气体排放量不出现“大量持续性的”削减，我们将遭遇地球大气的进一步暖化和全球气候层面上的其他变化。前面已经提到，在1986～2005年的这两个十年期，已经比1850年以来其他任何一个十年期都要温暖，但到2046～2065年这两个十年期（本书的许多读者到那时仍是中年），相比于1986～2005年，预计地球表面平均温度还会升高1～2℃，变动幅度为0.4～2.6℃。

尽管这些平均数值看起来很小——明天是20℃还是22℃，并不是什么大事情。但是，即便平均气温只升高1℃，这也已经比过去1万年以来某一个世纪内所发生的任何变化都要巨大，足以对全球及地区的粮食安全构成威胁，同时还会导致许多无法适应的物种濒临灭绝。在如今一些适于居住的地区，高温和潮湿将会使一年中的某些时候无法进行正常的人类活动，如种植作物和户外劳动。[4]此外，还有一些地区性的变化将更为极端，也更加难以预测。地球北部的大陆板块，特别是北美和中亚，将比海洋地区和沿海地区更为温暖。总体降雨量将会增加，但地区差异会非常大，如今降雨充足的地区将变得干旱。年波动也会比现在更大，太平洋将会出现更为频繁的厄尔尼诺现象。由此我们可以预估，干旱和洪涝灾害都将更加严重；亚洲的夏季季风可能将会变得更加不稳定。这些变化有可能达到足以触发关键临界点的程度，从而使整个天气系统都一触即溃，或者使得主要的洋流如墨西哥湾暖流改变流向。如果墨西哥湾暖流消失，那么，英国的冬季平均气温将会下降大约5℃，整个西欧也会出现明显的气温下降。最后，海洋升温还会导致格陵兰和南极的冰盖融化，从而又会进一步导致海平面上升。《第五次评估报告》预测，到2100年时，海平面上升幅度可能会达到0.52 ~ 0.98米；当然，下文会提到，有些科学家认为这个预测数字还非常保守。如果继续暖化，海平面预计将至少上升7米，最高可达13米，而这种变化也许最快在2150年左右就会发生。

对于人类而言，又会有怎样的后果呢？下列影响已经出现，而其严重程度在21世纪中还将不断增加：

· 随着海洋升温，曾经分布于热带地区的飓风和热带风暴会进一步远离赤道，袭击那些建筑物未曾做过防灾加固的众多大城市。

· 热带流行疾病正在越过原先的分布区向外扩散蔓延。

· 一些地区的粮食产量将会上升，特别是北半球高纬度地区；但在其他一些地区粮食产量则会下降，包括撒哈拉以南的非洲地区。

· 逐渐上升的海平面已经开始威胁地势低洼的沿海地带，包括地势很低洼的太平洋岛屿、肥沃的三角洲以及一些人口最为密集的城市。

这些变化，有多少已经发生了呢？那些广为人知的飓风、干旱和洪涝灾害已被归因于气候变化。然而我们也很难说，任何一个具体的极端天气事件，就一定不会发生。这就像车祸一样：假如你车开得很快，就有可能遭遇严重事故，但任何一个事故却都可归因于你偶尔走神、路面湿滑或其他司机肇事等，而不一定都是由于你自己超速。2005 年肆虐新奥尔良的卡特里娜飓风曾导致多达 1833 人死亡，而 2012 年袭击纽约和新泽西的桑迪飓风则在美国和加拿大导致了 132 人死亡，并在其他国家夺走了 70 多条人命。这两个例子都说明气候变化可能使这类极端天气事件变得更加频繁，尽管对其中的任何一次事件，我们都不能说：假如没有全球变暖它就不可能发生。

然而，我们有时也能相当自信地说，是气候变化导致了某种特定的天气模式。2012~2013 年，澳大利亚遭遇了破纪录的最热夏天，其东南部地区发生了大面积的森林大火；其东北部则遭遇了严重洪涝，并且都是与高温有关。墨尔本大学的研究者比对了历年来的气温记录，研究了这一现象。他们采用的是人口健康研究中用于评估特定行为（如吸烟）对健康之影响的方法。研究发现，我们有九成把握可以说，人类活动引起的气候变化，使得发生澳大利亚当年夏天那种极端天气的风险提高了 5 倍。[5] 这次澳大利亚的森林大火和洪涝灾害导致数人死亡，另有数千人无家可归。另一项研究指出，2011 年发生在东非的干旱，至少一部分可以归咎于气候变化。[6] 对于人类来说，这一事件导致的后果比起澳大利亚热浪和森林大火要严重得多，它迫使索马里、吉布提、埃塞俄比亚和肯尼亚的 950 万人口陷入急需援助的境地，迫使 92 万人沦为难民，还导致了至少 5 万人死亡。

在今后几十年中，气候变化对富裕国家和贫困国家造成影响截然不同这类事情，还将一而再、再而三地反复上演。富裕国家也许有能力应对这些变化，在付出相当大的代价之后，它们也许能够避免大量的伤亡损失。它们具有的优势，使其能充分地储存食物以应对可能出现的干旱，转移洪涝地区人群，阻止传染病菌的蔓延，并修筑堤坝以抵御涨高的海水。而贫穷国家则对此束手无策。孟加拉国是世界上人口最密集的大国之一，它在恒河和雅鲁藏布江等大江大河的入海口处，拥有世界上最大的三角洲和滩涂群。生活于这种低洼地带充满了危险。1991 年袭击孟加拉国海岸的一场龙卷风，与海水涨潮一同导致了上千万人无家可归，并且夺去了 13.9 万人的生命。其中的多数人就生活在三角洲的滩涂上。现在，许多人还继续生活在那里，因为那里土壤肥沃，而且他们也没有什么别的地方可以去。但是，如果海平面继续上升，可能有 700 万人将被迫背井离乡。在埃及和越南、尼罗河三角洲和湄公河三角洲的数百万小农也同样面临着丧失土地的威胁。还有些小规模的情况，许多太平洋岛屿国家由仅仅高于海平面一两米的珊瑚环礁所组成，它们也将面临巨大的损失。海水的高涨已经在侵蚀岛屿，污染着极为宝贵的淡水来源，而一些无人居住的岛屿已经被海水淹没了。更有一些国家可能因此而彻底消失。

全球变暖将会使死于夏季高温的人数增加，但另一方面对此又会有所抵消：因冬季寒冷致死的人数将会减少。不过，比这两者更加危险的是热带传染病的扩散，包括那些由只能存活在湿热环境下的昆虫所携带的疾病。世界卫生组织（WHO）的一项研究估计，到 2030 ~ 2050 年，将会有额外增加的 25 万人由于高温环境暴露、痢疾、疟疾以及儿童营养不良而死亡。[7] 这项研究还未考虑气候变化所导致的洪涝、移民增多以及暴力冲突增加等重大灾难所引发的死亡和其对健康带来的危害。

按照全球变暖模型的一些预测，如果亚洲的季风减弱，并使得生命之源——降水不再像从前那样稳定，那么，印度及其周边国家的数亿小农将会陷入饥荒，因为他们不能通过其他方法获得种植作物必需的水源。总体而言，不再稳定的降水模式将会使全球人口中的很大一部分陷入极端困境，因为后者必须自耕自足，而这些都依赖于降水。

对于动物和生物多样性而言，后果也将非常严重。在某些地区，动植物种群将会追逐变化的气候而居，渐渐远离赤道，迁移到纬度更高的地区。但不是每个种群都能享有这种机会。澳大利亚独有的一些高寒动植物本就只能生存于该国境内的高原和山峰之上，但也就海拔 2000 多米而已。如果在生存区域内不再降雪，它们必然会逐步灭绝。海洋生态系统也将会出现极大变化，升温的海水可能会毁灭珊瑚礁。上述预测还都仅仅推算到了 2100 年而已，但即便温室气体排放量到那时已经稳定，气候变化也将继续存在数百年，甚至数千年。

格陵兰岛的冰盖正以肉眼可见的速度融化着，随着海上的冰面逐步消退，会不断有新的岛屿裸露出来。南极的冰盖则要面临大得多的问题，随着海洋变暖，它有可能开裂，断裂产生的冰山将会漂流到更温暖的水域后融化。詹姆斯·汉森（James Hansen）曾带领来自美国、法国、德国和中国的众多研究员做过一项研究。他们认为，未来短短 50 年内，这种冰川融化现象可能会导致海平面上升 5 ~ 10 米。这足以淹没世界上所有沿海大城市的大部分地区，也足以淹没孟加拉国、欧洲低地国家、美国东海岸的大部以及中国华北平原等地势低平的农业集中地区。有数亿人口必须迁居别处。[8]

何谓人类世的伦理学

正式而言，本书写作的同时，我们所处的地质纪元在地质学上仍被称为“全新世”(Holocene)。它开始于11700年前，地球的各个系统在这一纪元的大部分时间里保持了非同寻常的稳定。不过，人类的数量及其人类活动的影响在这一时期却绝非稳定。全新世早期，全球可能只有大约600万人口，大多数都过着“狩猎—采集”的生活。在回想这些早期人类时，我们应该避免“高贵的野蛮人”这种迷思的欺骗，不要以为他们能与环境完美地和谐共处，因为即便是那些技术落后的小型群体，也有能力改变他们居住地的植物和动物的群落。关于这一点，我们只需看看4万年前最早抵达澳大利亚的第一批人类是如何导致当地巨型动物灭绝的，又是如何通过“火棍耕作”(firestick farming)* 导致耐火的桉树林取代了原始森林。再晚一些，毛利人进入新西兰之后不久，一种名为恐鸟的巨型无翼鸟就灭绝了。如今，全球有70多亿人口，其中许多人生活在以矿物燃料为能源的工业化经济体中，他们的食谱还要求不断增

* 火棍耕作，澳大利亚早期原住民采用的一种耕作方式，指故意点火烧掉植被以便于打猎，并人为改变当地的动植物种类。——译者注

加全球的牛群养殖，这会产生更多的甲烷。由此造成的影响涉及方方面面，不仅包括物种灭绝，而且包括森林被滥伐、土壤沙化、污染遍及全球、臭氧消耗量增大、海洋酸化导致气候变化等，会造成这些后果，都是我们的祖先所想不到的。因此，就出现了一种主张——最早是由生物学家尤金·斯托莫（Eugene Stoermer）于 20 世纪 80 年代提出的——认为我们身处一个全新的地质时期，即人类世（Anthropocene）。这一提法随后慢慢地流行开来。在本书写作期间，在这一问题上握有决定权的国际地层委员会（International Commission on Stratigraphy）已经在正式审议一个要求将对这一新纪元的命名列入地球史的提案。[9]

以上种种，都促使我们换一种方式来思考伦理学。我们的道德观念形成于一种特定的背景：大气和海洋似乎无穷无尽，因此我们理所当然地认为它们能够吸收我们的废弃物，并且不会产生任何明显的恶果。在这种背景下，责任与伤害通常都是显而易见的，并且能够得到很好的界定。如果某人打了别人一下，我们会很清楚他做了什么事、这么做为何是错的。如今，臭氧空洞和气候变化这对孪生麻烦，却向我们展现了一种新、奇、特的伤害他人的方式。在氯氟烃被逐步淘汰之前，如果你在纽约的公寓中给自己的腋窝喷一下除臭剂，那么你可能已经成了多年后发生在智利彭塔阿雷纳斯市的皮肤癌致死事件的帮凶。今天，驾车所释放的二氧化碳，可能会将你拉入一个最终导致孟加拉国发生致命洪涝灾害的因果链条。

这是否意味着开车就一定是错的？甚至连吃牛肉都不行？毕竟牛群会释放大量的甲烷。为了过一种有道德的生活，是否必然要求我们要尽可能减少我们的碳足迹（carbon footprint）*？比如在自家屋顶上安装太阳能板；不吃肉；如无必要绝不开车，而选择骑自行车或乘公交车、地铁。通过这些办法，我们就能把自己对别人施加的伤害最小化了，这自然是值得称赞的。这样做，我们同样是在给别人树立榜样——而且如果有足够多的人都这样做，那也是在向我们的国家领袖树立榜样，表达了我们追求可持续生活的意愿。因此，这些都是随手可做的好事。但我们也不能自欺欺人，不能就此认为气候变化的问题能够通过此类个体行为来解决。我们需要更大规模的改变，包括改变发电方式、给汽车充能的方式、生产食物的方式等。而要推动这一系列改变，就必须提高碳价格，以反映碳排放的真实成本；用经济学家的话说，必须将目前外部性的成本进行内部化——所谓外部性的成本，是说它们是被强加给第三世界的，而后者本没有参与我们与发电厂、加油站或超市之间的交易。我们还需要那些主要的温室气体排放国——不管是现在的还是未来的排放大国——都同意大幅削减足够多的排放量，以避免灾害发生。因此，作为个体，我们的首要义务是做积极的公民，尽全力去敦促我们的政府与别国政府联合起来，找到一个解决全球问题的全球性方案。

* 碳足迹，指某单一个体、组织、事件或产品所导致的温室气体排放量的总和。——译者注

从里约出发，经京都和哥本哈根，再到巴黎

气候变化问题是在 1988 年被提上国际政治舞台的，当时联合国环境规划署和世界气象组织联合设立了政府间气候变化专门委员会（IPCC）。1990 年，IPCC 报告说，气候变化的威胁是真实存在的，各国必须签署一份全球协议来共同应对。联合国大会随即着手推动这一协议。1992 年，《联合国气候变化框架公约》（United Nations Framework Convention on Climate Change，以下简称《框架公约》）达成，并于同年在里约热内卢召开的地球峰会上发布以供签署，该会议的正式名称是“联合国环境与发展大会”。这一《框架公约》已被 190 多个国家的政府接受。顾名思义，该公约尽管只有从现在开始的行动的框架内容，不过它还是要求将温室气体“稳定”在一定水平，以防止人为活动对气候系统造成危险的干扰。公约还明确，加入公约的各方“应当在公平的基础上，并根据它们共同但有区别的责任和各自的能力”来实现上述目的。发达国家应当“率先应对气候变化及其不利影响”，还要承诺到 2000 年时将其温室气体排放量稳定在 1990 年的水平，不过这一承诺并不具有任何法律约束力。[10] 对美国及其他一些国家来说，幸好如此，因为它们实际上远远没能达成这一目标。比如，美国 2000 年的二氧化碳排放量相比其 1990 年的水平高出了 14%。[11]

《框架公约》包含了一项有时被称为“预防原则”（precautionary principle）的原则，就是即便在缺乏完全的科学确定性的情况下，也能呼吁各方拿出行动，以避免严重且不可逆的危害风险。《框架

公约》还承认了一种“可持续发展的权利”，并且主张经济发展对于应付气候变化至关重要。因此，里约热内卢的地球峰会并未给发展中国家规定必须实现的减排目标。

《框架公约》设立了一个程序，要求缔约方会议（Conferences of the Parties）评估进展情况。1995 年的缔约方会议决定，有必要建立更有约束力的减排目标。经过两年谈判后，《京都议定书》于 1997 年出台，它为 39 个发达国家设定了目标，要求它们在 2012 年之前控制或减少其温室气体排放。控额和减排目标的设计是为了将发达国家的总排放量在 1990 年的水平上至少减少 5%。不过，国与国之间的目标并不相同，欧盟国家和美国的目标是在其 1990 年水平上分别减少 8% 和 7%，而其他国家如澳大利亚等则被允许超过其 1990 年的水平。这些目标是通过与政府领导人进行谈判而达成的，其依据并非什么一般性的公平原则，除了为达成协议所需之外，也无法找到其他的辩护依据。[12] 谈判中的灵活性也是必要的，因为在“国家主权”概念盛行的年代，国家并没有义务去实现这些目标，除非他们是自愿签署这一协议的。为帮助各国达成各自的目标，《京都议定书》接受了排放交易机制，依据这一机制，若某国达成自身目标后尚有节余，它就可向他国出售碳排放信用额度（credits）。

京都会议并没有确定各国该如何达成其目标的细节，比如没有确定是否应该为植树造林以减少大气中二氧化碳这一行为提高碳排放信用额，也没有确定排放交易应当如何操作。这些问题在 2001 年于波恩和马拉喀什召开的后续会议上才得到了解决。178 个国家在这次会议上达成了一个历史性的协议，使得《京都议定书》的生效成为可能。问题是小布什领导下的美国尽管是当时世界上最大的温室气体排放国，但它已经不再是该议定书的缔约方；而中国，这个在条约有效期内将会成为世界最大排放国的国家，当时却被归类为发展中国家，没有被规定任何排放目标。因此，毫不奇怪，京都的条约并没能解决人类活动影响世界气候的问题。

光阴流转，全球温室气体排放一直在不断增加，而各国预计完成其减排目标的2012年很快就到了。那么，2012年之后该怎么办？2009年，《框架公约》的192方代表在哥本哈根召开会议，目的是商定在2012年《京都议定书》到期之后的后续条约的基本原则。当时，奥巴马已经取代小布什担任美国总统，然而这也没能阻止会议令大多数观察家希望落空。与会各方并没能达成一个新的协议，只是同意会“重视”一份不具有约束力的“哥本哈根协议”（Copenhagen Accord）——该协议要求各成员国提交下一步的减排承诺。奥巴马明明白白表达了他的灰心，据他后来描述，那次谈判混乱而无序。[13] 不过，事后看来，哥本哈根会议没能达成一个具有约束力的条约也许还是一件好事，因为如果达成了，奥巴马就必须将其提交给参议院，而美国参议院很可能会拒绝批准。如此推测是因为，就在哥本哈根会议之后不久，美国参议院就挫败了一部由约翰·克里参议员推动的气候变化法案。尽管奥巴马在2012年胜选连任，但国会中的保守派共和党的势力却增大了，而他们中的许多人否认人类导致气候变化的真实性。因此，奥巴马采取了另一种策略，他动用手中的总统行政权，推动发电厂碳排放量的削减，并且和中国国家主席习近平达成了一项减排协议，由此鼓舞了其他各国纷纷设定自己的减排目标，从而要求各国设定各自的目标，并承诺落实哥本哈根协议，以使它获得全新的生命力。这样一来，尽管这一策略最初貌似捉襟见肘，似乎只是一块用于掩饰一场没能达成具有约束力的协议的失败会议的遮羞布，但最终它却得以蜕变升华。要论避开灾难性气候变化这一不可接受的高风险，它或许还没有达到，但它至少提供了一个框架，用奥巴马的话说，这是“拯救我们唯一的地球的最佳时机”。[14]

在巴黎会议之前，共有 195 个国家提交了其削减温室气体排放量的承诺——它被正式称为“国家自主贡献”（Intended Nationally Determined Contributions）。它的基本意图，是想要把全球变暖控制在与前工业化时代相比升温 2℃以下。大多数科学家相信，要避免 1992 年《框架公约》缔约各方一致同意应当避免的那种“危险的人为气候变化”，这个数字是能够允许的绝对最大升温值。巴黎会议上，在受气候变化威胁最大的一些国家的坚持下，这种措辞得到了强化，签约方被要求将升温幅度控制在“远低于”2℃，并且要“尽一切努力争取将升温幅度限制在 1.5℃以内”。协议还承认，升温幅度越低，避免触及某些可能导致灾难后果（如南极冰盖破裂）的临界点的可能性就越低。[15]

由于上文提到的原因，《巴黎协定》并非一份具有法律约束力的文件，因此，它无法约束各国去实现其“国家自主贡献”。如果各国拒不落实，那又会怎样呢？首先，我们无法追踪是哪些国家没有履行承诺。协定中包含旨在确保透明度的措施（尽管无疑会存在灰色地带），这一措施有时被称为“承诺与评估”，或者更直白地说，是“点名与谴责”。这种表达已经被用于敦促各国尊重自己签署的诸多人权文件，如《日内瓦公约》和《赫尔辛基协议》，都曾敦促各个国家的领导人履行承诺，为实现“联合国千年发展目标”助力。并且，这种做法也确实取得了一定成效。其次，正如珍妮弗·雅克（Jennifer Jacquet）和戴尔·杰米森（Dale Jamieson）指出的，即便这一协议具有法律约束力，它也难以施行。欧盟已有成员国违反具有法律约束力的承诺，且未能将财政赤字控制在国内生产总值的3%以内，但欧盟迄今尚未对此采取过任何惩罚措施。[16]

让我们再乐观一些，假设《巴黎协定》的各方确实都会按照承诺的全额进行减排。但不幸的是，即便如此，也仍然不足以防止灾难性气候变化的发生。伦敦政治经济学院的格兰瑟姆研究所（Grantham Institute）研究了各国已做出的承诺后发现，“根据各个国家的自主贡献计算，对2030年全球排放量最乐观的估计，大约也只比我们之前假定的‘保持原样’要好一点点，但距离确保升温2℃以内的目标的实现，还有一半的路要走”。[17] 换句话说，仅仅为了达到那条并不保险的2℃安全线，全球的排放削减量就必须在各国此前承诺的基础上再增加一倍。为了达到相对更保险的1.5℃界限（由于关系重大，我们仍有理由认为即便达到这个限度也还是十分危险），还需要再进一步减排。当然，《巴黎协定》确实要求所有缔约国每五年更新一次减排目标，并每五年进行一次“全球盘点”（global stocktaking），以确定全世界是否朝着既定目标前进。但由于刚才提到的原因，即便所有缔约国都履行其2015年的承诺，首次盘点也会无情地告诉我们，全球升温很可能会超过 2℃。因此最关键的是，各缔约国是否愿意承担高于其承诺的减排义务。要实现这一点，某些排放大国必须率先行动起来。具体应该包括哪些国家呢？这就引出了下一个问题。

怎样才算是公平分配？

在 2000 年美国总统大选期间举办的三场电视辩论的第二场中，候选人曾被问到如何应对全球变暖问题，候选人小布什说道：

> 我跟你们说说有哪件事我不会做。我不会让美国去承担净化世界空气的重担，就像《京都议定书》设想的那样。中国和印度都没有被这个条约约束。我觉得应该更加公平一些。

人类似乎具有一种普遍的公平意识，尽管根据时代和文化背景的不同，我们对于某一具体情境中公平的理解也是有所区别的。在政治哲学领域，我们一般都会认同罗伯特·诺齐克（Robert Nozick），对历史原则和即时（time-slice）原则加以区分。[18] 所谓历史原则是指，如果只看当前状况，我们无法确定物质财产的某种分配状态正当与否。我们还必须了解当前状况是怎么来的，了解其发展的历史；同时还要了解根据最初占有财产时的理据和一系列转让过程中的合法性，各方是否有权继续占有他们目前所拥有的财产。如果理由充分，那么当前分配就是正当的；若非如此，那就需要进行矫正或补偿，以形成一种正当的分配状况。与此相反，即时原则就只考虑当前这一特定时刻的已有分配状态，并且追问这种分配是否满足了某些公平原则（而这些原则跟此前发生的一系列转让过程是不相干的）。接下来，我将分别对这两种进路做一番考察。

历史原则："污染者付费"或"谁弄坏了谁修好"

请想象我们生活在一个特殊的村庄里，村里所有的废弃物都被丢进一个巨大的阴沟。没人清楚地知道垃圾丢进阴沟之后会怎样，但由于它们会就此消失，而且不会对任何人产生不良影响，所以也就没人担忧了。有些人消费很多，所以垃圾也很多，另一些人手头拮据，几乎没有产生垃圾。但阴沟容纳废弃物的能力似乎无穷无尽，所以也没人关心这些差别。只要这种状况持续下去，我们就能合理地认为，在向阴沟里倾倒垃圾这件事上，我们给予其他人的是足够之善，因为无论我们倒了多少，其他人都还能随心所欲继续倾倒，阴沟并不会溢出来。"足够之善"，源自约翰·洛克（John Locke）1690 年出版的《政府论·下篇》（*Second Treatise on Civil Goverment*）中为私有产权所提供的辩护。洛克在此书中谈道："大地及地上的所有物产都赐予了人，是为了满足他们维持生命与舒适的需要。"大地及地上的物产"共同属于所有人类"。若如此，怎么还会有私有财产呢？因为我们的劳动属于我们自己，所以，当向土地及其产出中掺入我们自己的劳动时，我们就将土地和物产变成了私有物。但是，为什么往全人类的共同财产中掺入我的劳动，就等于我获得了对全人类所有物的财产权，而不是我失去了对自己劳动的财产权呢？洛克说，只要个人对于共同所有物的占用，没有妨碍“留下足够之善的东西供他人公有”这一原则[19]，就会产生这种结果。在如何能获得合法财产的问题上，洛克以上的这些辩护就是经典的历史解释。洛克的论述也是近年来许多论述的出发点。回到我们开始讨论的问题，这一论述的重要性在于，如果论证有效，并且我们所说的阴沟确实（或看上去）具有无限容量，那么它就能为以下这种做法提供有效的辩护——允许任何人向阴沟里随心所欲地倾倒垃圾，尽管有些人倾倒的比别人多得多。

但现在假设的情况变了，阴沟处理垃圾的能力饱和了。随即产生了一些令人不适的渗漏现象，这似乎就是阴沟负担过重的后果。渗漏又引起了一系列偶发问题，例如天气一热就会散发恶臭。阴沟附近有个水池，本是孩子们游泳的地方，现在却产生了大量藻华，水池再也无法用来游泳了。村里的一些长老出来警告说，除非限制向阴沟里倒垃圾，否则村里的全部水源都会被污染。此时，我们如果还要往阴沟里倾倒生活垃圾，就再也没法给别人留下“足够之善”了。所以，我们不受限制地处理垃圾的权利就成了问题。阴沟属于全村人共有，如果我们继续肆无忌惮地使用它，就剥夺了其他人在不危害共同利益的前提下使用阴沟的权利。此时我们所面对的，就是人所共知的“公地悲剧”（tragedy of the commons）问题。[20]

阴沟是一种有限资源，需要以一种公平的方式来分享对它的使用。但具体要如何解决，这就引出了分配正义问题。

我们可以将大气层想象成一个吸收废气的地球大阴沟。一旦我们用尽了大气层吸收废气而不产生有害后果的能力，那我们在进行自我辩护时，就不能再宣称“给别人留下了足够之善”。大气层吸收废气的能力，已经成了一种有限的资源，地球上不同的群体之间对这一资源具有相互竞争的权利，问题在于如何公平地协调分配这些权利。

将人类一直以来的共同财产拿出来，转变为私有财产——还能否为这种行为进行其他的辩护？洛克还有另一种跟前面那种很难融洽的论证，即便没有给他人留下“足够之善”，财产分配的持续不平等现象仍能站得住脚。比较一下美洲印第安人和英国劳工：前者没有土地私有权，所以无法耕作土地；后者中的地主拥有广大的庄园，许多劳工却无立锥之地。洛克说：“那里（美洲）领土广阔、物产丰富，当地酋长在衣食住等方面都比不上一个英国散工。”[21] 洛克认为，寸土未有的劳工之所以生活条件更好，是因为私人占有着公共财产（尽管这并不平等），因此，劳工应该认同这种私有。洛克在英国劳工和美洲印第安人之间所做的比较，其现实基础却明显有问题；况且他也没考虑到还有其他既平等又高效的土地使用方法。而且，即便这一论证能在英国劳工那里站得住脚，我们也没法套用在关于“地球大阴沟”的私人占用问题上。尽管对于原本人们所共享的土地，可怜的劳工已经没有机会再去分一杯羹了，但洛克似乎认为他们不该抱怨，假设没有承认土地私有权，他们的生活可能会更惨。在“地球大阴沟”的使用问题上，一种平行的论证应该是这样的：即便是那些最最贫穷的人，也应该从工业化国家使用地球大阴沟提高生产率的结果中得到好处。但是这种论证依然不可行，因为尽管最贫困人群的大气排污份额被工业化国家占用，但他们中的很多人还是无法受益于这些国家生产率的提升——他们买不起工业化国家的产品，或者降水变动导致他们无法耕种，或者海平面上升淹没他们的农田，又或者台风摧毁了他们的家园。他们的境况还会更加糟糕，而这些本是可以避免的。

除洛克之外，最经常被援引来为富人的财富所有权进行辩护的思想家，大概要数亚当·斯密了。他曾论证说，富人并没有剥夺穷人在世界总体财富中的份额，因为：

> 富人只是从这大量的产品中选取了最贵重和最中意的东西。他们的消费总量比穷人多不了多少。尽管他们的天性自私又贪婪，尽管他们只图自己方便，尽管他们雇用千百人劳动，仅仅是为了满足无聊而又贪得无厌的欲望，但还是同穷人一起分享了他们所做的一切改良的成果。[22]

为什么会这样？斯密告诉我们，有一只“看不见的手”实现了生活必需品的分配，而这种分配结果，与假设世界上最初就采用全民均分产生的结果 “几乎一样”。斯密的意思是，富人为了得到他们想要的东西，会把他们的财富分布到整个经济活动中。不过，尽管斯密明知富人会自私贪婪，但他从没有设想过：富人对某种稀缺资源的消耗绝不仅仅是比穷人“多不了多少”，而是多出了许多倍。平均而言，由于开车、食用肉类和消费其他动物制品、夏天制冷、冬天采暖、以可怕的速度消费产品等原因，美国人对地球大气层阴沟的使用要比印度人多出 10 倍。[23] 因此，美国人连同澳大利亚人、加拿大人以及欧洲人（稍微好点儿），一起剥夺了穷人沿着富人的路线图实现发展的机会。如果穷人要能像如今的富人那样生活，我们毫无疑问会突破温室气体排放的警戒线，很可能引发灾难性的气候变化和海平面上升。

那些为私有财产进行辩护的、人所公认的历史依据，它们由那些哲学造诣最为精深的辩护人提出——写作年代还只是资本主义才刚起步要走向世界经济统治地位的时候。它们绝不适用于我们当前对大气层的使用。在使用地球大气层阴沟的有限容量时，富人的使用量远远超出了其公平份额，而无论是洛克还是斯密，对此都没能提供有力的辩护。实际上情况完全相反，他们的论证暗示，对曾经属于全人类共有的资源，这种私有是毫无依据的。而且，由于发达国家的财富与对矿物燃料的巨量使用（始于 200 多年前，并一直延续至今）是分不开的，因此，只要前进一小步，我们就能得出一个结论：当前全球财富的分配状况，源于世界上一小部分人口对一种全人类共有资源的不合理占用。

那些坚信正义原则应该关注历史过程的人，认为错误的占用是以后矫正或补偿的基础。假设这种理论是对的，那应该怎样去矫正或补偿呢？

同住的室友头发的颜色和长度与我们不一样，会有这样一个好处：假如浴缸的下水口被头发团儿堵住，你很容易知道那是谁的。“把你自己掉在浴缸里的头发清理走”是一条公平合理的家务守则。若阻塞的地方在下水道深处，就只能请水管工来处理了，那么根据使用浴缸期间所积累的毛发（正是它们导致了下水道阻塞）中每个人占有的分量来分摊清理的费用，似乎也是公平合理的（尽管这个例子很恶心）。

大气中的二氧化碳比浴缸里的头发更难看到，存留的时间也更长久。很多一个世纪以前排放的碳，现在还留在大气层中，间接影响着气候变化。除非我们发明了某种能够清除它们的新技术，否则我们今天排放的碳千年以后依然会残留四分之一，并继续暖化地球。[24]

包括中国、印度和巴西在内的发展中国家，近来提出了一种公平的制约气候变化的观念，十分类似于根据阻塞下水道的责任来分摊清理费用。与依然处在发展中阶段的国家相比，那些工业化更早，还在更频繁地消耗能源的国家，它们对气候变化该负主要责任。如果发达国家从前工业化时期就开始一直以发展中国家的人均水平排放温室气体，我们现在就不会面临减排紧迫性。相反，在大气中的温室气体浓度达到一定水平并引发问题之前，我们还会拥有一个足够大的机会窗口。用孩子都能理解的话语来说明，那就是——在大气问题上，是发达国家“弄坏了它”。如果我们坚信人们应该在弄坏某物品时按照责任大小成比例地出力修好它，那么相对于其他国家，发达国家就必须主动担负解决大气问题的责任。

“谁弄坏了谁修好”这一公平观念，交给了发达国家一副沉重的担子。从它们的角度，也可以争辩说，在发达国家向大气中排放的温室气体的累计总量中，大部分都是很久以前排放的，而那时它们还不可能得知大气层吸收这类气体的容量限度。尽管瑞典科学家斯凡特·阿伦尼乌斯（Svante Arrhenius）早在1895年就预测到，大气中二氧化碳浓度的增加会导致地球变暖，但直到20世纪80年代，这一观点都没能得到足够的重视，因此，不足以证明必须采取强有力的措施。所以我们可以说，应该从现在开始重新计算，设立的标准应当面向未来而不是回望过去，这样才更公平一些。

在有些情况下，既往不咎、重新开始确实可行。为了合理预期各国政府都能了解本国气体排放有可能伤害他国人民，这需要一定的时间。至于在此之前的累计排放量，确实可以既往不咎。然而，至少从1990年政府间气候变化专门委员会发布第一次报告开始算起，我们就已经拥有了关于排放的相关危害的可靠证据，而且1992年发达国家本身（包括老布什总统任内的美国）也已经在里约地球峰会上同意削减排放，以避免发生危险的人为气候变化。[25]如果要对1990年以来发生的事既往不咎，似乎过分偏向于工业化国家了，因为它们在明知上述证据存在的前提下，仍然超比例地排放了更多的温室气体。

由中国清华大学的滕飞牵头的一个科学家团体，一直试图澄清历史责任观的内涵。他们关注的核心是公共资源不平等分配的不公平所在，而不是谴责发达国家道德卑劣。他们认为，在温室气体排放的公平问题上，有一种理解就是，长时段内的人均排放量要相等。在 1850 ~ 2050 年，人类可以安全排放一定数量的温室气体，同时保证不会产生《框架公约》所极力避免的人为气候变化的危险（即全球变暖在前工业化水平基础上不超过 2℃），而这个排放总量是可以计算出来的。然后，可以设想这一时期内地球上的每个个体都有权花费这个总预算中的一份均等份额。现在，请将这些个体理解为不同国家的公民，而这些国家从全球碳预算（globle carbon budget）中的开支是不一样的，而且他们从这些开支中获益了。那些最早实现工业化的国家，如美国和欧洲国家，尤其是北欧，已经使用了这一预算中的很大一部分。比如，美国居民的平均花费要比中国居民多出 10 倍。美国自 1850 年以来的累计排放量相当于世界累计排放总量的 30%。如果美国和其他最早工业化的国家不尽早、尽全力削减自身的排放量，那么发展中国家居民的排放份额就不可能达到前者的水准——至少，在避免气候变化走向极度危险的前提下绝无可能。鉴于使用矿物燃料一直仍然是实现高标准生活的主要途径，因此，这种状况是不公平的。[26]

如此表述基于历史责任的论证，并不意味着某些国家实现工业化或使用矿物燃料来获取所需能源的做法是不道德的。这一主张是说，这些国家通过使用超出其公平份额的全球碳预算而实现了比发展中国家更高的生活水平，但同时妨碍了发展中国家的人民走上与其相似的道路，妨碍了他们使用廉价矿物燃料改善生活。公共资源的公平划分原则，要求我们不仅要考虑每个人当前的使用量，还要考虑过去的使用量。

即时原则

考虑到排放的历史责任的论证相当有力，尤其是当它强调了公平而非过错时。不过，为了考察是否还有其他人所共知的正义原则，不会对那些早已发达的国家如此严苛，让我们假设那些处在发展中的以及刚刚步入发达行列的国家大方地不计较过去的历史。于是，我们就需要考察一种即时原则，来确定允许每个国家排放多少。它是一种怎样的原则，又会对发达国家提出怎样的要求呢？

每个人的平等份额

即便放下过去，我们依然可以追问，对“地球大阴沟”而言，在当代人中间，为什么有的人应该拥有比别人更大一些的权利呢？最基本也最简单的答案是，我们没有理由说某人必须如何。对于大气这类公共资源，每个人都享有同等的权利，也理应拥有同样的份额。这似乎很公平，至少作为讨论的出发点足够公平，而且，若我们找不出更好的理由背离这个出发点，那么把它作为讨论的结论也是公平的。

而一旦采取了这种观点，我们就必须追问下去：在能够避免危险的人为气候变化发生的前提下，我们还能往大气中排放多少二氧化碳和其他温室气体？如果知道了这个总量，我们就能除以全球总人口，得出每人被允许排放的量，然后我们就可以用各国的人口数乘以这个单人额度，从而得出各国在人人份额均等前提下的排放水平。然而，要获得这堆数字里的第一个，我们必须做出两种判断：到底全球变暖达到什么程度才是危险的？以及如果超过了这一程度，我们准备承担多大的风险？

关于第一个问题，我们已经知道了，就是2℃的上限。不过《巴黎协定》也承认，最好还是低于这一限度，各方应努力避免在前工业化时期使升温水平超过1.5℃。在讨论这一问题的时候，对把1.5℃作为上限持强烈支持态度的，是那些来自面临被海水淹没风险的小岛国家以及其他48个发展中国家的代表，他们大多来自撒哈拉以南非洲。但在所有主要经济体那里，这个稍低的上限都遭到了抵制，包括发达国家以及印度和中国。他们争辩说，将升温控制在1.5℃以内很难办到，而且代价也很高。它要求我们去做的，不仅仅是将大气中的碳浓度稳定在如今400ppm（百万分之四百）的水平（当年谈判时的浓度），而是削减到350ppm。[27] 发达国家在巴黎会议上反复申明，它们听到了1.5℃上限支持者的呼吁，但依然拒绝承担义务，原因是政治上而非科学上的。绝大多数参加气候变化会议谈判的人都认为，这个更低的上限根本不现实，将升温控制在2℃以内就已经是个高难度挑战了。

安全上限具有不确定性，其中一个原因是，全球变暖可能会触发反馈循环（feedback loop），导致更进一步的暖化。比如，北冰洋的冰块减少，意味着其反射回去的太阳热量也会减少，而海洋吸收的热量则会变多；西伯利亚的永冻层进一步融解，会释放更多的甲烷，而这是一种强有力的温室气体。当然也有一些负反馈循环，会减缓暖化的速度。我们的知识尚不充足，即使能明确到底多高的大气碳浓度不会导致2℃以上的升温，答案也有可能是错的。因此，决定可接受的大气碳浓度水平的第二个因素就是，我们愿意接受多大的升温少于2℃的概率。政府间气候变化专门委员会在第五次报告的“决策者摘要”中，为我们计算出了这个答案——在我们愿意接受大于33%、大于50%或大于66%的概率的情况下，分别可以排放多少二氧化碳。

按照这三种概率，即便在风险**最小**的情况下，升温2℃以上而使气候变化走向危险的可能依然有三分之一。此处的“危险”，是说我们无法确切知晓将会发生什么。无法排除以下这种可能：强力的反馈循环将会使地球表面很大一块地方再也无法住人。如果将风险尽量降低到10%或1%，甚至0，需要将排放限制在什么水平呢？“决策者摘要”并未进行这些计算，原因似乎是根本没人以为这些限额实际可行。现在请仔细想想，假如你是个疯子，想要玩传统的俄罗斯轮盘赌——就是在一个六发左轮手枪里只装一颗子弹，然后拨动左轮，枪口对准自己的脑袋，扣动扳机——这时你杀掉自己的概率是六分之一。我们拿这个同第五次报告比较一下，这份报告可是由最权威的研究气候变化问题的政府间机构发布的呀，作者全都是这一领域的顶尖专家，并且他们是通过了《框架公约》各国代表审查的。“决策者摘要”却告诉我们：气候变化至少有三成概率走向失控，而且这已经是最佳选项了。在我们将枪口对准地球的脑袋之前，我们真的想往手枪里装上两颗子弹，而不是一颗吗？

如果我们最大的希望是将风险降至33%，那么第五次报告告诉我们，我们必须将自1861年以来的累计排放量限制在29000亿吨二氧化碳。在这一总量中，到2011年为止，已经排放了18900亿吨二氧化碳，只剩下10100亿吨二氧化碳可供未来排放。[28]考虑到2010年的排放量（包括甲烷和一氧化二氮等温室气体在内）相当于490亿吨二氧化碳，而且还在不断增加，可以认为，到2015年年底我们将只剩下9100亿吨二氧化碳可供未来几十年排放。如果全世界都选择维持现状，那么最晚在2003年，我们就应该将排放量削减为0，但很显然这没有实现。一些较为乐观的科学家认为，替代性能源和新技术也许会有飞速发展，到2050年可能能做到排放为0。我们还要再乐观一些，假定畜牧业要么完全消失，要么我们能找出办法来让牛羊之类的反刍动物停止打嗝、放屁，从而不再释放甲烷，因为根据联合国粮食及农业组织（UNFAO）的一份报告，从全球变暖的来源上看，畜牧业的排放比整个交通部门（包括全部小汽车、卡车、公交车、火车、轮船和飞机在内）加起来都要多。[29]不过，让我们仍然假定，到2050年必须实现零排放，这就意味着，接下来的35年里我们还能排放9100亿吨二氧化碳，或者说每年260亿吨二氧化碳，然后才有66%的概率避免危险的气候变化来临。假定世界总人口为70亿，将这260亿吨二氧化碳平均分配，每人每年的排放额度约等于3.7吨二氧化碳。

现在，我们可以拿一些关键国家的实际人均排放量来做一番比较。波斯湾的小国高居榜首：科威特64吨、卡塔尔43吨。看看其他区域，澳大利亚的人均排放位居前列，接近27吨。美国和加拿大每人每年产生超过20吨的二氧化碳。俄罗斯人均接近15吨，德国超过 10 吨，英国 9.3 吨，而包括 28 个成员国在内的欧盟整体来算是人均 8.7 吨，这接近于日本，也（奇怪地）很接近于印度尼西亚的排放。在印度尼西亚，总排放的一半以上可以归因于土地利用方式的变动，特别是滥伐森林。中国的人均排放是 7 吨，巴西和墨西哥都接近 6 吨。对比鲜明的是，印度和巴基斯坦的人均排放只有 1.9 吨，埃塞俄比亚 1.7 吨，乌干达和布基纳法索 1.3 吨，而孟加拉国仅为 1 吨。[30]

根据以上数据，人人份额相等的平等观对富裕的工业国家所提出的要求是如此之高，仅仅比历史责任的平等观稍逊一筹。为避免超出自己的份额，澳大利亚需要削减 85% 的排放，美国和加拿大要削减 80%，德国、英国和欧盟的排放则必须砍掉一半，中国也不得不实施大规模减排。必须强调，达成这个目标不是要在遥远的未来，而这只是 2050 年之前需要实现的一般排放水平（假设到那时人类可以期待新技术让我们不再往大气中增加二氧化碳）。

根据人人份额相等的原则，我们也可以推算出，按照目前的排放率，一个国家多少年能用光它到 2050 年之前的温室气体排放额度。只要把公平份额（3.7 吨）乘以 35（2015 ～ 2050 年的剩余年数），再除以当前的排放率。如果美国的排放保持一成不变，这个时间将是 2022 年，没剩几年了；澳大利亚更快，2020 年；欧盟将于 2030 年用光配额。与此相比，印度和巴基斯坦几乎可以将其人均排放翻一倍，仍不必担心超额；孟加拉国的排放甚至可以增加三倍以上。

一种对上述进路的反驳是：允许各国根据其人口获得配额，

将会使其失去处理人口增长难题的动力。而如果全球人口增加，各国分配的人均碳排放量就会减少，因为我们的目的是将碳排放总量限制在确定的水平以下。因此，一国人口的增长将会给别国带来额外的负担。到那时，即便是那些人口零增长的国家也必须减少碳排放，以满足新的、减少了的人均配额。

对于这种反驳，可以如此回应：在设置各国配额时，可以与某个特定人口数量挂钩，而并不允许配额随着一国人口的增加而增加。我们可以依据某特定年份（比如新的减排条约生效的年份）的人口统计数量，来固定一国的配额。但是，由于各国即将进入育龄阶段的年轻人的比例并不一致，这种做法也可能会使那些人口结构相对年轻的国家比那些人口相对较老的国家处境更为艰难。比如，我们可以采用 2050 年的各国预计人口规模，而这一规模已经由联合国预测出来了。[31] 这样一来，人口增长低于预测数字的国家就会得到奖励（该国人均排放配额增加），而人口增长高于预测量的国家则会受到惩罚（减少该国人均排放配额），并且，这不会对其他国家造成影响。

努力帮助最弱势群体

一些关于公平的最著名的理论认为：公平原则要求我们努力改善那些最弱势群体的前景。有些人的观点是，如果最弱势群体的贫困源于他们自己对之没有责任的环境，如出生家庭、国家或家族遗传，那么我们就应该帮助这些最弱势群体。另一些人则认为，无论人们的境况是怎么变得糟糕的，我们都应该帮助最弱势群体。在特别关注最弱势群体境况的许多不同理论中，迄今被讨论最多的要数约翰·罗尔斯的理论。罗尔斯认为，在我们分配物质财富的时候，如果要给那些境况本来就好的人分配更多，只能有一种论证依据，就是这种分配能够“对社会中最弱势的人最有利”。[32]这种思考进路允许我们离开平等的出发点，但前提是，这样做的结果是为最弱势群体所做的最为有利的事。

严格的平均主义很容易遭到类似这样的反驳：我们可以通过“拉低”来实现平等，即可以将富人拉低到穷人的水平，且不必改善穷人的地位。但罗尔斯的理论对这类反驳是免疫的。比如，如果允许企业家暴富（加剧社会上的不平等），能够让他们有动力去努力工作、创立实业，为最弱势群体提供就业岗位，而我们其他人又无法为后者创造同样的就业机会或提供类似福利，那这种不平等就是可以被允许的。

生活在不同国家的人们在财富和收入上存在非常巨大的差异，这是再明显不过的事实。同样很明显的另一个事实则是，上述差异很大程度上根源于人们出身环境的不同，而不是因为他们没能充分利用他们所拥有的机会。因此，在分配大气层吸收废气而不导致有害后果的能力的时候，如果我们想要拒绝任何一种不能改善底层所处境况（成为输家并不是它们的错）的分配方式，我们就不能允许在富裕国家的境况仍然要好得多的同时，去降低贫穷国家的生活水准。[33]更具体地说，如果为了达到美国所面对的排放上限，我们所采用的税收或其他激励措施仅能刺激美国人驾驶更省油的车辆，那么给中国设定一个使绝大多数中国人根本不能开车的排放上限就是错误的。

根据罗尔斯的理论，如果我们反对让富裕国家承担减排的全部成本，唯一的论证依据只能是：这样做会让贫穷国家的境况比在富国承担全部成本的情况下更为糟糕。这一说法是否可信？在拒绝限制美国的温室气体排放时，小布什为自己辩护说，他领导的政府所采取的是一种“温室气体的集约进路”，就是减少美国每单位经济活动所排放的温室气体总量。他还补充说，“经济增长是解决方案，而不是问题所在”，以及“美国希望帮助促进发展中国家，包括最贫穷国家在内的经济增长”。[34]

允许各国根据自身经济活动规模（实际上是其国内生产总值）成正比地进行排放，这可以看作是在鼓励效率，因为它能使生产商品和服务中产生的排放降到最低水平。但是，这同时也会使美国继续增加温室气体排放，因为美国生产的商品更多。这就意味着，为了避免灾难性的气候变化，其他国家，包括那些人均排放量远远低于美国的国家在内，都需要减少自己的排放量。因此，要承认这种为美国极高的人均排放量而做的辩护符合罗尔斯的正义论，就必须证明：美国的高生产率不仅能让世界从整体上变得更好，也能为那些最弱势的群体（特指最贫穷国家的最贫困人口）带来最大的利益。

上述论证的最大缺陷在于，美国高生产率的主要受益者是美国公民。美国生产的绝大多数商品和服务（超过 85%）都是在美国境内消费的。[35] 即便我们主要关注在美国生产出来后卖到国外的那一小部分商品，美国居民也从这一经济活动所创造的就业机会中受了益，而且显然美国的生产者也从出口商品中获得了报酬。其他国家的许多居民，特别是最贫穷国家的居民，都无力购买美国生产的产品，我们不清楚他们是否能从美国的生产活动中受益。

在事实基础上，上述论证还存在另一个缺陷。以二氧化碳的排放量来计算，美国的生产活动并不比其他国家更高效。根据国际能源署发布的数据，以一个国家的排放总量和其 GDP 的比值来衡量，美国大概只处于中游位置，它的生产效率比许多发达国家，如德国、法国、意大利、新加坡、西班牙以及英国都要低，甚至低于非洲、亚洲以及中南美洲的许多发展中国家。[36]

由于效率论证站不住脚，我们必然得出一种结论：考虑到富国与穷国之间存在巨大的资源差距，一个要求我们在资源分配时力图改善最弱势群体境遇的正义原则，仍然会要求富国承担必要变革的全部成本。

最大幸福原则

古典功利主义者绝不会赞同以上我们所讨论的任何一种公平原则。他们会追问，哪一种办法能够实现受影响各方的最大净幸福（net happiness）。“净幸福”是指某个提议能够产生的幸福总量，减去它将会导致的痛苦总量之后的剩余量。偏好功利主义（preference utilitarianism）* 的支持者则会追问，如何能够实现所涉各方偏好的最大净满足（net satisfaction）。在我们当前讨论的问题中，讨论这两种功利主义之间的区别，并没有多大意义。对两者而言都很困难的是，应该怎么去进行这种计算。很明显，要对温室气体的排放总量进行限制，我们可以找出很有说服力的功利主义依据，问题在于"以什么方式来实施限制"才能获得最大净利益。

为了获取最大的净利益，我们需要做什么？在思考这个问题的时候，重要的是我们需要同时跨越时间和空间来准确无误地看待该问题。因此，我们不但要站在例如美国人和尼日利亚人或印度人之间进行思考，而且要站在当下活着的人和一个世纪甚至更久以后地球上生活着的人之间进行思考。一些经济学家在估测长期项目的成本或收益时会对未来进行贴现（discount）。比约恩·隆伯格（Bjorn Lomborg）宣称，花费在温室气体减排上的钱如果换成其他方式用于帮助地球上的穷人，收效会更好一些，他由此收获了相当可观的知名度。[37] 他的数据是基于他以每年 5% 的贴现率（discount rate）** 对未来气候变化的代价进行的折算。因为用于削减温室气体排放的成本都需要在近期支付，而不实施减排的绝大部分代价却要到未来数十年以后才会出现，所以成本和收益就会出现巨大的差异。假定

* 偏好功利主义，一种当代功利主义哲学流派，代表人物是英国哲学家 R. M. 黑尔。有别于古典功利主义将正确的行动定义为追求最大的幸福和最小的痛苦，偏好功利主义认为需要一种促进行动，来满足人类的自身利益（偏好）。偏好功利主义者一般认为道德和伦理的来源即主观偏好。——译者注

** 贴现率，是指将未来支付改变为现值所使用的利率，或指持票人以没有到期的票据向银行要求兑现，银行将利息先行扣除所使用的利率。换言之，就是当商业银行需要调节流动性时要向中央银行付出的成本。——译者注

不加遏止的全球变暖会导致海平面上升，40 年后，从曼哈顿到孟加拉国三角洲地区的许多肥沃的土地都将被海水淹没。按照每年 5% 的贴现率进行计算，40 年后因洪水导致的每 1000 美元损失在今天都只相当于 142 美元。而那些要在遥远的未来（一个世纪或更久以后）才会出现的损失，折算到今天甚至可以忽略不计。原因绝不仅仅是通货膨胀；我们所提到的成本都是用已经根据通胀调整过的美元表示的。隆伯格为他的贴现计算提供的辩护理由是，如果我们今天投资 142 美元，我们将得到每年 5% 的回报（这一回报率是非常安全的），所以，40 年后它就会增加到 1000 美元。这个数字在 2008 年金融危机爆发之前似乎是很合理的，但事实表明它并不可靠。如果选用不同的利率，或甚至只是承认利率的不确定性，那都将得出截然不同的成本 / 收益比。[38] 但是，更重要的是，当我们将那些未来会受到气候变化威胁的有价值之物进行贴现时，有一个伦理问题。毫无疑问，随着时间推移，我们的投资将会增值，我们会更富有，但是，拯救生命或其他受威胁物种需要支付的代价也可能同样上涨。这种价值不比电视机、洗碗机那种消费品（随着我们收入的增加，这方面开支在我们全部收入中所占比例会降低）。这种价值更像是健康，我们越富有，就越愿意为健康花更多钱。如果因为痛苦、死亡或者物种灭绝等损失不会在 40 年内发生，就对它们进行贴现折算，我们就需要一种基于伦理学的辩护，而非经济学的辩护。然而，迄今我们并没有看到过这种辩护。

由于从长期来看我们很难估算出怎样才能将效益（utility）最大化，功利主义者可能会诉诸公平或正当分配的其他原则，比如我们之前已经讨论过的那些原则。这些原则能为你提供相对简单的答案，而且这些答案能够实现的结果，很可能接近最佳结果（或者说，在这个问题上，至少不会比我们不运用这类原则而进行的任何计算要差）。我们之前所讨论的原则都能够用功利主义的术语进行辩护，当然，每种原则的理由论据都稍有不同。让我们依次来看：

1. “污染者付费”原则，或更通俗地说“谁弄坏了谁修好”的原则，能够提供一种强大的激励，促使人们小心翼翼地避免制造污染或弄坏东西。所以，如果把它当成一条一般性原则，那么污染将会更少，而且人们在可能弄坏东西的场合都会更加小心，而这些都有利于整体利益。

2. 如果功利主义者对他们所有行动的所有后果都具备完整的知识，一般来说，他们是不会选择人人份额相等这一原则的。然而，在没有其他更为清楚的份额分配标准时，选择这一原则也是有理据的，因为它能够实现妥协，从而能够促成和平解决，比什么变革都不做要好。可以认为，这是为“一人一票”的民主原则进行辩护的最好依据，能够反驳那些认为受过更多教育、缴税更多、曾经从军、信仰真正的上帝、最弱势的人群由于这些特殊性质就应该拥有更多票数的主张。[39]

3. 在实践中，功利主义者可能经常会支持将资源分配给最弱势群体的原则，因为在你已经拥有了很多的时候，再给你添加更多东西，所产生的效益比不上当你拥有很少时那样。在世界上每天开支只有 1.9 美元的 7000 万人中，如果有人每天能多得 100 美元，他所获得的收益要远远高于每天同样多得 100 元而每年开支 10 万美元的人。同样地，如果我们要从某人那里拿走 100 美元，那么从每年能赚 10 万美元的人那里去拿所造成的痛苦就要比从每年只赚 700 美元的人那里去拿少很多。这叫作“边际效益递减”。与将资源分配给某人以满足其核心需求相比，为核心需求已经得到满足的另一人提供更多的边际资源，所产生的效益要更少一些。所以，功利主义者在考虑资源分配问题时一般都会更偏爱最弱势群体。不过，与罗尔斯不同的是，功利主义者并不认为这一原则是绝对的。功利主义者总在追求总体利益的最大化，而根据经验法则，给拥有最少的人增加资源量通常总会实现这一目标。

功利主义者还会考虑以下因素：由于其地理或气候条件，一些国家的居民为了过上一定水平的舒适生活，要被迫消耗比他国居民更多的能源，因此，要他们严格遵守排放标准会很有难度，这会给他们带来更多的痛苦。例如，加拿大人可以争辩说，如果不能花费相对较多的能源来取暖，加拿大的很多地方根本就没法住人。富裕国家的居民甚至还有更大胆的主张：由于他们早已习惯于开车出行，以及在炎热季节保持室内凉爽，要他们放弃这种高能耗生活方式所造成的痛苦，将比穷人根本没有机会享受这种生活的痛苦更胜一筹。

功利主义者无法忽略这些关于痛苦的主张，即便这些主张来自那些生活水平早已优于绝大多数人的人。不过，正如我们下文将看到的，这类主张仍然能够以某种方式加以考虑，从而使得它们能够符合于功利主义思想在不考虑这类问题时将会得出的一般结论：在削减温室气体排放的问题上，富裕国家承担的负担应当比贫穷国家要多得多——甚至可能是全部负担。

一种公平的建议

以上我所考察的四种正义原则都可以作为应当遵从的最佳原则来捍卫，不过我们也可以将其中几个整合起来看。我建议人们支持第二个原则，即人人对于大气层阴沟的未来份额应该享有平等权利，并且应该将每个国家的人口增长固定为联合国如今对 2050 年趋势的预测。提出这个建议，既是因为这个原则很简单，适合充当政治妥协方案，也是因为它看起来很可能能够增进全球福祉。

有些人会说，这个建议对于像美国这样的工业化国家来说过分苛刻，因为它们将不得不停止大部分温室气体排放。但我们现在已经知道，同其他论据非常有力的原则比起来，人人份额相等原则已经对美国及其他发达国家够宽容了。比方说，如果我们认为人人份额相等的原则应该把一个国家此前的排放也考虑进来，那么正如本章前文已经说过的，我们就应该坚持，那些率先实现工业化的国家的排放量应该被压缩到远远**低于**人均未来排放份额的水平。照目前的情况来看，即便是根据未来排放份额人人均等的原则，发展中国家得到的温室气体排放量，也要少于假定工业化国家历史上一直遵守人人份额相等的情况下其所能得到的。所以，未来排放份额人人均等的原则，通过“让我们忘掉过去，重新出发”，比起不考虑时间的人人份额均等原则，对发达国家要有利得多。

这一提议在实践中有个直接的含义：在实行 2015 年《巴黎协定》所设想的五年一度的减排目标评估时，人均排放量很高的国家——首先就包括澳大利亚、美国、加拿大和欧盟成员国如法国、德国和英国 *——应当带头大幅度调低它们的排放目标，从而为能够做什么、需要做什么树立一个典范。根据我们已经考察过的各种道德因素，它们不应把发展中国家在采取同样强有力的行动上的犹疑不决态度作为借口，掩饰自己的无所作为。

实现合理的排放交易

迄今为止，我所讨论到的各种伦理原则，都意味着富裕国家应当大幅度削减它们的温室气体排放量。有人可能会怀疑，任何如此猛烈的减排在政治上是否切实可行。作为回应，有建议认为，可以允许超过排放目标的国家和低于排放目标的国家之间进行排放交易，以使得转型更为容易一些。排放交易跟一般性质的交易一样基于简单的经济原则而运转：如果你从他人那里购买某物比你自己生产该物更加便宜，那么对你而言，购买就比自己生产要好一些。像美国这种废气产生量已经超过其公平份额的国家，可以从孟加拉

---

* 本书此处提到英国时其尚未脱欧，后文将提到脱欧一事，原文如此。——译者注

国这种排放量低于其公平份额的国家手里购买排放温室气体的许可。这种交易能够让美国更容易达成其目标，也使孟加拉国有动力去维持其较低的温室气体排放水平，以求将它手中能拿来出售的配额最大化。据说排放交易因此能使每个人都得到最好的结果。进入大气中的某一特定量的二氧化碳，无论是来自美国还是孟加拉国，所造成的全球暖化效果并不会有什么差别。而且，全球排放交易还能让世界上最穷的国家都有东西可用以交换那些有助于满足自身需求的资源。根据大多数正义原则或效益原则，这确实是件好事。它还可能会促使发展中国家更愿意加入一份具有约束力的排放协议，因为如果没有这种具有约束力的配额，它们就没有什么东西能用于出售。

虽然 2015 年的《巴黎协定》并没有为每个国家限定配额，也没有设计排放交易，但是地方性的、区域性的以及多国性的排放交易机制——如欧盟排放交易体系（European Union Emission Trading Scheme）——实际已经在欧洲、北美、拉美和亚洲等地运作，而且数量和规模都在增长，将增加到欧盟体系的两倍。为了限制排放增加，中国正在建立一个全国性的机制，中国设计的碳价格大约是 18 美元，比本书写作时欧盟体系的运行价格要高出两倍以上，尽管欧盟官员已经承认自己体系内的碳价格需要提升。[40] 未来的某个时候，一种全球性的排放交易可能会进入人们的考量范围。

排放交易能够回答基于人人份额均等之类原则对温室气体排放配额进行分配所引发的两种反驳意见。第一，它能回答我们在讨论处理这类问题的功利主义进路时所提出的一种反驳，那就是，如果加拿大这样的国家被强制要求将排放限制在与墨西哥之类国家的人均排放量一致的水平上，那么它们将会承受许多特别的痛苦，因为加拿大人过冬需要消耗更多能源。但是全球排放交易意味着加拿大将能够从其他并不需要用完其全部配额的国家那里购买它所需要的配额。所以，针对外界温度过冷或过热时为保持自己室内温度适宜而对全球大气层所造成的额外负担，全球市场就提供了一种度量标准。富裕国家的居民可以选择支付这个价格。而且他们这么做的时候，也并不是在主张自己享有一种不准备让穷国享受的利益，因为穷国也可以从出售排放额度中受益。因此，过分痛苦这一说法并不能证明我们应该允许富国比穷国拥有更高的人均排放配额。

第二，全球排放交易还能回应另外一种反驳意见：人人份额平等将会导致生产无效率。这种反驳的理由是，根据这一原则，工业化程度很低的国家将能够继续生产产品，尽管它们的每单位经济活动所排放的温室气体要比高度工业化的国家更多，而高度工业化的国家则需要削减其制造能力，尽管它们每单位经济活动所产生的排放要少一些。当前的放任自由体制当然比这种情况还要糟糕：它允许排放者一方面自己收割经济利益，另一方面却将成本强加给了第三方，而后者可能分享了也可能没能分享到污染者的高生产率所产生的利益。经济学家认为这是市场失灵的一种形式，这种结果既不公平，也无效率。将人人均等的权利和全球排放交易结合起来，会形成一个受到良好规制的体制，将会既公平又能实现经济学意义上的效率。

对于全球排放交易，有三种重要的反对意见，一种是科学上的，另外两种是伦理学上的。科学上的反对是说，我们缺乏对所有国家的排放量进行精确测量的手段。因此，我们不可能知道各国都有多少配额可以出售，有多少配额需要购买。这一点需要进行进一步的研究，但从长期来看，它不太可能构成一种无法克服的障碍。我们的估测并不需要精确到最后一吨二氧化碳。

教宗方济各（Pope Francis）在其 2015 年有关环境问题的通谕《愿你受赞颂》（*Laudato Si*）中反对了排放交易：

> 买卖“碳信用”的措施可能催生新的投机方式，对减少全球的污染气体排放却无济于事。这一制度美其名曰承担保护环境的一定责任，看似提供了一个快捷简易的方法，却没有给目前环境最需要的彻底改革留下空间。它成了一些国家和部门玩弄的把戏，让它们可以继续过度消费。[41]

如果排放交易真的只是一个“把戏”——即它并没有以最低的可能代价实现真正的减排——那么参与排放交易就真的可能是不道德的。也许方济各只是在提醒我们注意排放交易机制有可能发生这种扭曲；但如果他的意图不只是提醒，如果即便我们可以证明那些得到支付的减排确实实现了，他仍然要反对排放交易，那我们就难以明确这一反驳意见的意义。当然，富裕国家通过购买人均份额用不完的国家的排放配额，减排量确实不必像原来那么大，但是这么做有错吗？它们会为超过其公平份额的排放量埋单，而那些出售部分配额的国家会选择接受前者支付的价格。要说这种交易是不道德的，确实不容易；特别还要考虑到，与此效率相当的替代性减排办法很可能会让减排量下降，从而带来更大的灾难风险。正如约瑟夫·希斯（Joseph Heath）所说的那样，教宗对排放交易的批评忽视了一个事实，即“在这个问题上，效率就是道德原则之一”。[42]

另有一种伦理批评更为实际，认为排放交易只有当贫穷国家的政府将收益用于服务人民时，才是对这些国家有益的，但有些国家由腐败的独裁者统治，而他们更想做的是增加军费开支，或者往自己的瑞士银行账户里存钱。排放交易只是会让他们又多了一种实现上述目的的新办法。这种批评意见跟我在下一章的结尾部分将要讨论的问题很相似，读者在阅读了那一部分之后，也许能更好地理解我提供的回答。如果一个国家有多余的配额可供出售，我们要拒绝承认那种只在意自我保存和自己发财致富的腐败独裁政权为其合法政府。在不存在任何合法政府可以接收配额所得款项时，配额的出售可以由一个向联合国负责的国际机构来管理。该机构可以托管它所得到的款项，直到该国出现一个能够做出可信宣言、保证款项将被用于满足人民整体利益的政府。

发达国家应当跌落云端？

对于那些对气候变化谈判持犬儒态度的观察家来说，上述伦理论证中某些部分似乎没有顾及政治现实。要美国、加拿大或澳大利亚根据人人份额平等之类的原则来承担减排目标，似乎根本没有多少现实前景可言。所以，我们讨论这样一种原则到底有什么意义？

此前种种讨论的一个目的是帮我们看清这一点：目前为避免剧烈气候变化而对大气层吸收温室气体能力所做的分配是缺乏道德依据的。如果排放极多的国家选择维持这种分配状态，或者选择以此为出发点来设定减排比例很小、很有限的减排目标，那么它们的立论基础就只能是所谓的国家主权权利。这类权利以及由此产生的纯粹军事力量，让人难以向这些国家提出其他在道德上更有依据的方案。如果作为工业化国家的公民，我们不能理解什么才是全球暖化的公平解决方案，那么我们也就不能明白上述立场的自私自利是何等明目张胆。然而，如果我们能向我们的同胞传达一种意识，让他们认识到对这一问题的公平解决办法所在，我们就有可能扭转当前的政策，否则这样的政策会把世界引入一种充满风险、在许多未知层面上可能发生不可逆转的灾难的境地。

今天，我们已经有了一种广泛的共识：温室气体排放应当减少到一个能确保全球暖化不超过2℃的水平。但是，即便那些已经接受这一立场的国家，也仍有许多还在继续产生无法根据任何道德原则进行辩护的排放量。如果2015年巴黎会议创设的“点名与谴责”程序无法奏效，我们就需要考虑是否有其他行得通的国际法机制或原则。看似无害而微小的人类行为会影响到距离遥远的其他国家的人们，这一事实使得国家的主权发生了很大变化。即便没有新的国际协议，国际法的原则也能要求各国承担责任，保证管辖范围内的各种活动不至于对其他国家或领土范围以外区域（如大气或海洋）造成环境损害。在20世纪70年代，人们已经知道，美国工业排放的二氧化硫在加拿大引发了酸雨，而欧洲大陆的类似排放也在斯堪的纳维亚地区导致了酸化。水系酸化以后，森林可能会死亡，其他植物和动物也会受到影响。酸雨还会破坏建筑，包括具有文化意义的古老的石质建筑。而且，空气中二氧化硫的细微颗粒还对人体健康有害，能够引发哮喘和支气管炎。如今，美国和加拿大之间，以及欧洲国家之间都已经签署条约，以减少导致酸雨发生的气体排放。[43]但是，如果这些条约不存在，受到他国所排二氧化硫危害的国家似乎依然可以在海牙国际法院起诉寻求赔偿。

温室气体排放与全球暖化之间的科学联系比二氧化硫排放与酸雨之间的联系更为复杂，而且全球暖化的后果也比酸雨更加多样，但是，两者的根本原则是一致的。如果美国在减少二氧化硫排放上无所作为，加拿大就有理由依据国际法采取行动去限制美国的排放；同理，如果美国放任大量二氧化碳排入大气，损害到孟加拉国那些在三角洲地带从事农业的村民，孟加拉国也可以根据同样的理由采取类似行动。

另外一种值得考虑的可能性就是制裁。针对那些被认为正在实施极端错误行为的国家，联合国已经在许多场合使用过制裁手段。也许有一天，经过改革和强化的联合国也能针对那些没能在保护环境的全球联合措施中发挥应有作用的国家实施制裁。问题是，也许等到那天就已经很晚了，因为全世界的温室气体排放量到那天已经远远超过了临界线，已经无法再阻止危险的气候变化发生。

有些科学家认为，要阻止气候变化失控，防止它导致地球部分地区无法住人，现在就已经晚了。[44] 但即便他们错了，我们也绝不能忘记，气候变化正在损害的，是那些对此不太该负有责任或根本不该负有责任的人群。他们可能会遭遇更多的极端天气事件，如飓风、热浪和干旱，而海平面也会继续上升。

《联合国气候变化框架公约》承认，历史上，大气中导致气候变化的温室气体的最大一部分源自发达国家，而来自发展中国家的则相对较少。该公约也声明，发达国家应“帮助特别易受气候变化不利影响的发展中国家缔约方支付适应这些不利影响的费用”。因此，发达国家已经承认：它们对于帮助发展中国家应对气候变化负有一定责任。适应升温 2℃以后的世界需要付出多高的代价？世界银行 2010 年就此形成了一份重要报告，估计在 2010 ~ 2050 年，每年需要 700 亿 ~ 1000 亿美元。这个数字跟每年给予发展中国家的援助金额大概是相当的，但跟全世界每年约 60 万亿美元的收入仍有很大差距，实际上仅占 0.17%，相当于每 100 美元中的 0.17 美元。[45] 该研究也确认了我们已经提到过的一点：穷人最容易受到气候变化的影响。然而，那些旨在帮助贫穷国家适应气候变化的国际基金目前收到的资金数额，远远达不到世界银行估测所要求的水平。在 2010 ~ 2012 年，发达国家只拨付了 300 亿美元。[46] 2015 年，发达国家在巴黎同意“在筹集气候资金方面发挥引领作用”以满足发展中国家的需要，并同意为此同时调动公共资金和私人资金。《巴黎协定》的前言提到，为此目的每年须筹集 1000 亿美元，但令许多发展中国家感到失望的是，这里没有提出一个固定数额来作为具有约束力的承诺。[47]

在讨论适应气候变化所需代价的支付问题时，历史原则——“谁弄坏了谁修好”——是很有说服力的。大多数法律体系都要求人们或法人为他们给别人所造成的故意的、莽撞的或疏忽的伤害负责。这有时会被称作过失责任（fault liability），因为它的基础在于伤害制造者某种意义上的过失。在这个基础上，支付适应费用的责任就会限定于一个特定时期之内：即科学已经发展到一定程度以后，发达国家已经知道它们的温室气体排放很可能会导致伤害，但它们仍然莽撞地无所作为，或者在查证它们是否可能导致伤害方面失之于疏忽。在讨论历史责任的时候，我已经提到，这至少适用于1992年《框架公约》确立以来发达国家所产生的排放。

另有一种法律上的责任形式，即严格责任（strict liability），不要求危害制造者存在任何过失，甚至不要求存在疏忽。这种责任通常被应用于内在危险的行为上，但经常也会被援引来约束产品制造商，要求其为产品事故负责，而不管制造商有无任何疏忽或其他不当行为。正如保罗·贝尔（Paul Baer）指出的那样，严格责任经常被应用于环境污染问题上，不仅涉及诉讼案件，也包括立法。美国1980年通过的一部联邦法案《超级基金法案》（Superfund legislation），全称《综合环境反应、赔偿和责任法》（Comprehensive Environmental Response, Compensation, and Liability Act），要求危险废弃物的丢弃者为清理被污染场地的费用负责，即便丢弃事件发生时，人们尚不知道该污染物具有危险性。[48]

尽管历史责任原则为谁应该支付适应费用的问题提供了一份很可靠的答案——而且这一答案，或至少其依据过失责任的有限版本，跟人们广泛认同的道德原则是相吻合的——但它并非决定谁应该支付适应费用的唯一办法。不过，就跟讨论何种原则适用于分配温室气体排放额度问题时的情形一样，所有可能成立的答案都指向同一个方向。罗尔斯关于不平等应当有利于最弱势群体的观点，同样认为发达国家应当支付发展中国家的适应费用；功利主义原则的结论也是如此。

一种备选方案：地球工程

菲律宾的皮纳图博火山在 1991 年爆发时，往平流层里喷射了 200 万吨硫黄细微颗粒。由于这些细微颗粒将太阳的部分光线反射回了太空，导致接下来的 1 ～ 3 年气温下降了 0.5℃。有些科学家说，如果一场火山爆发就能有这个效果，那么为了抵消温室气体的影响，我们也可以这么做。这从技术上而言并不是很困难。还有一些科学家提出了更复杂的方法来冷却地球，比如在太空里安装大型的太阳能反射镜来反射阳光，或者寻找经济上可行的办法来将大气中的碳转移储存到地下去。这类为改变地球气候而进行的大型技术通称为：地球工程（geoengineering）——英国皇家学会的一份报告将这一名词定义为“为了消减气候变化，刻意地、大尺度地操控地球气候系统”。[49] 地球工程被称为应对气候变化的“B 计划”，用戴尔·杰米森的戏谑之语来说，它就是那些没有实行安全消费的社会所需要服用的紧急避孕药。[50]

如果说气候变化是需要全球解决方案的问题的典型例证，那么地球工程就是那种需要进行全球决策的备选方案的典型例证。直到最近，地球工程一直被气候科学家和环保主义者以怀疑或完全敌视的眼光看待。杰米森发现“地球工程”这一标签及其以外的候选方案都缺乏逻辑连贯性，因此，建议我们不要使用这一词语来指称对气候变化的某种特定类型的回应，而是用它来“表达怀疑态度”，以提醒我们注意一个事实：这类建议“被视为新奇、古怪、诡异、陌生并且未经验证”。[51]

要在足够的规模内改变地球气候，以消减我们的温室气体排放所可能导致的气候变化，毫无疑问，我们目前在这方面还远远没能找到任何安全的方法。我们也许可以将皮纳图博火山的爆发视为一种自然实验，但若是如此，结论无疑是复杂的。如果说我们在操控局部环境问题上学到过什么东西，那就是我们很难做到只实施一件事，因为大多数干预行为都会有出乎意料的额外影响。如果我们要在全球尺度上进行干预，很难想象我们怎样才能将所有这类额外影响都预算估测出来，而其中有些很可能是灾难性的。比如，有人已经提出，往平流层中喷射硫黄细微颗粒有可能会扰乱季风，而季风又是印度 75% 的降水的来源，对于其半数以上人口所从事的农业之存续至关重要。[52]（另一方面，正如我们之前已经提到过的，也有人提出持续的气候变化也会使季风减弱。）至于说皮纳图博火山爆发的案例，则其他影响包括地面降水量的减少，以及更为具体的一点：热带地区的干旱。[53]

另外，往大气中喷射硫黄微粒，也无助于解决我们排入大气中的多余二氧化碳正在导致海洋进一步酸化这一问题。美国商务部下属的国家海洋与大气管理局（National Oceanic and Atmospheric Administration）称之为“另一个二氧化碳问题”。我们仍在探查海洋酸化到底会对海洋生命及整个海洋生态产生什么样的影响，但其中一个后果我们已经知晓：它会抑制贝壳的生长，因此会危及牡蛎等甲壳类水生动物。[54]

尽管地球工程存在已知或未知的重大风险，但仍有一定理由认为，为防止万一我们没能充分减少温室气体排放，没能阻止灾难性气候变化，我们还是应该将这一方案束之高阁，作为我们的 B 计划。不过，要使之成为一个可信度至少对半开的 B 计划，我们现在也需要着手研究，弄清何种手段能够奏效以及如何减少风险。2015 年的一项研究使得地球工程离我们更近了一步：美国国家科学院（National Academy of Sciences）内一个得到美国政府赞助的研究小组宣称，如果能够获得恰当的管理和其他安全措施，那就可以允许实施一些小规模的户外实验，帮助科学家们弄清地球工程是否可行。[55] 不过，这里又存在一个与保险业类似的风险，在保险业中称作道德风险（moral hazard）。如果人们为自己的财产投了保，他们防火防盗的动力就会减少。如果我们转而相信地球工程能够让我们避开灾难性气候变化，那么我们减少温室气体排放的动力就会减少，而如果缺乏足够强劲的动力，我们很可能就不会再去减排了。加利福尼亚有一位叫作拉斯 · 乔治（Russ George）的商人，曾经做过一个未被管控的实验，他租了一艘渔船，往海里抛撒了120吨铁粉，想要制造藻华来快速吸收二氧化碳。针对于此，环境监督组织“ETC集团”的西尔维娅·里贝罗（Silvia Ribeiro）呼吁禁止地球工程实验，理由是它们会“引发危险的分心，会为政府和企业提供借口，方便它们避免削减矿物燃料排放”。[56] 杰米森也赞同说：“只要简单的解决办法呼之欲出，我们的视角就会背离现实。”他还说，认为我们能找出简单、便宜的解决办法，这种希望“在过去半个世纪的气候变化辩论中一直持续而幽灵般地存在着”，而且在他看来，这种希望还可能已经削弱了我们改变自己习惯已久的矿物燃料密集型生活方式的意愿。[57]

然而，问题依然存在。正如我们已经看到的，即便我们赞同持上述看法的人，同意最好还是去减少温室气体排放，而不要尝试去做一些地球工程那样危险的事，也仍然存在一种很真实的风险，即我们的温室气体减排量不够，无法避免灾难性气候变化。如果出现这种情况，如果下一代人将直面我们给他们带来的这种灾难，那么我们之拒绝考虑用某种形式的地球工程来避开此种灾难的可能性，就可能会被视为一种动机虽好但终归过分谨慎的悲剧。

如果研究地球工程确实站得住脚，这就引出了另外一个问题：应当如何做出实施地球工程的决策？在当前阶段，任何国家或国家集团都可以单边行动，然后坚持认为这并没有违反国际法。一个国家可能会将此类行为视为自身利益的一种，因为该国科学家可能相信，气候变化会对该国人民造成毁灭性影响，而地球工程的主要风险则会落在其他国家头上。比如，我们可以设想，如果美国中西部和西部地区一段时间持续发生严重干旱，美国就可能单方面进行地球工程，而对这种行为影响季风的风险不加理会；而我们已经说过，印度的农业非常依赖于季风。另外一种可能的情形是，如果某国已经削减了它的排放，它也可能会争辩说，由于世界其他国家没有做到这一点，所以有必要实施地球工程，而且如果没有得到联合国的许可，那么采取单边行动就是符合道德要求的行为。（在第四章我将考察一种大致类似的情形：如果联合国安理会不愿意就阻止世界某地正在进行的种族灭绝采取行动，一国可以无可非议地采取单边军事行动。）

实施任何一种地球工程都可能影响整个世界，所以这应当来自一个国际组织所做的决策。依据这些理由，我们可以论证，应当建立一个可以对地球工程“说不”的全球机构。[58] 问题在于，为使这类决策可信，如果有充分证据表明某种特定的气候调控势在必行，这一全球机构也必须拥有“说行”的选项。这时候，道德风险的问题又会抬起其可恶的头颅。无论如何，总体来看，有这样一个机构似乎比没有还是要好一些。

第三章
我们拥有同一个经济

- ONE ECONOMY -

本章不包含什么内容

如果你认为解决世界经济问题的方法就是终结资本主义，请自动跳过本章。我假定，无论我们喜不喜欢，资本主义在可预见的未来都将是主导性的经济体制。要挑战这一假设，资本主义的反对者们都需要证明两个主张。第一，他们需要说明针对我们这个世界、依据我们对人性的已知知识，还有哪一种经济体制能够更好地给人们提供食物、衣服、居所、医疗保健、教育及其他对我们的福利至关重要的东西。第二，关于哪一种经济体制将会如何取代当代资本主义，他们必须讲出一个可信的故事来。迄今为止，所有想要说服我相信以上两条主张之一的任何尝试都还没能令我信服。

在我们获得以上两个问题的答案之前，奢谈抛弃资本主义就是一种分心之举，会让我们忽视为让世界变得更加美好而可以在资本主义经济内部采取的若干办法。这么说，并不表明我是当前全球资本主义体制的积极拥趸。关于经济全球化应该走多远，存在着许多严肃的伦理问题，本章就是讨论这些问题的。我们将看到，当前运行的全球资本主义在许多重要方面是有缺陷的，而且我们应当为这些毛病寻求改善。对于顽固的现实主义者来说，我的一些建议可能看起来过分理想化，但这些建议至少有一个优点，即无须推翻资本主义本身就能做到。

世界贸易组织：抗议与回应

世界贸易组织（WTO）的存在源于这样一种观念：从平均和长远角度而言，自由贸易会让人们生活得更好。1999 年，WTO 计划在西雅图召开其第三次部长级会议。在会议之前，如果说大众媒体提到 WTO 的话，那都是以热情洋溢的语言描述 WTO 推动的世界贸易扩张所带来的经济利益。正如一个通俗比喻所说的那样：水涨船高，因此那时人们认为，这些利益必定同样会惠及最贫穷的那些国家。大部分公众，也包括诸多政治家和企业领导人在内，从没有想过有人会严肃地反对经济全球化或者 WTO 清除世界贸易障碍的计划。当 4 万美国民众走上西雅图街头的时候，他们震惊了。在游行抗议队伍中，美国工会会员和人权活动家反对由童工制造的廉价进口商品；消费者团体对进口商品的安全性表示忧虑；环保主义者打扮成海龟的模样，抗议 WTO 取消对某种特定方式捕捞的虾类产品所实施的进口禁令，因为这种捕捞方式也会杀害濒危海龟；穿黑色紧身衣的无政府主义者则视之为全球资本主义的代表，并向耐克和星巴克等门店的窗户扔石块。抗议者出人意料地表明，他们有能力扰乱各国总统和首相们的议程，因此迅速登上了新闻头条。而原拟于西雅图开启的新一轮贸易谈判最终出师未捷，这也进一步增强了抗议者的影响力。

媒体评论员的最初反应是感到困惑不解、可笑。《纽约时报》专栏作家托马斯·弗里德曼写了一篇言辞激烈的文章，开头就问："今天的新闻里，还有比西雅图发生的针对世贸组织的抗议活动更可笑的吗？"紧接着，他又把抗议者称为"一群由地平论信徒、贸易保护主义工会和渴望找回自己在 20 世纪 60 年代地位的雅皮士（yuppies）* 所组成的诺亚方舟"。[1] 他们确实可能是一个拥有各不相同观念的奇怪组合，可他们成功推动了一场关于世界贸易影响及 WTO 角色的全新讨论。

可曾有任何其他非犯罪组织，像 WTO 这样，遭到过来自如此多国家的批评者基于如此广泛的理由所提出的如此尖锐的抨击？我们可以看看当时一些针对 WTO 而发的反对评论。在总部位于美国的全球化国际论坛（International Forum on Globalization）的环境项目部主任维克托·梅诺蒂（Victor Menotti）看来，WTO 所建立的贸易和投资体制"释放出的全球经济力量，有组织地惩罚生态上合理的林业科学，奖励加快森林退化的毁灭性做法"。[2] 而在英国领军地位的家畜保护活动组织世界农场动物福利协会（Compassion in World Farming）眼里，WTO 是"动物福利如今所面临的最大威

* 雅皮士，或称优皮士，是指西方国家中年轻能干、有上进心的一类人，他们一般受过高等教育，具有较高的知识水平和技能。他们的着装、消费行为及生活方式等带有较明显的群体特征，但并无明确的组织性。——译者注

胁”。[3]设于马来西亚的第三世界网络组织（Third World Network）的领导人马丁·科尔（Martin Khor）则称 WTO 是“统治南方的一种工具”。[4]纨妲娜·希瓦（Vandana Shiva）——印度科学、技术与生态研究基金会（Research Foundation for Science, Technology and Ecology）的创始人及主席——在其专著《生物剽窃：对自然及其知识的掠夺》（*Biopiracy: The Plunder of Nature and Knowledge*）中写道，WTO 的规则“从根本上而言就是带着数字和法律术语伪装的强盗规则”，而食品和农业的全球自由贸易则是“全世界最大的难民制造计划”。直白点说，它“通向的是奴隶制”。[5]总而言之，许多这类批评意见都会同意通常认为出自墨西哥农民组织萨帕塔运动（Zapatistas）的一句总结性判断：WTO 就是“人类最大的敌人”。[6]

就在西雅图会议遭遇失败之后的几周，我受邀在达沃斯世界经济论坛的年度会议上发表演讲。会上很明显可以看出，人们对于此前的抗议活动并无清晰认识。像墨西哥前总统埃内斯托·塞迪略（Ernesto Zedillo）这样的政治家和德事隆（Textron，一家每年营业额上百亿的公司）的前首席执行官刘易斯·坎贝尔（Lewis Campbell）这种企业领袖，我也听到他们很草率地将抗议者归为两类：一类意图很好，想要保护环境、帮助世界上的穷人，但过于幼稚，受到了自身情绪的误导；另一类则摆出捍卫人权、保护环境的愤世嫉俗姿态，实则只是想要保住他们自己在低效行业中的高薪岗位，而这是由高关税壁垒造就的，会抬高国内消费者的成本，并且会让较不发达国家的工人陷于极度贫困中不得脱身。

达沃斯论坛上也出现了一些不同意见。美国工会领袖约翰·斯维尼（John Sweeney）和马丁·科尔发言反对主流观点。英国前首相托尼·布莱尔和美国前总统克林顿都善于见微知著，均声称我们已经碰到了真正的议题，值得严肃考虑。尽管如此，会上并没有真正就这些议题可能包括什么及如何解决它们进行讨论。就好像是说，人人都知道全球化在经济上是有益的，而“经济上有益”的意思则等同于“总体上有益”。所以真正的问题只是如何才能将那些令人恼火的抗议者打发掉，并向着各国之间没有任何贸易或投资壁垒的单一世界经济的目标加速前进。用塞迪略的话说，另一个选项仅仅是一种“全球化恐惧症”（globaphobia）。[7]

后来的十年间，像 WTO、国际货币基金组织、世界银行和主要经济大国组成的 G8 集团等组织在召开重要会议时，都需要应付大规模有时甚至是暴力性的抗议，无论会议是在华盛顿、布拉格、墨尔本、魁北克城、哥德堡、热那亚、坎昆、日内瓦还是在巴厘岛召开。街头剧场反复上演的这种惯例活动却并没能催生出一种必要的讨论，以判断奔向单一化全球经济是否是一件好事。有些复杂的事实问题也需要澄清，但即便我们能够在事实议题上取得一致，有关经济全球化的讨论还是提出了重要的价值问题。不幸的是，经济学家总是过分关注市场，因此没能对那些市场难以应对的价值问题予以足够的重视。

反对经济全球化的四种指责

关于是否需要建立一种与近几年来存在的所有形式皆不相同的全球化经济，判断其必要性，在反对经济全球化更具体而言是反对 WTO（消除贸易壁垒的领导组织）的诸多常见指责中，有四种指责居于核心地位：

1. 经济全球化将对于经济的考量置于环境、动物福利甚至是人权等关怀之前。
2. 经济全球化侵蚀了国家主权。
3. 经济全球化影响所有人，但由富裕国家构成的一个极小集团，却主导着贸易谈判，促成的贸易协议都对它们有利。
4. 经济全球化助长了不平等；或者（更严重的指责是）它让富者更富，最穷的人比想象的更穷。

在我们考虑这些指责之前，我们需要了解一些背景知识。WTO 是由关税及贸易总协定（General Agreement on Tariffs and Trade，简称 GATT）的成员在乌拉圭回合谈判（Uruguay Round）中创设的。它于 1995 年 1 月设立，在本书写作时已经有大约 160 个成员国，占世界贸易总量的 95% 以上。[8] WTO 宣称其工作成果是一个“更加繁荣、更加和平、更加负责的经济世界”。[9] 这一信念基于一般的基本市场原理：如果两个人在生产双方都需要的不同产品上具有不同的能力，那么，假设他们能分别从事他们相对对方而言更为有效的生产领域，然后彼此交换产品，而不是完全自产自销全部产品，那么他们将会生活得更好。据说，无论他们是邻居还是生活在地球上遥远的两端，这一点都成立，只要进行交换所需的交易成本低于他们在生产成本上的差异。进一步说，这种交易应当特别有利于劳动力成本低的国家，因为与劳动力成本高的国家相比，他们能更廉价地生产商品。于是我们就可以预期，这些国家的劳动力需求会上升，而且一旦劳动力供给逐步紧张，工资也就会上升。因此，自由市场的效果不仅使得世界作为一个整体更加繁荣，而且特别能帮助贫穷国家。

设立 WTO 的协议赋予该组织执行一整套与自由贸易有关的规则和协议的权力，这类协议如今已厚达 3 万页。[10] 如果一个成员国认为自己正因为另一成员国破坏这类规则的行为而遭受不利，前者可以提出申诉。如果争端调解失败，就会设立一个由贸易和法律专家组成的“争端解决小组”（Dispute Panel）来审理。争端解决小组是老的 GATT 和新的 WTO 之间的最大差别。用正式语言来表述的话，争端解决小组并不裁定争议，只是向全体成员国提供裁决建议。但在实践中，争端解决小组的裁决总是一律得到采纳。如果申诉得到认可，而成员国继续违反 WTO 的规则，那么它就有可能遭受严厉的惩罚，包括针对其产品的关税。

西雅图的抗议发生于 WTO 声势日隆的时候。当时的 WTO 貌似有能力按照主要发达国家所期盼的方向去塑造整个世界。今天，事情已经有所变化。2001 年，之前未能在西雅图启动的谈判在 WTO 于多哈召开的又一次部长级会议上拉开序幕。多哈回合谈判在锣鼓喧天中开启。这次会议又被称为“多哈发展议程”（Doha Development Agenda），因为它提出的目标之一是改善发展中国家的贸易前景。在此后的14年里，这些似乎永无休止的谈判，均未能带来任何利好的结果。之所以如此，很大程度上是因为发达国家已经无法再随心所欲。相反，巴西和印度之类的发展中国家站了出来，更加强硬地捍卫自身的利益。农业通常是发展中国家比发达国家生产效益更高的领域之一，但由于美国和欧盟都在补贴自己的农民，发展中国家的农产品无法在世界市场上销售。发展中国家据此要求美国和欧盟削减农业补贴。尽管后者的大多数经济学家都认为，补贴农业既浪费纳税人的资金，也是自由贸易的阻碍，但某些出于政治上的考虑妨碍了补贴削减。因此，各国无法就贸易壁垒的新一轮消除达成一致。此后的五次部长级会议，次次都揭示了发展中国家和发达国家之间的深刻分歧，但仍旧以“重申多哈发展议程”告终。终于，在2015年于内罗毕举办的部长级会议上，这一惯例终于被打破了：不再有什么表述支持再举办一轮已经被许多人认为早已死亡的谈判。未来，WTO似乎很可能会致力于达成一些有关特定议题的并且涉及面较窄的协议，而非旨在消除贸易壁垒的全球性协议。同时，许多国家也正在绕过WTO，加入双边和地区性的自由贸易协定。

WTO重塑全球经济的影响力或许日渐式微，但它的规则仍然会继续决定国际贸易的条件，所以在我们讨论反经济全球化的四种指责时，仍然必须检视这些规则所带来的影响。

第一种指责：以经济为王

大部分对于经济全球化的一般性反对以及对于 WTO 的特别反对都基于一种主张，即自由贸易会让国家更加难以保护环境、更难提高动物福利标准或推进人权。乍看起来，消除贸易壁垒为何会妨碍这三个目标，其间关系并不明显。WTO 就宣称这完全是一种误解。在一份显然是面向大众读者的，名为《WTO 可以做的 10 件事》（*10 Things the WTO Can Do*）出版物中，WTO 正面回应了以下争议：

> 经常可以听到一种指控，认为 WTO 体系优先考虑贸易，牺牲环境和人道主义目标。
> 这是不实的。[11]

在解释这种观点错在何处时，该出版物指出，在前面提到的海龟案例上，WTO 的“上诉机构”（Appellate Body）强调，WTO 成员国“能够、应该而且确实已经采取措施去保护濒危物种以及保护其他方面的环境”。该出版物解释道，如果一项争端裁决认为某项旨在保护环境的措施违反了 WTO 的规则体系，这并不是说 WTO 将贸易置于环境问题之前优先考虑，而只是说上述措施“违反了贸易规则”，通常是因为它歧视了某些国家的产品，或对待他国产品比对待本国产品更加严厉。用该出版物的原话来说：“如果我们对待来自任何来源的产品均同样严厉（或同样宽松），那就是合法的。”[12]

听起来这像是一个非常合理的原则。WTO 允许成员国保护濒危物种，只要它们能公平地做这件事，不要以环境保护为借口，行保护自身产业之实。因此我们可以说，美国可以禁止进口某种用溺死海豚的方式捕捞起来的金枪鱼，只要它同时也禁止销售美国船只以同样方式捕捞到的金枪鱼。如果这是对的，那么 WTO 批评者的上述指责就是错的，该组织并不反对保护环境的措施。WTO 似乎只是反对以环境保护为掩饰、实则只是为了保护本国产业免受国际竞争的措施。如果 WTO 因为这类理由要废除美国保护海豚或海龟的法律，那么错不在 WTO，而在美国，是美国自己起草了偏袒本国生产者的法律。

这实际上与 WTO 众多文件的表述是一致的，包括《关税及贸易总协定》第 20 条和《技术性贸易壁垒协议》(Agreement on Technical Barriers to Trade)的序言部分。《技术性贸易壁垒协议》从 1994 年 WTO 成立时开始生效，其序言宣称：

> ……认识到不应阻止任何国家在其认为适当的程度内采取必要措施，保证其出口产品的质量，或保护人类、动物或植物的生命或健康及保护环境，或防止欺诈行为，但是这些措施的实施方式不得构成在情形相同的国家之间进行任意或不合理歧视的手段，或构成对国际贸易的变相限制……[13]

但是 WTO 的争端解决小组做出其裁决时，通常却并不是这么处理的。比方说，我们可以看看金枪鱼 / 海豚一案，尽管这一争端是在 GATT 而不是 WTO 主导下做出裁决的，但它提出了 WTO 将会继续使用的原则。以下就是 WTO 出版物《走向未来的贸易》（*Trading into the Future*）（相比《WTO 可以做的 10 件事》来说，它对 WTO 如何运作的说明没有那么简单化）对这桩争议的描述：

> 美国《海洋哺乳动物保护法案》（Marine Mammal Protection Act）为保护海豚设定了标准，对象包括美国国内的捕捞船只以及那些在太平洋部分海域（海豚群在金枪鱼群上方游动的海域）捕捞黄鳍金枪鱼的国家。如果向美出口金枪鱼的国家无法向美国管理机构自证其符合美国法律所规定的海豚保护标准，那么美国政府必须完全禁止从该国进口鱼类。本案例中涉及的出口国是墨西哥，它对美出口的黄鳍金枪鱼遭遇了禁令。[14]

换言之，美国《海洋哺乳动物保护法案》并没有一边对外国生产商保持严厉，一边却对美国国内的生产者放宽松。它对所有人用的是同一种标准。实际上，美国国会已经说明："我们认为在捕捞金枪鱼时毫无必要地围困并溺死海豚是错误的，我们不会允许用这种方式捕获的金枪鱼在美国出售。"所以，如果 WTO 确实只打算排除那些偏袒本国的环境保护法律，我们可以推测，当墨西哥因美国禁运而向 GATT 提出申诉时，GATT 应当会否决这一申诉。然而，正如《走向未来的贸易》书中所提到的那样，GATT 的小组判定：

美国不能仅仅因为墨西哥有关金枪鱼生产方式的规定不符合美国的规定，就禁止进口来自墨西哥的金枪鱼产品。(但是美国可以将其规定应用于进口金枪鱼的质量或成分之上。)这就是所谓的“成品”(product)和“过程”(process)争议。[15]

对成品和生产过程两者的误用

成品和生产过程之间的这一区分，对于理解 WTO 规则在诸多领域之影响至关重要。正如金枪鱼 / 海豚案例所显示的，WTO 的运作基础是，一国不能因为产品生产的过程而对该产品实施禁令，它必须表明被禁产品在内在属性上与其他产品存在不同。根据《WTO 可以做的 10 件事》，WTO 禁止某些形式的环境保护，理由是要废除歧视性的贸易做法。但是，成品与生产过程之分与此有什么关系呢？乍看起来似乎风马牛不相及，但是《走向未来的贸易》提出了如下关联：

> 是什么理由支撑着……(金枪鱼 / 海豚案例)的判决？如果我们接受美国的论据，那么任何国家都可以仅仅因为出口国与本国具有不同的环境、卫生和社会政策，就禁止进口其他国家的产品。这事实上将给任何国家单方面施加贸易管制提供一条毫无限制的途径，可能会给保护主义的沉渣泛起打开大门。[16]

《WTO 可以做的 10 件事》在为 WTO 的争端裁决辩护时提出的理由是，他们所禁止的只是那些令外国生产者比本国生产者遭受更严苛对待的环境保护措施。但实际情况并非如此，当 WTO 审理一个案件时，如果某项法律被公平地应用于国内和国外生产者头上，争议就不再在于外国生产者是否确实比国内生产者遭受了更严苛的对待，而在于允许一国根据某种产品的生产方式来禁止进口该产品是否会为“保护主义的沉渣泛起”打开大门。即便确实会发生这种事，上述论证也已经假定，防止保护主义沉渣泛起这一价值要高于保护环境、动物和社会内心安宁的价值，前者价值要高于——比如，保护上百万海豚免遭残忍杀害和过早死亡的价值，也高于向公众提供他们在关心这类无谓死亡时所渴求的那种内心安宁的价值。有许许多多事物，我们很珍视，我们的政府也会认为应当保护，应当禁止进口以我们认为不可接受的方式所生产的产品，但这就会违反 WTO 的裁决，以上只是其中的两个例子而已。针对以违反人权的方式——比如强迫劳动或迫使原住民背井离乡——生产出来的产品的进口禁令，也无法通过这种“应当应用于成品，不能应用于过程”原则的检验。如果任何形式的保护措施，不管它在对待国内和国外企业方面多么公平，都会因为它所针对的是生产过程而不是产品这一事实而遭废除，那么一个国家可以用于保护其价值的手段就已经在很大程度上遭到了剥夺。

无论如何，没有什么牢靠的理由能让我们相信，成品与过程之分是阻止保护主义立法的唯一途径。争端解决小组（WTO 告诉我们，这是由贸易和法律专家所组成的机构）可以利用一些更加细微精致的办法，来区分伪装的、不合理的保护主义和旨在保护环境的合理措施。第一种检验方法应该是，如同《技术性贸易壁垒协议》的序言所提出的那样，要看旨在保护环境或动物福利或一国可能想要的任何其他立法目标的措施，是否公正不阿地适用于该国自己的生产者和外国的生产者。若满足这一点，那么该措施初步看来就是可以接受的；如果有任何国家想要将其废除，就必须证明：按道理，本来没有必要将贸易限制到该措施实际所做的程度，就可以达成该项措施所意图实现的环境或其他目标。

在前面所引用的段落里，《走向未来的贸易》宣称，如果我们接受美国关于金枪鱼/海豚一案的论据，那么“任何国家都可以仅仅因为出口国与本国具有不同的环境、卫生和社会政策，就禁止进口其他国家的产品”。这句话里的“仅仅”一词值得注意，因为出口国“不同的……政策”，可能包括允许向海洋倾倒有毒废弃物、对待动物极端残忍，或者不承认工人加入工会的权利等。此处暗含的意思是，在禁止一项产品时，与那些跟产品内在质量有关的理由相比，以上理由相对不那么重要。对于前者，WTO会毫不犹豫地接受，只要禁令不对国内和国外生产者施加歧视性对待。然而，没有任何理由认为，相比保护本国公民免受劣质产品之害的渴望而言，我们对环境、动物和人权的支持就没那么重要。

无论如何，说进口国通过对那些以危害环境、危害动物或危害工人的方式所生产的产品施加禁令，是在试图对出口国施以治外法权，这种说法是误导人的。这种情况确实有可能发生，而且它并不必然是错误的——我们在下一章将看到，为了防止其他国家发生明目张胆的侵犯人权事件，进行军事干涉有时候是有理有据的，所以试图用贸易措施来防止此类侵犯事件几乎不能说总是错误的。这一说法的错误在于，基于产品生产过程而对其他国家的产品实行禁令，这并不一定是试图施以治外法权。一国可以禁止销售杀虫剂，无论其来自国内还是国外，因为杀虫剂对野生动植物有毒——对此WTO不会反对；与此同理，如果一个产品的生产过程对野生动植物有毒，那么一国也可以禁止销售该产品，无论它来自国内还是国外。野生动物不一定是某特定国家的财产。生产产品的过程有可能会杀害候鸟，或者在海豚或海龟之类的案例中，杀害的是生活于海洋的动物。即便被杀害的动物完全生活在生产某产品的一国国境之内，寻求禁止该产品的另外一国也可能认为，对动物的死亡和痛苦保持冷漠是错误的，而且它还可能认为，允许那些在生产过程中以这种冷漠方式生产的产品在本国管辖范围内销售，在道德上是不可接受的。促成本书其他章节的一个伦理论证在这里同样适用：正如没有可靠的理由证明一国公民可以只关心自己同胞的利益、无须关心任何地方的所有人的利益那样，也没有可靠的理由证明一国公民只有在动物生活于自己国家疆域范围内时才需要关心动物的福利。因此，如果一个国家认为以围困并溺死海豚的方式捕捞金枪鱼是残忍的、不道德的，并且在自己的国界内禁止经营以这种方式捕获的金枪鱼，那么这种做法完全符合传统上得到承认的一国在自身领土范围内的主权。如果在自己国界内禁止销售道德上不可接受的产品会违反WTO的贸易规则，那么一个国家将如何才能合理地禁止进口那些展现违反个体意愿的真实性暴力行为的影片呢——其中一些性暴力行为有时甚至会导致死亡（比如所谓的“情色虐待电影”)?禁止此类影片是一国试图“以治外法权形式”来防止对妇女儿童的性侵与谋杀，但是没有人会认为这种做法是不可接受的。然而，这一禁令的理由同样针对的是“过程”。就最终成品而言，它也许跟那些由不会受到伤害的专业演员出演的电影没什么差别。如果我们所关心的只是对治外法权的主张，那么在禁止色情虐杀电影和禁止以围网捕捞、伤害海豚的方式捕获的金枪鱼之间，我们难以找出原则性的差别。

当然，如果我们倾向于削减国家主权的重要性，并且认为应当由全球性或跨国性机构来裁定类似环境保护、动物福利和人权等议题是否可以接受，那也是可行的，并且与本书的整体论证也相容。但这需要此类机构成立、程序得以设定，并且最好是程序具有民主性并能回应公众意见；在此之前，这种想法并不行得通。

维护公共道德

尽管 WTO 的争端解决小组使用的是成品 / 生产过程这一区分，但是《关税及贸易总协定》中仍有一条明确允许基于各种理由实行进口禁令，目的包括环境保护及动物福利。第 20 条的相关内容如下:

一般例外

本协定的规定不得解释为禁止缔约方采用或加强以下措施，但对情况相同的各国，实施的措施不得构成武断的或不合理的差别待遇，或构成对国际贸易的变相限制：

(a) 为维护公共道德所必需的措施；

(b) 为保护人类、动植物的生命或健康所必需的措施；

……

(g) 与国内限制生产与消费的措施相配合，为有效保护可能用竭的天然资源的有关措施。

对这一条最自然的解读应当是：允许一国可以基于若干理由禁止进口那种获取方法会威胁海豚或会给动物造成巨大痛苦的商品。其中，b 款允许为保护动物生命而实施例外；g 款允许为保护“可能用竭的天然资源”而实施例外。禁止进口以非道德的捕猎方法或残忍的围网生产出来的产品，也可以依据 a 款得到辩护，该条款涉及的是维护“公共道德”。如果这是指人们“实际所拥有的”道德观念，那么在许多国家里，过分滥杀动物（尤其是濒危物种），都违背了一般公众所广泛持有的道德标准。源于此种杀害行为的产品进入流通销售过程，这种做法在某些国家对公共道德所形成的冒犯，与赤身裸体对公共道德的冒犯并没有什么差别。而在另一方面，如果涉及公共道德维护的这一条款意图指涉的是“合理的”道德价值观，与他们在多大范围内为人所接受无关，那么反对以残忍方式所获产品的理由，将比反对单纯的赤身裸体还要更加强有力一些。

在海龟一案中，美国提出的理由是，它对用未安装海龟筛除装置的渔船所捕获的虾类实施的进口禁令可以根据第 20 条 b 款和

g 款获得许可。争端解决小组依据与金枪鱼 / 海豚案一致的理由拒绝了上述论据。此后，美国提出上诉，但上诉同样被驳回了。这一次，WTO 的上诉机构不承认保护濒危物种的措施属于例外情形。它用以否定美国虾类禁令的理由是：这一禁令实质上要求其他国家采用美国国内船只用以筛除海龟的方法，而没有允许它们采用其他也许更加适应当地情况的方法来避免对海龟的杀害。上诉机构认为，这种做法是歧视，美国实施这一禁令的方式中也还有其他一些方面的歧视。因此，上诉机构发现美国没能满足第 20 条开篇的限制性条款的要求，后者要求例外情形必须满足限定条件，即“对情况相同的各国，实施的措施不得构成武断的或不合理的差别待遇”。

上诉机构用以下语句为判决书做总结：

> 185. 在形成结论时，我们想要强调我们在这一上诉中没有做出什么判决。我们没有裁定环境的保护与维持对 WTO 的成员无关紧要。显然，它很重要。我们没有裁定作为 WTO 成员的主权国家不可以采取有效措施保护濒危物种，如海龟等。显然，它们可以而且也应该这么做。我们也没有裁定主权国家之间不可以在 WTO 内部或其他国际论坛上采取双边、诸边或多边的合作行动，以保护濒危物种或在其他方面保护环境。显然，它们应当这么做，而且也确实在这么做。
>
> 186. 我们在这一上诉中做出的判决仅仅是：尽管美国在此次上诉争端中所涉及的措施要实现的是一种环境目的，且这一目的在

1994 年《关税及贸易总协定》第 20 条 g 款之下被承认为合法，但是美国实施该措施的方式在 WTO 的成员之间构成了武断且不合理的歧视。[17]

听起来挺不错，但是这一裁决的性质表明，任何贸易限制想要通过上诉机构的审查都将变得极为困难。在判决书的某个地方，上诉机构提到，“有必要注意到，进口禁令通常应是各成员贸易措施军械库中最重型的‘武器’”（第 171 段）。这一意见明显会让它采取一种观点，即允许采纳进口禁令的一个前提是，所有其他能够达成意图目标的途径都必须已经被穷尽过了。

上诉机构判决以后，美国开始与其他国家进行谈判，以求达成一个关于使用海龟筛除装置的多边协议。同时，它也维持了其对未使用此类装置的船只所捕获虾类的进口禁令。于是对这一禁令又产生了争端，2001 年 11 月，上诉机构终于承认美国确实是在全力施为。只要美国一直“持续、严肃且有诚意地”寻求达成一项有关海龟保护的多边协议，它的进口禁令就可以维持下去。[18]

海龟案例的最终判决是 GATT 和 WTO 整个历史上第一次认可一国基于环境理由而实施的单边的、治外法权式的贸易限制措施。也许这一裁决能够说明西雅图抗议确有效果，让 WTO 对于外界对其环保表现的批评变得更为敏感。观察家有必要再等待数年，需要再看看以后的判决，才知道 WTO 的法学理念是否确有改变。最明显的标志出现在 2014 年，案件涉及欧盟对捕猎海豹所获产品（包括皮毛、肉类及油脂在内）的进口禁令。动物福利组织多年来一直在反对加拿大的海豹捕猎，并向世人展示小海豹在冰面上被棒打至死的视频。实施禁令的动议在2009年欧盟选举期间成为了一项普遍关注的议题，随后被欧洲议会采纳。禁令为原住民群体捕猎的海豹产品以及为海洋资源管理之目的而捕杀的海豹留有有限的豁免。加拿大和挪威质疑这一禁令，宣称它是一种贸易壁垒，违反了WTO规定。欧盟则辩称禁令属于第20条a款之列，即它是“维护公共道德所必需”。

尽管如何对待动物毫无疑问确实会引发道德议题，而且动物福利在许多国家，包括组成欧盟的那些国家也是公众的道德关怀之一，但考虑到WTO迄今为止所做判决的性质，对于WTO是否会赞同欧盟的主张，最初很难有什么自信。令人惊讶的是，争端解决小组采纳了欧盟为其禁令所提出的辩护意见。它认为，维护公众在动物福利方面的道德关怀是“一种重要的价值或利益”。[19] 尽管争端解决小组发现为原住民群体所设计的例外情形在起草方式上存在一些问题，但它总体上仍然支持了对海豹产品的禁令。加拿大和挪威对这一判决提出上诉。加拿大代表争辩说，争端解决小组关于禁令是“维护公共道德所必需”的意见是错误的，因为它没能明确指出禁令寻求维护公共道德时所想要回应的风险。如果该上诉被采纳，这一论点就可能在很大程度上限制对第20条的援引使用。上诉机构驳回了该次上诉，并做出以下裁定：“禁令为维护公共道德所必需”的要件并不包括确切指出所面临的需要提供防护的风险到底是何种具体风险。并且，上诉机构还裁定，成员国应当“拥有若干余地，以根据自身体制和价值标准，来自主界定和应用它们对公共道德的定义”。[20]

在西雅图抗议发生的15年之后，WTO似乎采纳了抗议者和一部分WTO成员国的呼声。通过对维护公共道德之需要进行较为宽泛的解释，它在海豹产品一案上的裁决，极大地扭转了天平：从旨在推动自由贸易及防止任何可能引发“保护主义沉渣泛起”的措施，转向了允许成员国自行决定如何才能最好地维护对它们而言最为重要的价值，只要它们这么做时并没有在国内和国外的不同生产者之间造成歧视。

第二种指责：干涉国家主权

面对宣称WTO践踏国家主权的言论，该组织支持者的标准回应是：WTO仅仅是主权国家政府自由加入的一系列协议或条约的管理机构。WTO的任何成员国之所以称为成员，乃是因为该国政府决定加入WTO，并且此后也没有决定退出。另外，除争端判决之外，其他事务上的决策通常都是基于成员一致同意。由于WTO是主权国家政府决策的表达，它就无从干涉国家主权。

WTO只是一整套多边协议的行政机构，这种说法也许在书面上是正确的，但遗漏了某些非常关键的操作细节。一国政府一旦加入WTO，它本身及其后继各届政府就都面临着保持成员身份的巨大压力。基于自由贸易的出口工业的发展，雇佣了大量本国劳动力，而如果一国退出由WTO所执掌的条约，这类行业所面临的崩溃威胁将会变得非常巨大，以至于国家会自行其是几乎是不可想象的。WTO 争辩说这是一种好事。在《WTO 可以做的 10 件事》中，第五件就是“鼓励好的政府治理”。其中的论证是，政府需要“得到武装，以对抗来自狭隘利益集团的压力，而 WTO 体系对此能有助益”。这类狭隘利益集团可能会寻求保护那些为本国市场生产产品的本地企业，但保护主义意味着消费者需要支付更高的价格，而且可能会引发贸易战，从而不利于本地从事出口产品生产的企业。而一旦该国成为 WTO 的成员，它就可以指出身为成员的总体利益，而且可以表明如果实行保护政策，受保护企业的获利将赶不上其他人所承担的损失。[21]

只要付出一定代价，国家可以自主选择不加入或者脱离 WTO，这当然是对的，但是一国一旦成为 WTO 的成员，它们的主权确实可能受到很大约束。这远非小事。因是否可以使用非专利药物（generic drugs）治疗非洲艾滋病而起的冲突，就能表明能否正确理解上述事体实在非常重要。至 2001 年底，仅仅在南非就有 400 多万人，也就是该国成人总量的 20% 感染了 HIV（人类免疫缺陷病毒）这种导致艾滋病的病毒。那个时候，如果一个人生活在富裕国家，携带这种病毒已经不再等于接到死刑判决，因为能够有效抑制感染的抗逆转录病毒药物（antiretroviral drugs）已经面世。但这类药物每年须花费 1 万美元，几乎所有受感染的非洲人都无法承担。面对这种绝望状况，南非政府考虑实施一种想法，即许可药品在南非生产。这种做法被称为“强制许可”（compulsory licensing），是处理健康危机的公认手段。药品生产本地化意味着每人每年只需花费约350美元。对于许多非洲人来说，这个价格也依然非常高昂，因为他们生活的国家每年在卫生保健上的人均花费大约只有10美元。但每年350美元对一些人确实是个比较现实的数目，特别是对南非人而言。

当南非政府开始考虑许可药品在本地生产的可能性时，美国的回应是威胁将实行贸易制裁，以保护其国内药品制造商的知识产权。面对来自艾滋病活动群体的压力，克林顿政府后来撤回了这一威胁。于是，世界上主要的制药企业一起走上法庭，意图阻止南非政府为其人民提供能够买得起的救命药物。来自公众的愤怒，让这些企业在2001年4月放弃了这件起诉，转而达成协议，向非洲国家免费或以很大折扣提供他们的产品。同年10月，事情又发生了新的变化，因为美国发生了一起生化恐怖主义事件：有人将含有炭疽孢子的信件寄送给了数家新闻媒体和两名美国参议员，导致五人因吸入炭疽孢子而死亡。在随后的恐慌时期，加拿大政府宣布将要强制许可生产西普罗（Cipro）——治疗炭疽热最有效的抗生素。部分美国政治家呼吁美国政府学习加拿大，但美国卫生部部长则选择要说服持有西普罗专利的制药企业拜尔（Bayer），要求它大幅降低该药品的价格。他清楚地提出，如果遭到拜尔拒绝，美国就将购买一种更加便宜的非专利药。可以想见的是，由于当时美国政府仍在试图限制非洲国家获得非专利抗艾滋药物的途径，上述要求很快就引发了一场强烈抗议：美国政府对美国人是一套标准，对非洲人则是另一套标准，而且感染炭疽热的美国人只是很少数，而感染艾滋病毒的非洲人则估计有2500万人之多。[22]

尽管这次炭疽热爆发对少数不幸的受害者是一场悲剧，但对数百万渴求更廉价药物的人来说，时机真是再好不过了，因为紧接着 WTO 就要在多哈召开其 2001 年度的部长级会议。因遭受双重标准指责而尴尬不已的发达国家同意发表一项宣言：世界贸易组织《与贸易有关的知识产权协定》（Agreement on Trade-Related Aspects of Intellectual Property Rights，又称《TRIPS 协定》）“没有也不应当妨碍成员国为维护公共健康而采取措施”。宣言还提到，各成员国“有权决定构成国家紧急状况或其他紧急情况的条件”，而且特别将“艾滋病、结核病、疟疾以及其他传染病”包括在内，以代表允许国家对必需药品实施强制许可的情形。[23]

尽管结果尚好，但上述问题表明，贸易协议可以多么强有力地侵入一国政府所面临的至关重要的决策领域。南非作为一个自由的主权国家，确实并非必须要加入最初的《TRIPS 协定》。但选择不加入，可能会带来非常大的经济损失。然而，国家一旦加入 WTO 就将在许多重要领域丧失国家主权，如果它们长期背负着要维持成员身份的压力，那么认为 WTO 对主权毫无威胁的观点便过于简单化了。

如果我们的结论是国家所面临的维持 WTO 成员身份的压力会削弱其主权，这本身并不构成指责 WTO 的理由。为了获取该组织所带来的好处而付出一点主权丧失的代价，可能是值得的。国家所面临的选择是要么加入协定，要么不加入，而那些决定加入协定的国家领导层应该做出了一种判断，认为这么做会对他们自己一代及以后的世世代代都有好处。所以，在我们批评 WTO 侵蚀国家主权之前，我们应该追问一个问题：国家及其公民要获取这样的好处，是否还有其他不同办法？

传统上而言，左派一直都是世界主义者，而保守派则是民族主义者，它反对向国家自主权施加任何限制。正是由于 WTO 表现得要将自由贸易既放在环保价值之前又放在国家自主权之前优先考虑，才将来自左右两边反对 WTO 的火力都聚集在了一起。如果 WTO 能够实施改革，使自己有能力保障工人权利和环境，上述两派的联盟就会解体，因为这种修正会让 WTO 具备更多而非更少的全球治理能力。因此，改革虽能抵消来自左派的一些批评，但同时也会进一步点燃右派民族主义者的怒火。WTO 的左派批评者之所以支持国家立法机构的优先性并起而捍卫其立法保护环境的权利，是因为其相信某国的立法者至少还向它们的人民负责，全球性的公司就不是这样了。而在左派的眼中，WTO 却为全球性公司的肆意行为大开了方便之门。这就表明，如果 WTO 能够宣称它提供了令全球性公司受民主规则约束的可能性，它就可以回应来自左派的批评——不过依然无法回应保守派的发难。在像让-雅克·卢梭（Jean-Jacques Rousseau）这样的社会契约理论家的哲学体系中，组成政治共同体的人们会放弃其一部分个人自由，以获得在整个共同体运转过程中的发言权。同样地，加入 WTO 的国家也是放弃了它们的部分自主权，以获得在全球经济运转过程中的发言权。

第三种指责：WTO 的决策影响所有人，却由少数国家组成的小团体主导

以一致同意的方式进行决策，可能会是一个非常困难的过程。在实践中，直到西雅图抗议之前，WTO 的议程都是由主要贸易大国的非正式会谈确定的。这个团体被称为“四大国”（the Quad）：美国、欧盟、日本、加拿大。在重大问题上，一旦这四方势力达成了一致，那么成果就会被提交给正式会议，但通常它们都已经是既成事实了。[24] 根据加拿大驻 GATT 以及随后驻 WTO 前任大使约翰·威克斯（John Weeks）所言，直到 2003 年才出现了美国和欧盟已同意的一项提案遭 WTO 其他成员国否决的情形。[25] 该提案是关于农产品贸易的，遭到了以巴西为首的一批发展中国家的反对。像巴西、印度和中国（直到 2001 年才成为成员国）这样的国家越来越渴望在谈判中坚持自己的权利，从而突破了“四大国”的势力圈，同时也让 WTO 减少贸易壁垒的新一轮谈判遭遇了更大困难。

然而，要在 WTO 内部听到最贫穷国家发出平等的声音，这仍旧非常困难。它们甚至连在 WTO 总部所在地日内瓦维持一间办公室的经费都捉襟见肘，因为那是世界上物价最为昂贵的城市之一，而且即便它们能够做到这一点，其员工也必须及时兼顾同样驻在那里的许多联合国机构正在做什么、对他们国家有什么影响等相关事务。WTO 认识到这一问题的重要性，并且会向发展中国家的官员提供一些技术帮助和训练。

迈向同一方向的另外一个步伐则是设在日内瓦的 WTO 法律咨询中心（Advisory Centre on WTO Law）的设立。该独立机构成立于 2001 年，旨在为发展中国家提供低成本的法律咨询，并在 WTO 争端解决过程中为其提供支持。（尽管设立一个此类咨询中心的提议早就已经讨论过，但也只是在西雅图抗议发生后这一积极倡议才变成了现实。）在咨询中心运行十年以后，WTO 的前总干事帕斯卡尔·拉米（Pascal Lamy）承认，该机构的存在对在争端解决过程中实现公平与公正至关重要。他提到，WTO 规则的“惊人体量”和案件“日益增加的复杂程度”已经让许多成员国选择雇佣私人律所来协助处理自身案件。拉米还承认，较为贫穷的国家无力承担这么做的费用，特别是最不发达国家从没有进入过争端解决程序，只有一个例外。他提出的解决办法是，咨询中心要更加努力，以覆盖那些最不发达的国家。说起来当然容易，但拉米在同一讲演的另外一段也承认，咨询中心的资金只由很少一些国家提供，而且不可靠。因此，事实上，WTO 争端解决机制对于最不发达国家的公平和公正就维系在一个独立组织头上，而该组织连运作资金都缺乏足够的保障。[26]

总而言之，WTO 已经不再由“四大国”主导，但要保证发展中国家特别是最不发达国家能像较富裕国家那样捍卫自身利益，那仍将是一场长期的斗争。

第四种指责：劫贫济富

小布什总统曾说过一句话，表达了全球自由贸易的绝大部分拥趸的立场："反对自由贸易的人并不是穷人的朋友。反对自由贸易的人想要掐灭脱离贫困的最大希望。"[27]而在另一边，经济全球化的批评者却认为经济全球化导致富者越来越富、贫者越来越贫。哪种观点是对的？

事实并不容易澄清，而且经济全球化的反对者们在这个问题的某些方面意见也并不统一。有些人说富裕国家没有为贫穷国家提供公平竞争舞台，所以自由贸易并不有利于穷人；另有一些人，比如在西雅图抗议 WTO 的美国工会成员之所以反对自由贸易，是因为这意味着工作会从发达国家转移到诸如中国、印度等工资低得多的地方。如果工作确实会从富裕国家流向贫穷国家，可以预料，那将抬高许多人的收入，而这些人当前福利水平平均而言可是比富裕国家失去工作的工人要差得多。因此，那些赞同在全球范围内，而不仅仅是本国范围内削除贫困的人，应当视此为好事一桩。

另一个相关问题是，自由贸易是否意味着更为廉价的商品，以及这对于穷人是否是件好事。在发展中国家中反对 WTO 最著名的人士之一纨妲娜·希瓦曾在一篇文章中写道：印度的贸易自由化意味着更多的食物出口，结果是"食物价格翻倍，穷人不得不将其消费量减少一半"。任何人如果对贸易自由化之前印度的贫困状况有所了解，就很难相信印度穷人在食物消费量减半之后还能活下去，所以这类主张很可能会招致怀疑。如果往下再读一页，这种怀疑并不会减轻，希瓦在下一页又写道，印度农民失去了市场，并且不得不关闭其磨坊，因为“廉价的、得到补贴的进口大豆倾销到印度市场上……从而使得该国的国家收支平衡状况更加恶化”。[28] 如果降低贸易壁垒确实意味着大豆变得比以前更加便宜，那么宣称同样的贸易壁垒降低会导致整体食物价格翻倍就很奇怪了。另外，希瓦所称的由于贸易自由化而产生的大量食物出口，也应当会提高农民们所获得的粮食价格，从而改善该国的国际收支平衡。对于这一明显自相矛盾的主张，也许还有一种解释；但即便确实有，希瓦也没能向我们提供。

要评估近期以来贸易改革的影响，对以下两个问题进行区分是有益的：

1. 在全球经济自由化的阶段，不平等是否增加了？
2. 穷人是否变得更加悲惨了？

这两个问题并不相同，因为存在这样一种可能：绝对而言，穷人的状况有所改善，即他们可能吃得更好、饮水更安全、教育和医疗保健的机会更大等，与此同时，富人的状况改善更大，从而使得贫富之间的收入和财富差距比以往更大。（以下我在使用“富裕”和“贫穷”时，指的分别是人们收入的高低，而不是指他们所拥有的财产的价值。高收入的人一般更加富有，反之也如此，这自不必说。但这种关系并不完全成立。）当然，我们还需要追问，可以观察到的这些变化是否是经济全球化的结果，而并不仅仅是碰巧与之同时出现的。

自 1990 年以来，世界银行就一直在跟踪全世界的贫困状况。它的做法是计算一个人满足其基本需求（如食品、住所、衣物等）需要多大收入。最初的数字是每天 1 美元，以后随着物价的变化一直在修正，到 2015 年 9 月已经是每天 1.9 美元。这里有必要对这个数字解释一番。我们可能认为，在像印度之类的地方，美元的购买力比在纽约的购买力要高出很多。所以这些人虽然很穷，但也许并不像我们最初所想象的那样穷到了极端。但是，这个数字实际上已经将购买力的差异考虑了进去，是所谓的“购买力平价”数据。它的意思是，在美国用 1.9 美元能够购买的货物量，以当地货币来购买需要多少。另外，世界银行的数字采用的是 2011 年的美元价值，如果我们把通货膨胀考虑进来，那么极度贫困线的购买力相当于 2015 年的 2.03 美元。然而，这只是极度贫困人口的上限。处于极度贫困状态的人们的平均收入远远低于这一数据。[29]

一个好消息是，处于极度贫困状态的人数自 1990 年（当时有 19.5 亿人）以来一直在减少，而且 2000 年以后减少速度还进一步提高了，因此到 2015 年底，极度贫困人口大概是 7.02 亿。如果用极度贫困人口占世界总人口的百分比来描述，上述变化就会更加显著：在 1990 年，世界总人口中将近 37% 的人生活在极度贫困之中；而到 2015 年底，这一比例首次低于 10%。[30] 如果生活于极度贫困之中的人数比例未曾发生变化，那么现在将还有 27 亿人处于这一状况，或者说比如今的实际数据多出 20 亿。与之形成对比的是，发展中国家的劳动中产阶级（以 4 美元以上为生活标准）在发展中地区劳动力总数中的占比只从1991年的18%上升到了如今的50%。同一时期，发展中地区营养不良人数的比例也从23%下降到了13%。[31]

1990年，出于对此前仅仅用人均收入来衡量国家进步的狭隘经济观点的不满，联合国开发计划署（United Nations Development Programme）提出了人类发展指数（Human Development Index），将对健康、教育和收入的衡量一起考虑了进来。这在2010年又引出了多维贫困指数（Multidimensional Poverty Index），也是旨在同时考虑健康、教育和收入，不对国家进行排位，只评估贫困的范围和严重程度。在2013年，根据这种评估贫困（不是极度贫困）的新方法，有15亿人生活于贫困之中，另有8亿人处于贫困边缘。[32]

对发展中国家贫困的评估，依据的是与基本需求相关的绝对标准。这并不是富裕国家通常使用的那种相对贫困——可以同时拥有安全饮水、卫生、医疗、电力、足够食物，拥有电视、汽车和空调等家具的那种贫困。尽管趋势有所好转，但世界范围内仍有7.95亿人长期营养不良或长期饥饿，有25亿人缺乏相对较好的卫生设施（其中10亿人必须露天排便），有18亿人使用的饮用水源受粪便污染，有数亿人不能用肥皂和水洗手。在富裕国家，在5岁以前夭折的儿童低于1%，但在贫穷国家，这个数字是1/12。也就是说，每天有16000个孩子死于可以避免的原因。在最贫穷的国家里，超过1/3的儿童相对或严重发育不良，原因就是营养条件或卫生条件太差。而在富裕国家，发育不良几乎闻所未闻。在富裕国家，每 1 万个人拥有 28 名医生，贫穷国家则不到 2 名。富裕国家的居民出生时预期寿命大约是 80 岁，而最贫穷国家只有 58 岁。[33]

像这样的贫困，已经被人描述为："这种以营养不良、文盲、疾病、环境肮脏、婴儿死亡率极高、预期寿命极低为突出特征的状况，低于对人类尊严的任何合理界定。"[34] 然而，我们现在所思考的问题并不是极度贫困的大面积存在是否是件坏事——它当然是——而是它是否能支撑我们正在考虑的对于经济全球化的指责。经济全球化导致或增加了我们刚刚所描述的这种贫困吗？

2014 年，乐施会（Oxfam）* 报告称，全球最富裕的 80 人所拥有的财富相当于最贫穷的 35 亿人的总和，而且全球 1% 的最富有人群拥有全球财富的 48%。[35] 这些数据看起来令人震惊，它们表明了，最富裕的亿万富翁能够且（我在第五章将会论证）**应当**为帮助最贫穷的人做更多事情。尽管财富的不平等如此悬殊，但这既无法表明世界现在正在变得越来越不平等，也没能表明经济全球化导致了穷者变穷或无法脱贫。

世界正在变得更加不平等吗？我们很可能想要通过考察富裕国家和贫穷国家之间的差距是在增大还是缩小来回答这个问题，但这可能会误导人。中国自 1981 年以来的强劲经济增长，使得 7.53 亿人脱离了极度贫困，从而为缩小全球不平等做出了重要贡献。[36]

---

* 乐施会（Oxfam）是一个大型国际发展和救援组织联盟，它由 14 个国家或地区独立运作的乐施会成员组成。乐施会的前身于 1942 年成立于英国牛津郡，目的是为被纳粹德国封锁的希腊人民输送粮食救济。——译者注

而新加坡的经济增长，由于人口只有540万人，显然对全球不平等的影响就要小些。这表明，在评估全球不平等是否有所增加的时候，我们需要使用其人口总数来衡量国家财富的变动。如果任何国家的任何人的收入都是平均数，那么我们就能得到正确的答案；但实际情况并不是这样。如果我们要追问的是在经济全球化阶段全世界的整体不平等状况是否有所增加，那么以下问题就会有很大影响：中国的经济增长利益主要是流向了该国的穷人还是富人，还是以某种其他方式分配了？

因此，我们需要掌握的信息，乃是个体而非国家的收入在经济全球化阶段发生了什么变化。我们并不能找到所有国家的这方面信息，特别是在20世纪80年代中期以前尤其如此，但是世界银行的布兰科·米拉诺维奇及其研究团队对可以找到的数据进行了细致的收集和分析。米拉诺维奇提出，关于工业革命至20世纪中期以前全球不平等程度的状况，对其最合理的猜测是正在逐步加大，此后至20世纪80年代一直维持在很高水平，之后我们能找到质量更高的数据表明，在经济全球化的数十年间最富裕1%人群的收入增加了60%。但是，最富裕的1%收入增长百分比并非最高。中位收入或接近中位收入者——具体来说，就是在全球收入分布中处于第50个和第60个百分位之间的人——的收入增加了70%～80%。（他们包括2亿中国人，9000万印度人以及印度尼西亚、巴西和埃及的各3000万人。）从全球不平等的角度来说，比这更有意义的是，对全球人口中收入处于倒数第二梯队的人群来说，他们的收入也增加了40%～70%。当然，这个好消息并非完美无瑕，最贫困人口（即收入分布中最后5%的人）的收入没有什么变化。[37]

与上述收入数据相一致，其他人类发展指数也有所改善。在1990～2012年，出生时预期寿命的全球平均值增加了6年，而且增幅最大的是低收入国家。低收入国家平均增加了9年，利比里亚（增加了20年）和埃塞尔比亚（增加了19年）成就特别惊人。[38]这些成就的取得，很大程度上是因为儿童死亡率在这一阶段减少了一半，从每1000名活产中有90人死亡降至43人，每天得救的儿童大约有1.8万人。儿童死亡减少现象的最大部分也出现在最贫穷的家庭。[39]全世界忍饥挨饿的人数占比在1990～2015年也减少了一半。[40]发展中地区有更多的儿童能够上学。2000年，入学注册率为83%，2010年则达到了91%。[41]

现在，我们已经回答了第一个问题。在过去的至少20年中，经济全球化是否增加了全球不平等？回答这个问题取决于你如何理解不平等这一词汇，但我们至少有理由争辩说情况并非如此。经济全球化确实让富者更富了，但也帮助到了穷人。尤其是如果我们关注金钱以外的指标的话就会看到，不平等确实得到了减少，因为以健康和生命质量（如预期寿命）来衡量，穷人得到的好处比富人更多。世界人口中收入处于倒数第二梯队的人们的收入在过去20年经济全球化的时期有了大幅增长这一事实，也为我们所面临的第二个问题提供了一种答案。在我们掌握有必要数据的经济全球化时期，穷人并没有变得比过去更穷。除了最穷的5%以外，他们全都相对没有以前那么穷了。

因此，看起来我们似乎可以驳斥针对经济全球化的第四种指控。经济全球化确实可能济富了，但它并不是通过劫贫来实现这一点的，它是通过把蛋糕做大而实现的。经济全球化的水涨抬高了所有的船只。

但是，以上结论可能下得有点儿太快。首先，怎么理解世界人口中最贫穷的 5% 的状况？他们的船只并没有因为水涨而升高（无疑他们也穷得不可能拥有船只）。其次，即便倒数第二梯队的人们作为一个整体确实有所改善，但是他们中仍有许多人——而不仅是那最后 5%——还是生活在极度贫困之中。如果富人没有将竞争舞台向他们自己的利益倾斜，难道不是本来可能有更多极度贫穷的人可以脱离这种境况吗？

下面让我们来考虑这些问题，不过先要记住我们已经知道的有关 1988 ~ 2008 年经济全球化阶段的以下结果：

1. 全世界收入最低的 5% 人群（约 3.6 亿人），收入没有什么变化。
2. 全世界收入处于倒数第二梯队者（约 24 亿人），收入增长了 40% ~ 70%。
3. 中位收入或接近中位收入（约 3.8 亿人），收入增长了 70% ~ 80%。
4. 收入最高的 1% 人群（约 0.72 亿人），收入增长了 60%。

如果首先要考虑的是受经济全球化影响的所有人的福祉，我们应当视以上几点为好消息。将不平等本身当作一种核心价值来关心，这是不对的。在其他条件相同的情况下，如果一个社会几乎所有人都能达到挪威人的平均生活水准，同时还有很少数人是亿万富翁；而另一个社会则是平等主义的，所有人的生活水准一律相当于厄立特里亚*人的平均水平，那么前者要比后者好得多。我们是应该对推进社会全体成员的福祉保持平等关怀，还是应该对社会中最穷困成员的福祉给予某种优先性，这个问题可以争论，但无论我们做出何种取舍，真正重要的是人们的福祉，而不是富人与穷人之间差距的大小。

不平等的增加可能会意味着整体福祉的减少，这是对的。不必奇怪的是，与高度不平等的社会相比，在一个相对平等的社会中，同样幅度的经济增长能够消除更多的贫困。[42] 此外，有证据表明，不平等还会妨碍经济增长，而程度适中的再分配却对增长没有负面影响。[43]

不平等还带来了其他我们不想要的后果。如果少数人可以利用其巨额财富帮助他们中意的候选人赢得选举，那么一人一票就会丧失意义。民主会遭到破坏。与收入处于中等以下水平的数量多得多的选民之意愿相比，政治家们对于其富裕支持者的意愿将会更加敏感。人们经常引用美国最高法院大法官路易斯·布兰代斯（Louis Brandeis）曾经说过的一句话："我们可以选择民主政治，要么也可以选择任凭财富集中于少数人手中，但两者不可兼得。"[44] 如果金钱可以被排除在选举以外，这样说也许并不准确，但没有迹象表明

* 厄立特里亚（The State of Eritrea），非洲东北部国家，1993 年 5 月 24 日从埃塞俄比亚独立，是世界上最不发达的国家之一，经济以雨育农业为主，80% 的人口从事农牧业，生产力极为落后。——编者注

美国会这么做，而对许多发展中国家来说，对于用金钱来攫取权力的做法的限制更是少之又少。

不平等还可能会摧毁社会中生活水平相对较低的人们的尊严，让他们的感受与在一个更为平等社会中依赖同样收入生活的情形相比更为糟糕。在这里，由于人们倾向于拿自己与周围的人相比较，因此国家内部的不平等比国家之间的不平等更为棘手。

不过，其他一些因素也会让不平等的重要性大打折扣。对于那些在绝望中挣扎，只求能给自己的孩子提供足够食物以及住所和衣物的人来说，追上自己的邻居就不如追上那些毫不费力就能满足自身基本需求的人来得重要。对那些收入接近维持生存所需的绝对最小值的人来说，收入上的很少一点提高，就能让他们的福利有很大的改观，即便他们邻居的收入以美元来计算增加得更多。而且他们所生活的社会也许本来就不是民主制，所以收入的不平等可能也并不会很大幅度地加剧他们被迫忍受的权利不平等。

WTO 的成绩："还应当做得更好"

马克思和恩格斯在《共产党宣言》中对资产阶级的影响进行了描绘，这些表述或许也能应用在当今的全球贸易扩张上：

> 它把人的尊严变成了交换价值，用一种没有良心的贸易自由代替了无数特许的和自力挣得的自由……一切固定的僵化的关系以及

与之相适应的素被尊崇的观念和见解都被消除了，一切新形成的关系等不到固定下来就陈旧了。一切等级的和固定的东西都烟消云散了，一切神圣的东西都被亵渎了。[45]

自由贸易的卫道士们可能不会接受其中感情色彩过于浓厚的词汇，如“没有良心”，但他们也许会同意说全球自由市场会消除“素被尊崇的观念和见解”。他们会视此为好事一桩，因为这类偏见会限制个体创造性的发挥，而个体创造性既有利于生产者的创新，也让消费者拥有了接受与否的选择权。经济全球化对传统社会具有革命性的影响。不管我们认为这是好是坏，我们都可以追问：是否有办法让它运转得更好，或至少不那么坏？即便是对于那些接受全球自由市场带来经济利益这一总体论证的人来说，他们也应该追问自己：如果缺乏任何一个全球性的权威来为某些议题（如虐待儿童、劳工安全、组建工会的权利以及环境和动物福利保护等）设定最低标准，全球自由市场在多大程度上能够良好运转？

根据标准的经济模型，如果满足许多不同假定——包括假定人们的行为总是完全理性，并且其行为基于充分的信息——在一个治理良好的国家中实行自由贸易将会形成一种名为“帕累托效率”（Pareto efficiency）的情势，换句话说，在这种情势下，如果不减少另外至少一人的福利，那么没有任何人的福利能够改善。这是因为，国家的法律将会令私人的生产成本与生产的社会总成本相一致。倾倒废弃物导致河流污染的企业，将会被要求进行清理并补偿那些受到损害的人。由此，保持环境清洁的成本就成为生产成本的一部分，而为了节省成本而不对其废弃物实施清理的生产者，就无从获得相对其他竞争者更多的经济利益。但正如上一章考察温室气体排放问题时我们看到过的那样，全球自由贸易的情形与此并不相同，因为缺乏全球性权威来管理污染，也缺乏国际民法强制要求对污染受害者提供有效救助。一国政府很可能对强迫生产者将其对全球环境（如海洋、大气，或鲸目动物、鱼类及候鸟种群等）的损害内部化一事兴味索然。尽管所有国家共享着同一个全球环境，但公地悲剧的逻辑在此处也同样有效，与限制本国渔船从而让他国捕捞更多相比，一国允许本国渔船尽情捕捞的得利更大。所以，严格以经济学的理论来判断，由于缺乏全球性的环境保护，我们没有理由预期自由贸易会达成帕累托效率，遑论将整体的福祉最大化。

即便我们忽略海洋和大气这种不属于任何国家的美好事物，而只关心各国内部的生活质量，由于政府并非完美无瑕，所以毫无限制的全球化也可能会导致经济上的无效率。如果统治精英并不关心工人阶级，或者不关心领土范围内特定地区的人民，统治者可能就不会考虑大气或水污染给他们带来的成本，或不会考虑他们被强迫长时间低薪工作的问题。由此，由这种精英统治的国家将会战胜那些为其工人提供某种最低保障标准的国家。于是，正如赫尔曼·达利（Herman Daly）所言，“世界上更多的生产转移到了那些成本算术做得最差的国家——这种做法一定会降低全球的生产效率”。[46]结果是，人类福祉和全球经济增长之间的关系，即便在最好的时期也尚不完善，如今却还将遭受更进一步的侵蚀。

我们是否需要一个统一的全球环境标准和劳工标准，这个问题通常会在来自较贫穷国家的自由贸易支持者和来自富裕国家的劳工和环境活动家之间引发争执。人们害怕发达国家会利用高标准来将贫穷国家的产品拒之门外。希瓦宣称："社会条款让北方国家工会和他们的企业联起手来一起插手和破坏南方国家的社会运动。"[47] 这可能会发生，并确实已经发生了，但还有其他办法吗？

2013 年，孟加拉国一座名为拉纳购物中心（Rana Plaza）的 8 层建筑的倒塌，形象生动地例证了在劳工权利和职业健康与安全方面建立国际标准的必要性。这栋大楼里有许多服装厂，主要制造国际知名品牌服装，总共雇有 5000 名工人。在灾难发生的前一天，大楼已经出现裂缝，而且工程师已经提醒大楼需要疏散人群。低层的银行和商店都关门了，但没有组建工会的服装制造工人被要求继续上班，而且有媒体报道说他们还受到威胁，如果拒绝上班将失去一个月的薪酬。第二天大楼倒塌时，有 1136 名工人遇难，还有 2000 多人受伤。另外媒体报道，大楼之所以能得到建筑 5 ～ 8 层的许可，是源于大楼所有者的政治影响力。孟加拉国工会游行示威要求修改劳动法，以让工人们组建工会更加容易，并要求改善健康和安全条件。国际劳工组织（International Labour Organization）派遣了代表团到孟加拉国，以求改善建筑的安全标准和职业安全和健康。[48]

在这种背景下，发达国家工会人士和组织要求企业发挥更大社会责任的行动似乎不像是要试图"破坏"发展中国家的社会运动。与此相反，他们试图支持那些寻求改善发展中国家工作条件的努力。问题在于，如果孟加拉国的服装工人拥有跟富裕国家工人一样的工作条件和工资水准，他们中的大部分人将失去工作，因为衣服将会在富裕国家里制造。

因此，在我们认为所有工人都应当享有的权利（如参加工会、最低标准的职业健康和安全等）和其他可以且应当根据一国生活标准有所不同的事务（如薪酬水平）之间进行区分，将是非常重要的。在工业化国家，国家的法律和规定最终被理解成了是防止 19 世纪自由放任（laissez-faire）资本主义的那种不人道的残酷的必要措施。与此相似，在未来，某种基本的全球性劳动标准将是应对可能同样不人道的、放任的全球资本主义的唯一手段。

WTO 接受了这一理念，至少在理论上是如此。在 1996 年于新加坡举办的 WTO 部长级会议上，部长们重申了此前的一项承诺，即“遵守国际公认的核心劳动标准”，并申明支持国际劳工组织作为设定这些标准的机构。2001 年，在多哈，部长们又重申了这一宣言，并且注意到“国际劳工组织在全球化的社会层面已经开始工作”。[49] 不幸的是，在两次声明之间的五年中，并没有出现什么具体动作，此后的进展也是微乎其微。WTO 的网站上写着：“WTO 的协议并不涉及劳动标准本身”，然后提到有些国家想要改变这一状况，以刺激成员国改善工作条件，但另有一些国家则相信把劳动标准带入 WTO 贸易谈判的种种努力，不过是“贸易保护主义的烟幕弹”。[50]

至少在此前不久，WTO 都一直由新自由主义经济思想所主导。有一些迹象表明，WTO 想要反思这种取向，而且我们也可以设想，在一个经过改革的 WTO 中，对自由贸易的主导信仰将会被对一些更为基础的目标的信仰所取代。那时候，WTO 就可能成为追求这些目标的工具。甚至在 GATT 的协定中，也有一些条款是设计来帮助最不发达国家的，可以之作为贸易平权行动的基础。在第 36 条第 3 款中，缔约各方同意“需要做出积极努力，以保证欠发达签约方在国际贸易的增长中获得与其经济发展需要相当的份额”。但是，多哈发展议程在 2001 年以来进展寥寥，这至少部分是因为发达国家，特别是美国和欧盟，没能在最能让较不发达国家最大获利的领域削减它们的贸易壁垒。正如《纽约时报》所言，最富裕国家的一些保护主义举措“正在嘲弄着这些国家支持自由贸易的言辞”。[51] WTO 本身也已经指出，富裕国家对其农业生产者的补贴达到了每天 10 亿，或者说 6 倍于他们给予贫穷国家的发展援助。[52] 2014 年，农业补贴再次成为谈判症结，印度威胁要阻挠 WTO 一项简化贸易程序，从而有望恢复处于困境的多哈回合谈判的协议。该协议可能相对而言更有利于富裕国家，印度希望拿到回报，在一个得到许多发展中国家支持的提案上取得进展——该提案意在保证从当地农民手中购买食品再分配给穷人的政府计划不会被当作不合法的农业补贴。印度工商部部长尼尔马拉·西塔拉曼（Nirmala Sitharaman）表示非常遗憾，称 WTO 无法就如何对待印度向穷人提供食物一事达成一致，“而富裕世界却能一点儿不少地继续补贴它们的农民”。[53] 前述贸易便利化协议最终获得通过，因为根据一项似乎由印度政府获胜的解决办法，美国同意不挑战印度的食品安全计划，而印度则撤回其反对意见。[54] 然而，在 2015 年 WTO 的部长级会议上，发展中国家反对发达国家对其农民提供农业补贴的事项没能取得任何实质进展。如果多哈回合谈判已经死掉的判断是正确的，那么多哈发展议程似乎也将只剩下空言，别无其他。

可能还有一些其他办法能让 WTO 帮助发展中国家。我们已经提到，从 2001 年 11 月的多哈部长级会议到 2014 年上诉机构针对欧盟海豹产品禁令的判决都显示，已有迹象表明，WTO 中已经有人在重新考虑此前给予自由贸易的优先地位。如果 WTO 开始严肃对待有关维护公共道德和人类及动物生命的第 20 条，以及关于帮助发展中国家的第 36 条第 3 款，我们迟早会看到 WTO 为我们提供一个平台，在其中，全球贸易的自由放任政策有可能被一种推动设立环境保护、劳工安全、工会权利和动物福利的最低标准的全球管理制度所取代。如果 WTO 不能回应上述事态，那么最好能由另外一个不同机构对其能力施加一些限制，这个机构应当愿意承担起设立全球性环保和劳动标准并令其有效运作的责任。

为避免 WTO 的谈判进程遭遇挫折，我们还应当考虑非政府组织行为的力量。比如，乐施会国际联会（Oxfam International）已经启动了其名为“品牌背后”的倡导活动，意在让消费者了解世界上最大的 10 家食品饮料公司——如雀巢、百事、联合利华、亿滋（Mondelez）、可口可乐和玛氏食品（Mars）——在一些议题上的表现，包括它们如何对待供应链上的农业工人和小生产商。该活动已经取得一定成功，说服这些大公司为其供应商的工作场所行为负责。[55] 关于企业社会责任的理念日益强化，如果能与消费者的意识觉醒结合起来，将能转变劳动惯例。

我们购买的是赃物吗？

人们可能会认为，如果一个发展中国家发现了石油或矿物，这会促进其繁荣，提高其生活水准。然而，这样的进展通常恰好总是事实的反面，以至于对此已经形成了一种固定称呼，叫作“资源诅咒”（resource curse）。在一项针对采掘业对穷人之影响的研究中，加州大学洛杉矶分校的政治学家迈克尔·罗斯（Michael Ross）发现，在依赖矿物和石油出售的国家里，大众的生活水准和质量比人们根据该国的人均收入所做的预期要低得多。矿物依赖与贫困程度高之间存在很强的相关性，也与腐败程度奇高、威权体制、军费开支和内战之间存在很强的相关性。罗斯的这一发现与杰弗里·萨克斯（Jeffrey Sachs）和安德鲁·沃纳（Andrew Warner）更早些时候关于自然资源与经济增长的极富影响力的研究结论是一致的。[56]

撒哈拉以南非洲第二大的石油出产国安哥拉就是遭受资源诅咒的一个例证。尼古拉斯·克里斯托弗（Nicholas Kristof）在描述安哥拉时，说它“满载着石油、钻石、开保时捷的百万富翁和快要饿死的蹒跚幼儿”。联合国儿童基金会（UNICEF）将安哥拉列为在5岁以前的儿童死亡率方面最糟糕的国家。安哥拉也是全非洲最富有的女人伊莎贝尔·多斯桑托斯（Isabel dos Santos）的祖国，她的资产多达30亿美元。她是该国独裁统治者若泽·爱德华多·多斯桑托斯（José Eduardo dos Santos）的女儿，根据《福布斯》杂志所说：“伊莎贝尔·多斯桑托斯持有的每项重大的安哥拉投资，看起来有两个来源：一个是来自想在安哥拉做生意的公司的大额股份，另一个是总统大笔一挥让她直接介入投资。”[57]这意味着，任何石油公司只要从该国国有石油公司手中购买了这种宝贵的资源，那么它的头顶上就都将悬着一个巨大的伦理问号。

排在安哥拉后面的撒哈拉以南非洲的第三大石油出产国，是赤道几内亚。由于该国人口只有73万，所以其人均国内生产总值位列非洲第一。然而，赤道几内亚也是资源诅咒的受害者，人类发展指数在187个国家中排名第136位，有很高比例的人口仍生活于极度贫困之中。[58]自1979年起，该国一直受特奥多罗·奥比昂·恩圭马·姆巴索戈（Teodoro Obiang Nguema Mbasogo）统治，此人被民权组织“自由之家”（Freedom House）形容为全世界“仍在世的最腐败独裁者”之一。奥比昂通过军事政变夺得大权，迄今已折磨和处死过众多政治对手。他所主导的选举被国际观察人士认为远远未能达到民主标准。[59]奥比昂与他的儿子即法定继承人特奥多林·奥比昂（Teodorin Obiang）拥有数个私人机场，拥有众多豪车，包括兰博基尼、法拉利、宾利等，而且在马里布、波托马克、马德里和加纳利群岛等地拥有诸多豪宅。2005～2007年，特奥多林·奥比昂总计向一家美国银行存款7500万美元，后来为摆平对其违背反洗钱法规的指控，又支付了2500万。与老奥比昂的政府有生意往来的公司，包括雪佛龙德士古、埃克森美孚、阿美拉达赫斯和马拉松石油等。[60]

民主政府常常会一边与某国做生意，一边谴责其政权。只有在极端状况下，比如针对种族隔离时期的南非，这种中立态度才会受到质疑。美国批评中国的人权纪录，但同时与中国的贸易量也在不断扩大，它在谴责俄罗斯干涉乌克兰、支持其东部分离主义者时，仍然继续与俄保持贸易关系。我们通常假定，贸易在伦理上和政治上是中性的。然而，有些时候，与某国进行贸易，包含了一种应当交付公众审核的道德判断。

如果公司与多斯桑托斯或奥比昂之类的政府进行贸易，这一行为就暗示，它们承认这一政府有权出售位于其境内的资源。它们没有停下来问一问：是什么东西赋予了某人以出售他 / 她所统治国家的资源的道德权利？涛慕思·博格和列夫·维纳等哲学家已经开始探讨这一问题，仅限在学术期刊上。博格是耶鲁大学的教授，兼任全球正义项目（Global Justice Program）主任。他还是学界反贫困组织的创始人，该组织致力于为全球贫困问题出力。博格还著有《世界贫困与人权》（*World Poverty and Human Rights*）一书。[61] 维纳是伦敦国王学院的伦理学教授，是《血油》（*Blood Oil*）一书的作者，是“清白交易”（Clean Trade）运动的创始人，这是一个无党派运动，旨在改变那些让消费者无意间资助了压迫、冲突甚至是种族灭绝的国际贸易规则。[62] 维纳如此描述当前的情形：“消费者每天都在购买赃物”，因为从汽油到手机等各种产品的原材料均是“有时用偷窃，有时用暴力”取自世界上最贫穷的一些人。随后，这些赃物“在流通中进入全球商业体系，而为之提供保护的规则最多不过是偷窃罪的掩饰之物。”[63]

石油和矿物等资源丰富的国家拥有很高程度的腐败和独裁。这并非偶然。掌控如此庞大财富的可能性，对于军方官员和其他能够推翻民治政府的人而言，就是一种持续性的诱惑。如果对石油或矿物出口这一庞大财源的控制并不会随着推翻政府而取得，那么推翻政府的诱惑就会小得多。[64]

《自然资源的清白交易》（Clean Trade in Natural Resources）是"清白交易"网站上的一份政策简报，为各个国家列出了可以实施的具体步骤。[65] 首先，它们应该在受资源诅咒之害的国家中明确出最糟糕的政权。然后，它们应该通过一项《清白交易法案》（Clean Trade Act），禁止自己管辖范围内的人与这些国家的资源出口商做生意。指望任何国家在这类问题上迈出第一步似乎有点儿理想主义，因为这么做很可能会增加该国购买资源的成本，而且除非其他国家也通过了类似的法案，否则这么做并不会有多少效果；但在《血油》一书中，维纳向我们举例说明，其他同样富于理想色彩的行动曾经成功过。其中包括英国放弃奴隶贸易的决策以及更近期的全球反行贿运动，后者使美国国会在 1977 年通过了《反海外腐败法案》（Foreign Corrupt Practices Act），此后又让更多其他国家通过了类似的或更强硬的法律。这一法律并没有根除贿赂，但它让个体和发达国家公司的此类行为面临了更大风险，从而减少了这一问题的规模。

拒绝购买贪婪的独裁政权所统治国家的资源，并不等于对该国施加全面的贸易抵制。这种贸易抵制有可能给被抵制国家的公民个体带来非常大的伤害。像农产品和工业品等可再生的资源仍然可以继续交易。但是如果一个公司或国家承认独裁者有权出售他们所掌控的国家的不可再生自然资源，这就是在承认独裁者对这些资源具有合法权威的主张。维纳论证说，这么做就是在合谋侵犯人民对他们国家资源的所有权。[66]

对“清白交易”提议的一种很显而易见的批评是，它会涉及对来自某些国家的产品的歧视，从而会违反我们已经在本章前面部分讨论过的 WTO 规则。在剑桥大学讲授 WTO 法律的罗兰·巴特尔斯（Lorand Bartels）已经论证说，情况也许并非如此。他的论证部分依赖的是本章前面提到的一个案例，即欧盟对猎杀海豹所获产品实施进口禁令，而这被承认属于 WTO 允许国家为维护公共道德所必需禁止进口的规则之列。[67] 正如我们之前所看到的，上诉机构裁定成员国应当“拥有若干余地，以根据自身体制和价值标准，来自主界定和应用它们对公共道德的定义”。因此，某一国并不难进行一种论证：如果公开接受与腐败独裁者（他会将绝大部分获利据为己有，而不用以增进本国人民的利益）进行贸易，公共道德就会受到威胁。一旦人们知道他们所购买的商品是怎样得来的，就会产生一种确实的危险——他们会变得更加犬儒，会对此类行为（比如在本国内收受金钱或赃物贿赂）更加宽容。

民主与合法性

我们一直在讨论的问题的核心在于，如果一个政府被承认为合法，这种合法性就会自动授予交易该国资源的权利。在普通的用语中，“合法”一词似乎表述的是一种道德判断。比如，在讨论一个足球运动员是否应当判罚点球时，粉丝也许会说："是的，这是个合法的判罚，因为对手在他打算射门时故意绊倒了他。"然而，这并不是一个政府被承认为合法时，其中"合法"的意思。长期以来的观点是，承认一个政府为合法与该政府如何获得权力以及如何进行统治都毫无关系。一个政府是否合法的唯一判断标准是它是否对其领土拥有有效控制。布拉德·罗斯（Brad Roth）如此说道：

> 在这样一种理解方式中，国际体系将统治机构视为权威的自足来源——或者毋宁说是认为他们的权威就来自他们能够以任何可能的手段确保民众默从的特有能力……一个政府仅仅因为它的存在是一种无可避免的事实，就会得到承认。[68]

国际机构，包括联合国和WTO在内，在接受各个政府为其成员国的代表时，使用的都是这样一种合法性概念。

这样一种理解的主导地位似乎让其他替代性的理解并不现实。但是，确实存在另外一种具有相当强的伦理资格的替代观点。1792年11月，伴随着法国国民公会（National Convention）发表建立共和国的宣言，美国国务卿托马斯·杰斐逊（Thomas Jefferson）写信给美国驻法代表说："承认建立在一个人民充分表达出来的意志之上的政府为正当，这符合我们的原则。"[69]我们不能根据这一表述就假定杰斐逊也赞同相反的说法：如果一个政府不能说明自身乃是根据人民表达的意志而建立的，那它就不是该国正当的政府。我们还可以依据其他理由来承认一个政府为合法，比如可能因为它长期维持统治而未曾遭遇反对，且没有使用压迫手段来扼杀异议。但是，杰斐逊的原则确实暗示，有些政府不可能会被视为合法——比如，一个通过武力夺得权力、驱逐民主获选的统治者、杀害出言反对者的政府。

有一种基本的人权，要求有份参与决定谁来统治我们，这样一种主张是拒绝承认那些无法证明自己代表人民意志的政府之合法性的原因之一。我们也可以使用古典功利主义为民主提出的论证来得出同一种结论：我们可以预期，与那些无须定期回应选民的政府相比，民主政府会更加关心他们所统治的人民。在国际法领域，这种关于合法性的观点近年来已经获得了一些支持，尽管它仍然不被视为主流观点。要捍卫这种观点，支持者可以援引许多国际文件，首先就包括《联合国宪章》的开篇："我联合国人民……"宪章的签署者显然认为自己是其所统治的人民的代表，他们的权威也来自后者。同样有关的是《世界人权宣言》(Universal Declaration of Human Rights)，其在第21条第3款规定：

> 人民的意志是政府权力的基础；这一意志应以定期和真正的选举予以表现，而选举应依据普遍和平等的投票权，并以不记名投票或相当的自由投票程序进行。

《世界人权宣言》并非一个具有明确法律效力的条约，但是《公民权利和政治权利国际公约》(International Covenant on Civil and Political Rights）则具有法律效力，其第 1 条规定：

> 所有人民都有自决权。他们凭这种权利自由决定他们的政治地位，并自由谋求他们的经济、社会和文化的发展。

在第 2 条中，公约的缔约方要确保每个公民个体在其领土范围内都拥有公约所规定的权利，"不分种族、肤色、性别、语言、宗教、政治或其他见解、国籍或社会出身、财产、出生或其他身份等任何区别"。将"政治或其他见解"也包括进来十分值得注意，因为第 25 条写道：

> 每个公民应有下列权利和机会，不受第 2 条所述的区分和不受不合理的限制：
>
> （a）直接或通过自由选择的代表参与公共事务；
>
> （b）在真正的定期的选举中选举和被选举，这种选举应是普遍的和平等的，并以无记名投票方式进行，以保证选举人的意志的自由表达。

如果我们严肃对待这些主张，我们就需要提出一种全新的关于合法政府的概念，其影响之深远不仅会涉及贸易，而且会涉及为人道主义目的而实施的军事干涉之类议题，关于这个话题我将在下一章继续讨论。而且，我们确实应该严肃对待这些主张。但我们应该如何确认什么情况下一个政府才是足够民主、足以被承认为合法呢？在2000年11月美国总统大选反复计算小布什和阿尔·戈尔的得票数期间流传着一个笑话，说联合国要派一个观察团来确保选举公平民主。这种笑话传达了一个严肃的观点。且不论对选举和计票过程中违规行为的诸多指责，也不提美国最高法院拒不允许对所有票数进行恰当统计的做法。美国候选人要想得到一点点获胜机会，那就必须筹集上亿美元资金，从而保证了富人比穷人对政治进程的影响力要大得多；对这一事实，我们也可以暂且不管。即便这些瑕疵全都不存在，仅仅是使用选举人团（electoral college）而不是大众投票方式来选举美国总统，就让生活在人口较少州的人的选票价值更高，而生活在人口众多州的人的选票价值就低一些，从而没能满足民主制对“一人一票”的要求以及《世界人权宣言》* 第25条b款关于“平等选举权”的规定。[70] 尽管如此，美国民主的明显缺陷并非那种要求我们撤销对美国政府合法性承认的类型。因此，我们需要一种最低限度的民主概念，否则我们就找不出多少合法政府了。一个有所助益的做法是，区分两种政府：一种是尽管不民主，但能够主张一种传统的、长期形成的权威，从而使该政府可以在人民的明显默认下实行统治，而无须对基本的公民自由实行严厉的钳制；另外一种政权则是以暴力攫取权力，用压迫性的手段来维持权位。传统的绝对君主制可能是第一种政府类型的例证，而通过成功的军事政变上台、不实行自由选举、杀害或关押反对者的军事政权则是第二种政府类型的例证。

* 原文如此。此处文件名有误，应为《公民权利和政治权利国际公约》。——译者注

如今已经有一些国际组织不得不面对一个政权何时才算充分民主、才算是民主制这一问题了。在 2000 年于华沙举办的民主国家共同体开幕会议上，来自 106 个国家政府的代表签署了《华沙宣言》(Warsaw Declaration)，承认“民主价值的普适性”。他们一致同意“在既有国际和区域性机制中与民主有关的议题上通力合作，组成联盟和党团以支持旨在推进民主治理的决议及其他国际活动”，以求“创造一个有利于民主发展的外部环境”。[71] 自华沙会议以来，民主国家共同体大约每两年举办一次部长级会议。每次会议之前都需要做出决策，判断哪些国家有资格参与；不完全符合民主制标准的国家可以参加，但只能作为观察员。[72]

如何才算合法政府的概念的变迁并不会很快到来。承认并与已经对其领土实行有效控制的政府打交道，这是具有很坚实的实践理由的。但是，我们也许可以向着一种双层体制（two-stage system）进行调整，即其中部分政府是因其有能力控制其领土而得到承认的，而另外一些政府被承认为合法的原因是它们的掌权是可以得到辩护的。目前，由于缺乏这样一种区分，像 WTO 这类组织就会自动采用前者那种更低的标准，来决定可以接受什么样的政府为入世谈判及贸易谈判的对象。然而，考虑到众多国际宣言和公约已经赋予民主制以极高的道德价值，从长期来看，这种状况也并非不可改变。到那时，WTO 也可能会变成一个更合适的国际平台，可以决定哪些政府有资格出售它们所统治国家的国有资源。

第四章 我们拥有同一个法律

- ONE LAW -

干涉的必要

在第二章中我们已经看到，随着我们日益意识到人类对地球脆弱大气的依赖性，已经对传统的国家主权观念构成压力。我在第三章也讨论到，走向单一全球经济的做法也在往同一个方向起作用。现在，我要转而讨论另外一个领域，在这里，传统的国家主权观念遭遇了更为直接的挑战——或者说践踏。在全面禁止种族灭绝、种族清洗、战争罪行以及反人类罪方面所取得的进展，比其他任何事态都更为清楚地表明，我们对国家主权权利的理解在过去五十年中发生了怎样的变化。本章将检视这一变化的伦理基础。

种族灭绝并非新现象，任何读过《圣经》的人都会知道这一点。据《旧约·民数记》讲述，某一时期，以色列男人屈服于临近的米甸人部落的妇女的魅力。更糟糕的是，这些女人似乎还成功说服了以色列的男性爱慕者信奉米甸人的宗教。接下来发生的是：

耶和华吩咐摩西说，你要在米甸人身上报以色列人的仇……摩西吩咐百姓说，要从你们中间叫人带兵器出去攻击米甸，好在米甸人身上为耶和华报仇。从以色列众支派中，每支派要打发一千人去打仗。于是从以色列千万人中，每支派交出一千人，共一万二千人，带着兵器预备打仗。他们就照耶和华所吩咐摩西的，与米甸人打仗，杀了所有的男丁。以色列人掳了米甸人的妇女孩子，并将他们的牲畜、羊群和所有的财物都夺了来，当作掳物，又用火焚烧他们所住的城邑和所有的营寨，把一切所夺的、所掳的，连人带牲畜都带了去，将所掳的人，所夺的牲畜、财物都带到摩押平原，在约旦河边与耶利哥相对的营盘，交给摩西和祭司以利亚撒，并以色列的会众。摩西和祭司以利亚撒，并会众一切的首领，都出到营外迎接他们。摩西向打仗回来的军长，就是千夫长、百夫长发怒，对他们说，你们要存留这一切妇女的活命吗？这些妇女……叫以色列人……得罪耶和华，以致耶和华的会众遭遇瘟疫。所以，你们要把一切的男孩和所有已嫁的女子都杀了。但女孩子中，凡没有出嫁的，你们都可以存留她的活命。[1]

在过去一个世纪的大部分时间里，人们普遍相信：人之所以会犯下暴力罪行，是因为他们贫穷、无知、遭受压迫、遭受虐待或遭受剥削；假如在他们犯罪的时候，以上几点均无法适用，那他们孩童时期必定曾遭遇过其中至少一个因素。人们假定，这不但对于犯下个体罪行的人是成立的，而且对于那些参与更大规模罪行的人也是成立的。于是就有了一个观点，即试图通过加强警备来预防犯罪只能治标，无法治本。要解决问题的根源，我们就必须终结非正义和剥削，对教育进行改革，教育人们以尊重所有人类的重要性，防止那些从战争和种族灭绝中获利的军火制造商腐蚀民主过程，确保没有任何一个孩子在贫困中长大或遭受父母虐待。

我认为，我们都愿意终结非正义和剥削，都愿意看到没有一个孩子生活在贫苦或虐待之中。有人希望看到我们的学校尽其所能地鼓励一种尊重他人的态度，这我也不得不赞同。即便这类事情无益于消除暴力，我们也应该去做。但是，做了这些事是否就足以终结暴力？是否需要其他措施？我不这么认为，刚刚引自《民数记》的段落在这方面为我们指出了三个原因。

首先，该文本——特别是与残忍程度相差无几的《圣经》中其他屠杀行为的段落一起阅读时[2]——表明，20 世纪恐怖的大规模杀戮行为并非一种新的现象，区别仅仅是，现代科技和交通技术让屠杀者能够在一个相对较短的时期内谋杀比以往任何一次都要多得多的人数。正如劳伦斯·基利（Lawrence Keeley）在《文明之前的战争》（*War Before Civilization*）一书里展现的，战争一直是绝大多数人类文化中存在的常规部分，而且通常不会留下男性囚犯，只是有时候会留下女性和小孩。对整个群体的大屠杀似乎并非罕见。欧洲的万人坑（葬有遭遇暴力死亡的各个年龄之人的坑谷）中，最早至少可以追溯到 7000 年前，即德国泰尔赫姆（Talheim）地区的新石器时代葬坑。哥伦布航行抵达美洲之前的一个多世纪，在南达科他的“乌鸦溪”（Crow Creek），包括男人、女人和小孩在内的 500 人被剥掉头皮、肢解尸体，然后被扔进了一条沟里。发人深省的是，许多部落社会尽管没有机关枪和烈性炸药，但每年在战争中被杀害人口的比例却远远超过任何现代社会，包括 20 世纪的德国和俄国。[3] 人们如果收看晚间电视新闻，很容易得出一种印象，认为世界正在变得越来越暴力，但事实却是，对战争杀戮行为为真的观点，对个体的杀人行为也为真。平均而言，与生活在历史上任何其他一个时期或史前时期的人相比，对今天活着的普通人来说，他 / 她在另外一个人类手上遭遇暴力杀害的可能性要小一些。关于这一令人诧异又令人振奋的事实的证据，我们可以看看斯蒂芬·平克（Steven Pinker）在其著作《人性中的善良天使》（*The Better Angels of Our Nature*）中所做的大量研究。平克在书中论证说，我们所处的时代，比起此前有人类存在的数千年来说，没有那么暴力，没有那么残忍，而是更加和平。[4]

尽管人类历史的长弧已经向前演进，但是前引的《民数记》段落还为我们提供了第二个理由，以说明为什么减少贫困和非正义并不足以终结暴力。正如文本所显示的，以色列人屠杀米甸人的动机与他们自身的贫困毫无关系，也与他们在被他们所攻击之人手中遭受的任何非正义毫无关系。事实上，米甸人似乎没有犯下任何罪过，只是同意发生性关系——关于这一点，可以推测以色列的男人也是同意了的——以及信奉了一种至少在部分以色列人眼中比摩西所遵奉的宗教更具吸引力的宗教而已。

要想阻止暴力，我们需要做的比社会改革家所想的要更多一些，之所以这么认为，还有第三个理由：一方面，《民数记》告诉了我们耶和华命令摩西去做什么事；另一方面，如果我们试图按照现代遗传学的理解来将以色列后代子孙的数量最大化，我们有可能选择什么样的做法；两者相对比，相似度极高。由于一个女人只能生育有限数目的孩子，而以色列男人则有能力为米甸女性提供为此目的所需的全部精子，所以米甸男性就是以色列人的潜在竞争对手，毫无遗传作用。所以摩西无情地消灭了他们，不分成年男人还是少年。将所有并非处女的米甸女性全部杀害，也能确保没有任何妇女可能会因为怀孕而留下米甸人的孩子。这就意味着下一代人中将没有任何人具备完整的米甸人血统，从而能够确保针对米甸人的种族灭绝完全胜利。而允许军官们将米甸少女据为己有，也能增加他们后代的数量。凶犯的遗传优势清楚无匹。

这对我们而言意味着什么？我们都是那些成功地将自己的基因留给了后代的男人的子孙，而另有许多男人没能做到这一点。杀掉那些不与自己共享基因的男性对手，与他们的妻子或女儿交合，是男人提高自己将自身基因传给后代的可能性的方法之一。不要被误导，认为一些人杀掉另外一些人对整个种族不可能有利。种族的出现与消失都过于缓慢，以至于无法作为进化的主要单元。最好是将进化理解为更多的是基因之间、个体之间，或者具有遗传关系的小规模群体之间的竞争。这一点应该是与战争及屠杀在人类历史和史前史中所占据的核心地位具有某种联系的。

实际上，实施屠杀的能力可能可以追溯到我们获得人类这一独特身份之前。黑猩猩是与倭黑猩猩一样跟我们关系最近的非人类近亲，它们会组成突袭队，越过它们的领地范围，故意（如果你对这个用词有所怀疑，你可以去读读有关它们的所作所为的相关描述）搜寻并杀害其他群体中较为容易被杀掉的黑猩猩，通常被杀的都是雄性。珍·古道尔（Jane Goodall）在贡贝（Gombe）观察过的一群黑猩猩，曾在3年时间内将相邻的一个群体灭绝，至少杀死了4头成年和青年雄性、1头成年雌性，赶走了其他所有的雄性，而让被害的成年雌性的两个年幼女儿“存留了活命”。在广泛分布于非洲的其他黑猩猩群体中，也可以观察到类似的行为。[5]

所以，我们都是种族灭绝的潜在凶犯吗？这么理解又太过分了。要在将自己的基因传递给后代方面做得比别人好，人们可以有许多方法。其中之一是，我们特别擅长塑造双方互利的合作关系。[6]令人惊叹的是，即便人们被分割成了相互征战的两个民族，他们也仍然可以做到这一点。在第一次世界大战期间，英国和法国联手在法国战场上对抗德国。在种种有关敌人之邪恶的民族主义宣传轰炸下，双方的士兵整军开进战壕，形成对峙，每个士兵都拿到了一杆枪，被要求射杀对面战壕里的士兵。但是他们没有这么做，而是形成了一种后来被称为“活己活人”（live and let live）的做法，法国人和英国人只往敌军部队的头顶开枪，德国人也如是。双方指挥官做出相当的努力并加以威胁，才打破了士兵们的这种做法。[7]形成合作关系最可能有益的情境，要比实施种族灭绝最可能有利的情境更为常见。所以，我们可以说，我们都是潜在的合作者。但是，从动物行为学、人类学和历史学的角度来看，认为有相当多的男性具有成为种族灭绝凶犯的潜质，这也是可信的。同样可信的还有，虽然这种潜力在贫困、非正义、剥削或缺乏教育等条件存在时更有可能发挥作用，但有时即便没有这些因素，它也一样会发挥作用。

如果我们把目光从《圣经》时代转移到20世纪，我们就会看到这一悲观主张的可怕证明。1915 ~ 1917 年，土耳其人屠杀了大约 150 万亚美尼亚人。20 世纪 30 年代，斯大林的“大清洗”中，有 700 万 ~ 1000 万人死亡。纳粹针对犹太人的种族灭绝数字通常被认为是 600 万，而纳粹还在其占领区内屠杀过吉卜赛人（Roma）、同性恋者以及其他平民。然后发生的是柬埔寨和卢旺达的杀戮，到 20 世纪接近尾声时，又有波斯尼亚、科索沃和东帝汶的杀戮。在这些杀戮事件中，有时候行凶者确实贫穷且缺乏教育，但并不总是这样。20 世纪 20 年代的德国属于全世界受教育程度最高的国家行列。南斯拉夫从 1918 年开始就一直努力教育其公民将自己看作南斯拉夫人而不是克罗地亚人、塞尔维亚人或其他民族或族群的成员。蒂莫西·加顿艾什在其著作《当下历史》（*History of the Present*）中追问，我们究竟从该地区在 20 世纪最后 10 年里的事件中学到了什么？他的回答是：“我们学到，人性从来没有变过。20 世纪末期的欧洲和 20 世纪中期对犹太人进行大屠杀（Holocaust）时期的欧洲没有区别，同样地实施野蛮暴行。”[8] 他也许还可以加一句：“……而且此前数千年也是如此，而且不仅欧洲如此。”

所以，尽管克服贫困、消除非正义、改善教育可能会让种族灭绝发生的可能性降低，但我们不能只靠这些政策来防止种族灭绝。还能做什么？建立一些机制来推进国家之间的和平、减少战争的风险，这是至关重要的，因为战争心态会让人突破约束，让人更加倾向于将平民和军队武装力量一起杀掉。但是最终，还需要我们做一些事情，让种族灭绝的潜在凶犯为他们行为后果感到后怕。尽管民族国家一旦开战，通常都会带来大规模的暴力死亡，但平克论证说，国家的出现使得暴力死亡的风险大为降低了。[9] 在国家层面上，保卫人民免遭个体性的谋杀、性侵和攻击的最后防线是执法；同理，在全球层面上，保卫人民免遭种族灭绝或类似罪行的最后防线必定也是执法，而且如果试图实现这一点的其他办法全都无效，那么最后的手段就会是军事干涉。

国际刑法的兴起

"二战"中由同盟国(Allies)所设立的国际军事法庭(International Military Tribunal)宪章，目的是在纽伦堡审判纳粹的重要战争罪犯。它赋予纽伦堡法庭在三种罪行上的管辖权：破坏和平罪、战争罪和反人类罪。在颁布这一宪章时，同盟国宣告，发动侵略战争即为"破坏和平罪"；谋杀、虐待或放逐平民或战俘即为"战争罪"；谋杀、歼灭、奴役、放逐平民，或基于政治或宗教的理由而迫害他们即为"反人类罪"。法庭宪章宣告，这类行为都是罪行，"不论其是否违反犯罪地之国内法规"。[10]

虽然同盟国能够援引先例和惯例，来为它们所称的反人类罪已被国际法所承认的主张辩护，但纽伦堡法庭仍然促成了以下观点：某些行为是如此骇人听闻，以至于无论如何都属于罪行，不管发生这些事的国家当时通行的法律是如何规定的。随后，联合国大会要求国际法委员会 (International Law Commission) 拟定与纽伦堡法庭所处理的那类罪行有关的国际法的原则。该委员会建议，国家权力机关所煽动或默许的反人类罪行应当承担国际刑事责任。1984年的《反酷刑公约》(Convention against Torture)接受了这一原则，有110个国家签署。在英国上议院讨论英国政府是否应当将参议员奥古斯托·皮诺切特(Augusto Pinochet)引渡至西班牙，就其被控在智利所犯罪行接受审判时，该公约就处于争论的核心焦点。智利已经批准了《反酷刑公约》，所以上议院司法委员有充分理由认为皮诺切特可以被引渡至西班牙。[11] 但这一案件也将何谓普遍管辖权(universal jurisdiction)的问题提了出来。所谓普遍管辖权，是指任何国家都有权利对犯下反人类罪行的人进行审判，而不论罪行发生所在国是否签署过规定该罪行应承担国际刑事责任的公约。

在皮诺切特案预审时，大赦国际(Amnesty International)* 提出强有力的论证，指出国际法早已承认针对反人类罪的普遍管辖权。[12] 阿道夫·艾希曼(Adolf Eichmann)在以色列被起诉一事通常被援引为这一观点的先例。[13] 艾希曼在海因里希·希姆莱(Heinrich Himmler)和莱因哈德·海德里希(Reinhard Heydrich)手下负责实施对纳粹统治下的欧洲犹太人的谋杀。他在阿根廷遭遇绑架，被运送至以色列，随后在以色列受审并被处决。尽管他被带到以色列的方式在合法性上存疑，但人们普遍承认，对于在德国境内犯下的罪行，以色列有权主张管辖权。而且，以色列最高法院之

* 大赦国际，又称国际特赦组织，1961年5月28日成立于伦敦。其宗旨是“动员公众舆论，促使国际机构保障人权宣言中提出的言论和宗教自由”“致力于为释放由于信仰而被监禁的人以及给他们的家庭发放救济等方面的工作”。——译者注

所以主张这种管辖权，理由不在于以色列是艾希曼的受害者的合法代表，而是出于针对反人类罪行的普遍管辖权。因此，艾希曼对吉卜赛人、波兰人和其他非犹太人所犯下的罪行，在以色列的诉讼中也是密切相关的。[14]

2016 年，由塞内加尔和非洲联盟（African Union）共同设立的非洲特别法庭（Extraordinary African Chambers），作为非洲首个建立在普遍管辖权原则基础上的法庭，以反人类罪、虐待罪和性犯罪等罪名判处侯赛因·哈布雷（Hissène Habré）终身监禁。这一判决是一系列行动的顶峰，20 年来，人们一直在追究哈布雷在 1982 ~ 1990 年担任乍得总统期间导致成千上万人死亡和遭受痛苦的责任。（审判之所以在塞内加尔举行，是因为在决定将其送上审判席之前，哈布雷一直流亡该国。）[15]

在皮诺切特一案上，沃斯麦特勒佛的菲利普斯勋爵（Lord Phillips of Worth Matravers）讨论了普遍管辖权的问题，并且得出结论：

> 我相信，国际法是否承认针对国际罪行的普遍管辖权——即任何国家的法院根据国际法对发生在任何地方的此类罪行进行控告的权利，这仍是一个开放性的问题。在战争罪方面，这种管辖权已经在针对阿道夫·艾希曼的著名起诉中得到了以色列国的坚持，但是这种坚持并不反映各国在国际罪行问题上一般性的做法。相反，各国历来趋于同意，或寻求达成一致，要求建立国际法庭来审判国际罪行。当然，有时候，它们也通过公约同意，自己国家

的法院应当享有管辖权，应当有权对某种特定类别的国际罪行进行起诉，而无论罪行发生在何处。[16]

2001 年 1 月，在国际法学家委员会（International Commission of Jurists）的倡议下，一个由 30 名学者和法律人士组成的国际团队在普林斯顿大学集会，寻求就普遍管辖权的恰当发展方向达成共识。他们差一点儿就成功了，“普林斯顿普遍管辖原则”（Princeton Principles on Universal Jurisdiction）得到了几乎全体与会人士的同意，只有一人例外。该原则支持这样一种理念：任何国家可以“仅仅根据犯罪性质，而无需考虑犯罪的实施地、被指控人或罪犯的国籍、被害人的国籍，或者与行使这种管辖权的国家有其他任何联系的因素”来行使刑事司法管辖。列出的罪行包括海盗、奴役、战争罪、破坏和平罪、反人类罪、种族灭绝以及酷刑。接下来的原则还要求应当遵守有关正当程序的国际规范，否定了向拥有官方地位者如国家首脑等人提供豁免的观点，而且不承认国家为被指控人所提供的赦免的效力。[17] 普林斯顿原则意在为其所提及的全部罪行建立一种真正全球性的管辖权。

然而，普林斯顿参会人员中唯一的反对者布朗–威尔金森勋爵（Lord Browne-Wilkinson）为何没有附和呢？如果忽略这一问题，那就是一种错误。跟沃斯麦特勒佛的菲利普斯勋爵一样，布朗–威尔金森勋爵乃是英国最高法院的著名法官。他曾在皮诺切特一案中担任高级法官。在陈述异议时，他提醒说，如果他国逮捕某国官员，并就指控的国际罪行进行公开审判的话，普遍管辖权可能会引发国家之间的敌对。他举出的例子——他的陈述写于世贸中心和五角大楼遭遇恐怖主义袭击之前——包括敌视西方大国的国家在内可能会将西方官员送上审判席，或者西方的狂热分子可能试图以恐怖主义活动罪名起诉伊斯兰极端分子。由于本国公民遭到指控，一国可能会诉诸武力来保护其公民。结果“会更多的是破坏而不是增进国际和平的机会”。[18]

2001 年，也就是普林斯顿原则公布的当年，布朗-威尔金森勋爵所表达的忧虑离现实更近了一步。颇具讽刺意味的是，当年正是艾希曼一案在普遍管辖权原则的建立上发挥了重要作用，而这次却是由以色列的外交部警告以色列官员出国旅行要谨慎小心，因为某些国家可能意图指控他们侵犯巴勒斯坦人的人权。警告才发出不久，1982 年萨布拉（Sabra）和夏蒂拉（Shatila）难民营大屠杀 * 的幸存者就在比利时针对时任以色列总理的阿里埃勒·沙龙（Ariel Sharon）提请立案。这次大屠杀是由以色列的黎巴嫩基督教盟友发动的，但以色列的一份官方调查认为沙龙未能阻止屠杀，因此将“间接责任”归咎于他，因为沙龙当时曾任以色列的国防部长。[19] 尽管这一案件没有对沙龙造成什么影响（他 2006 年陷入昏迷，直到 2014 年去世），但到 2009 年，情况表明，以色列的忧虑并非空穴来风，当时英国一个治安法庭（magistrates' court）** 发布了一张逮捕令，要求拘捕以色列外交部长齐皮·利夫尼（Tzipi Livni），而

* 即贝鲁特难民营大屠杀。——译者注

** 英国的一种基层法院，由通常并非法律专业人士的治安官法官对轻微案件进行审理。——译者注

她正打算前往伦敦出席一次会议。以色列当年早些时候在加沙实施了军事行动，这张逮捕令就是应行动受害者代理律师的申请而获批准的。利夫尼取消了原计划的访问，然后逮捕令被收回，其间英国首相戈登·布朗（Gordon Brown）还曾为此道歉。随后，英国议会通过了一项立法，允许检察长（Director of Public Prosecutions）有权否决逮捕令。这一法律并没有动摇普遍管辖权原则，只是让政府能够掌控逮捕令的颁布。2011年，在该立法通过后，当时已成为以色列反对党领袖的利夫尼对英国进行了访问。[20]

为了减少个别国家利用普遍管辖原则提起大量控告的风险，布朗-威尔金森勋爵和他的同事菲利普斯勋爵都更加倾向于通过国际法院，除非被起诉公民所属的国家已经签署了在相关罪行上接受普遍管辖权原则的条约——比如智利，已经签署过《反酷刑公约》。即便是那些支持普遍管辖权的人也会同意，国际法院是一个有价值的额外选项，如果它运转足够良好，那么普遍管辖权应该就没有什么必要性。伴随着悲剧事件的发生，同纽伦堡法庭类似，近年来已经建立了更多的国际法庭。这样的悲剧事件包括：前南斯拉夫解体后发生的战争，在卢旺达发生的对胡图族的屠杀，塞尔维亚人对科索沃阿尔巴尼亚居民的攻击，受印度尼西亚军队支持的民兵武装在东帝汶实施的屠杀。通过强化所有体面人不允许此类悲剧继续发生的决心，这些法庭将我们推向了一种针对此类罪行的全球性刑事司法体制。跟纽伦堡法庭不同的是，像对哈布雷和斯洛博丹·米洛舍维奇（Slobodan Milosěvić）（南斯拉夫前总统，被他自己领导过的政府送上了海牙国际法庭）这样的审判，并不是那种由占领军强加于被迫接受无条件投降的国家的领导人身上的判决。这些案例标志着一种承认：国家主权不是反人类罪行指控的保护伞。

这些国际法庭都是一次性的安排，为审判特定罪行而特别设立的（常设的海牙国际法院只对接国家，不对接个人）。为了让对反人类罪的起诉成为国际法的永久特征，来自160个国家的代表1998年在罗马集会，以压倒性优势通过了设立国际刑事法院（International Criminal Court，简称ICC）的议案。2002年，随着60个国家批准设立该法院所依据的法律，即《国际刑事法院罗马规约》(Rome Statute)，世界上首次出现了一部永久性的全球刑事法；尽管这部法律只处理最为恶劣的罪行，如种族灭绝、反人类罪和战争罪等，而且只在国家法院无力或无意提起诉讼时才发生作用。到2016年，已有124个国家通过了该协议。

ICC设有一名检察官，有权对个体提起种族灭绝、反人类罪和战争罪控告，只要他所属的国家已经批准了该协议，或者罪行是在一个此类国家领土范围内所犯。除此之外，案件能够送达ICC的唯一的非常规途径是经由联合国安理会将某个具体案件递交给它。

美国在这一过程中所扮演的角色并不怎么突出。最初，它试图修改《罗马规约》，以便美国的军人和政府官员能够免于被起诉。（为什么美国会期望它的国民跟其他所有国家的国民区别对待呢？原因从没有说清过。）修改意见被拒绝后，美国成为投票反对拟设立ICC的7个国家之一（其他几个国家包括：萨达姆统治的伊拉克、卡扎菲统治的利比亚、卡塔尔、也门、中国和以色列）。然而，克林顿总统仍然于 2000 年签署了该协议，只是没有将之提交参议院批准。而在小布什总统治下，美国宣布它无意再批准该条约。[21] 布什统治时期，美国试图破坏该法院的措施层出不穷且多种多样，有些还特别好笑。2002 年，布什签署了一项法律，授权总统运用军事力量解救被 ICC 拘留的美国人。这项法律被人称为“海牙入侵法案”（The Hague Invasion Act）*，得名于 ICC 及其拘留中心所在的荷兰城市。该法案还规定，除非美国获得起诉豁免权，否则将撤回美国在批准 ICC 的任何国家的军事援助，并且要限制美国在联合国维和武装中的参与度。[22] 此后，小布什的国务卿康多莉扎·赖斯也承认，中断对于正与恐怖主义作战的国家的军事援助，“跟搬起石头砸自己的脚差不多”；但后来发生的事情恰好印证了这一点，比如在马里，极端组织在那里建起了一座基地。[23] 这一法案在 2006 年被削弱，2008 年被废除。

颇具讽刺意味的是，虽然美国拒绝考虑将其公民交由一个依照正当程序的国际规则运作并且避免判处死刑的公开国际法院来审判，但它却设立起自己的军事法庭，有权对并非美国公民的恐怖主义疑犯加以死刑判决，而且使用的证据并不来自公开的法庭审理。[24] 对自己国家的公民，美国使用一种标准，而对其他国家的公民，则使用另外一种截然不同的标准。

在奥巴马总统任内，美国对 ICC 的立场发生了变化。尽管试图成为 ICC 成员国的动作仍未出现，但美国派出了具有观察员身

* 正式名称是《美国公职人员保护法案》（American Service-Members’ Protection Act）。——译者注

份的代表团出席 ICC 的部分会议，并参与讨论。在 2010 年乌干达坎帕拉召开的一次此种性质会议结束后，美国代表团的法律顾问高洪柱（Harold Koh）说，经过 12 年，美国和国际刑事法院关系的默认值已经“重新设定……从敌视变成了积极接触”。美国调查战争罪事务的巡回大使斯蒂芬·拉普 (Stephen Rapp) 提及美国过去对 ICC 检察官可能从事带有政治性动机的诉讼活动的担忧，并且承认这一担忧并没有变成现实。相反，该法院一直集中关注的是包括约瑟夫·科尼（Joseph Kony）在乌干达北部、“圣主抵抗军”（Lord's Resistance Army）在刚果（金）等地所犯的反人类罪行，以及民兵组织在达尔富尔及在中非共和国等地所犯的反人类罪行。[25]

2006 年，托马斯·卢班加（Thomas Lubanga）成为第一个依据 ICC 所发逮捕令而遭拘捕的人。卢班加是刚果（金）一个反叛组织的创建者和领导者，该组织一直被指控大规模侵犯人权。2004 年，在通过了《罗马规约》之后，刚果（金）政府授权 ICC 对刚果（金）境内所发生的罪行进行调查和起诉。经调查后，卢班加被控犯有战争罪，“征募不满 15 岁的儿童并利用他们积极参加敌对行动”。2012 年他被判罪名成立，监禁 14 年。[26] 两年后，另外一名刚果人热尔曼·加丹加（Germain Katanga）成为被 ICC 定罪的第二人。由于参加了 2003 年一场针对数百名村民的大屠杀，他被判监禁 12 年。[27]

从“人道主义干涉”到“国家保护责任”

在罪犯实施暴行之后对之加以惩罚，这是大多数人都会支持的事，因为在他们的信念里，这符合正义的要求。从功利主义的角度来说，我们会希望对那些已经犯下罪行的人施加惩罚，可以向其他可能会做出同样事情的人发出法网恢恢的警告，从而阻止他们去犯新的罪行。然而，由于对惩罚的畏惧并不总是能够阻止罪行发生，我们仍将面临旨在阻止正在发生的种族灭绝或反人类罪行的干涉问题。如果惩罚能够得到辩护，那么进行干涉以阻止将要或正在发生的罪行，那也是能够得到辩护的。然而，也许我们还应该再前进一步：不但要承认我们有权对正在实施的暴行进行干涉，而且要更进一步明确，那些有能力阻止此类罪行的人对于保护受害者或潜在受害者具有积极的责任，即便做到这一点的唯一办法是入侵他国。这种责任存在吗？在什么情况下国家应该履行这一责任？

对于哲学家来说，关注这些问题并不是一种新鲜的念头。康德（Kant）写过一部名为《永久和平论》(*Perpetual Peace*)的“哲学概论”。他在书中认为：没有任何国家应当以武力干涉其他国家的体制或政权。他还认为，正在备战的国家应当向哲学家征求意见，以获知和平的可能性。[28] 约翰·密尔（John Stuart Mill）说道，很少有什么问题比本身没有遭到进攻的国家何时才能发动战争这一问题更需要来自哲学家的注意。他认为，哲学家应当寻求建立“某些规则或标准，从而有可能将干涉其他国家事务的可辩护性问题，以及（有时同样很成问题的）克制不予干涉的可辩护性问题，都进行确切而理性的检验”。[29]

什么样的规则或标准会满足密尔的要求，从而能对下述问题提供“确切而理性的检验”：干涉何时能得到辩护，甚至是义不容辞的；又在何时并非如此。在类似讨论中经常能够听到出自拉萨·奥本海（Lass Oppenheim）笔下的一段话。这段话写在他极富影响力的论国际法论文中：

> 有一种普遍一致意见，即国家根据其属人和属地管辖权（personal and territorial supremacy），可以根据自身自由裁量来对待本国国民。但是有大量的言论和实践支持这样一种见解，即这种自由裁量权也是有限度的；如果一个国家犯下罪错，对其国民施行虐待或加以迫害达到了否定他们的基本人权和震撼人类良知的程度，那么为人类利益考虑而进行干涉在法律上是允许的。[30]

迈克尔·沃尔泽（Michael Walzer）就采取了这一标准。在《正义与非正义战争》（*Just and Unjust Wars*）一书中，沃尔泽写道：

> 人道主义干涉是正当的，只要它是为了回应（带有成功的合理期望）那种“震撼人类道德良知”的行为。这一老派的词汇在我看来恰好是对的……需要参照的是普通的男男女女从他们的日常活动过程中所获取的道德信念。而且，考虑到我们可以依据这些信念提出一个很有说服力的论证，我认为我们没有任何道德理由去采用那种可以被概括为“等联合国来吧”的消极姿态（等万国之城出

现吧，等救世主到来吧……）。[31]

这段话写于 1977 年。尽管自那时候至今的若干年中，没有任何救世主降临的迹象，但正如我们在本章后面将要看到的，联合国确曾在某些时候授权进行干涉。

沃尔泽此后一直支持“震撼道德良知”这一标准，并且指出，在当前这样一个“摄制组来得比尸体僵硬还快”的年代，那些确实会震撼人类良知的行为就会比以往更加震撼，因为我们和他们之间的联系是如此亲密。[32] 尽管如此，沃尔泽仍然坚持要对干涉行为保留强势推定（strong presumption）。他尤其否定了这样一种理解，即侵犯人权本身就足以证明干涉的正当性，或者说为了民主而进行干涉是合法的。[33] 有些时候，关于对干涉的强势推定要求，他提出的依据是为了保卫国家主权从而使得人们能够营造一种共同体生活，用自己的方式在他们自己的共同体结构内追求自由。[34] 但在另外一些时候，他的论证则更为实际：他提醒我们注意：自罗马时代以来，各大帝国就一直在通过干涉内战来求得帝国的扩张。干涉实在太容易变成这种或那种类型的吞并了。沃尔泽提到了一些他认为正当的干涉：1971 年，印度之于当时的东巴基斯坦（如今的孟加拉国）；1979 年，坦桑尼亚之于乌干达的伊迪・阿明（Idi Amin）政权，等等。不过，总体而言，沃尔泽认为，人们“应该被允许在他们自己中间自行解决他们所面临的困难，无须帝国主义的帮助”。[35]

沃尔泽诉诸“人类良知”标准，这种做法的问题在于，在不同的时代和地区，这种良知也曾经被诸如跨种族性行为、无神论和男女混浴之类的事情震撼过。颇具讽刺意味的是，纳粹就曾将“人民的健康情感”提升到法律规范的地位，以之为依据来迫害同性恋者。[36] 我们当然知道，国际法法学家在谈论震撼人类良知的行为时，所指的并不是这样的行为，但是我们如何准确地表达他们的意思呢？

科菲·安南在担任联合国秘书长时曾主张，“在大批民众死亡和遭受苦难时，在名义上应当负责的国家不能或不愿制止之时”，干涉就是正当的。他为这种见解提供的辩护是，联合国宪章的目的就是“保护人类的个人，而不是保护虐待他们的人”。[37] 安南的标准有一个优点，那就是比“震撼人类良知”更为具体。不过，为了让它更为准确一些，其中提到的“苦难”应该替换成对更为具体的伤害的一一列举。这在众多不同的国际法律文件中已经做到了，包括 1948 年的《防止及惩治灭绝种族罪公约》（Convention on the Prevention and Punishment of the Crime of Genocide），此后还有 1998 年的《国际刑事法院罗马规约》。前一个公约的第 2 条如此定义“种族灭绝”罪行：

> “种族灭绝”指蓄意全部或局部消灭某一民族、人种、种族或宗教团体，犯有下列行为之一者：
>
> （a）杀害该团体的成员；
>
> （b）致使该团体的成员在身体上或精神上遭受严重伤害；
>
> （c）故意使该团体处于某种生活状况下，以毁灭其全部或局部的生命；
>
> （d）强制施行办法，意图防止该团体内的生育；

(e)强迫转移该团体的儿童至另一团体。[38]

尽管所有这些行为都应该理解为犯罪，而且我们也应该尽可能地检举控告那些实施此类行为的人，但我们仍有可能对他们进行区分。由于军事干涉存在一种风险，即可能导致大规模伤亡，所以，强制采取措施意图阻止某一团体内的生育繁衍和强迫某一团体的儿童转移至另一团体，这两种行为本身可以说并不足以证明军事干涉的正当性。当然，这种行为通常都会伴随着肉体暴力，也可能会致使该团体的成员在精神上遭受严重伤害，于是就使得实际情况能够满足种族灭绝罪行定义的其他条款，从而能为证明干涉的正当性提供可能的依据。此外，这些行为是否是针对某一特定民族、人种、种族或宗教团体，只能用于确认这些罪行是否属于种族灭绝罪行。针对同样多的无辜人民的随机暴力行为将属于反人类罪，也可以触发正当干涉。

反人类罪的定义并没有种族灭绝罪的定义那么明确，但是《国际刑事法院罗马规约》使用了以下定义：

"反人类罪"是指在广泛或有系统地针对任何平民人口进行的攻击中，在明知这一攻击的情况下，作为攻击的一部分而实施的下列任意一种行为：

(a)谋杀；

(b)灭绝；

(c)奴役；

(d)驱逐出境或强行迁移人口；

(e)违反国际法基本规则，监禁或以其他方式严重剥夺人身自由；

(f)酷刑；

(g)强奸、性奴役、强迫卖淫、强迫怀孕、强迫绝育或严重程度相当的任何其他形式的性暴力；

(h)基于政治、种族、民族、族裔、文化、宗教、第3款所界定的性别，或根据公认为国际法不容的其他理由，对任何可以识别的团体或集体进行迫害，而且与任何一种本款提及的行为或任何一种本法院管辖权内的犯罪结合发生；

(i)强迫人员失踪；

(j)种族隔离罪；

(k)故意造成重大痛苦，或对人体或身心健康造成严重伤害的其他性质相同的不人道行为。[39]

同样，如果我们是要为军事干涉找出一个触发点，那么我们就应当集中关注以上罪行中更为广泛、更加明目张胆的那些。

现在，我们可以援引种族灭绝和反人类罪行的定义以及沃尔泽及安南的标准，并且认为：

干涉是正当的，只要它所回应（带有对成功的合理期望）的是这样一类行为：杀害大批民众，或对他们造成严重的身体或精神伤害，或故意使他们处于某种生活状况下以毁灭其生命；而且在名义上应当负责的国家不能或不愿进行制止时。

应该说，这个定义引发的新问题比对它的回答还要多。多少人算是“大批”？身体或精神伤害要严重到什么程度？导致大批民众生命毁灭的状况是否是由人故意造成的，这一点谁来判定？如果这些标准得到满足，干涉成为正当行为，那么其他国家是否有义务同样进行干涉？明知故犯或者不愿意阻止那些会杀害大批民众的环境污染，是否应被视为符合这一定义？是不是只有针对人类的行为才算数？是否有一天，我们会看到，灭杀成千上万黑猩猩，或者摧毁一种独特的生态系统并由此导致许多物种灭绝的行为，也能构成干涉的依据？

不过，安南的思路与此前所有人的思路之间还有一个更为深刻的区别。奥本海追问的是人道主义干涉何时才是法律上允许的。沃尔泽追问的是，它何时在伦理上是正当的。而安南，则是从“后卢旺达时代”联合国首脑的角度进行思考，追问的是我们具有什么责任。他说，当暴行正在发生时，“全世界不该袖手旁观”。他还说，需要调整我们的国际体系，适应一个具有“新责任”的世界。

这种思路被干涉与国家主权国际委员会（International Commission on Intervention and State Sovereignty，简称 ICISS）所吸收采纳。这是一个由来自多个国家的 12 位著名专家所组成的机构，由加拿大政府设立于 2000 年，主席是澳大利亚前外交部长加雷斯·埃文斯和阿尔及利亚资深外交官穆罕默德·萨努恩（Mohamed Sahnoun）。许多这类机构会开会、讨论，然后发表一篇冗长无聊、没人会看的报告，影响极小。与这种熟悉结局形成鲜明对照的是，ICISS 于 2001 年发布的一份名为《国家保护责任》（*The Responsibility to*

Protect)的 90 页报告，却重新界定了有关人道主义干涉的全球讨论。[40] 该报告没有集中讨论那些考虑进行干涉的人的权利，而是论证道，我们应该从那些需要保护的人的角度看待这个问题。另外，强调国家保护责任，也并没有拒绝承认这一义务主要应落在涉事国家身上，因此，比起干涉权这一理念，它相对而言对抗性没那么强，而且更为尊重国家主权理念。不过，国家保护责任这一观念确实意味着，主权并非绝对——如果国家没有能力或者不愿意履行保护其人民的责任，那么这一责任就落在了国际共同体身上。要么该国愿意但无力承担其义务，那么国际共同体就需要援助该国；要么该国不愿意这么做，那么国际共同体就需要直接去保护那些需要保护的人。[41]

在 ICISS 提出这一论证仅仅 4 年内，国家保护责任这一观念就在联合国 2005 年世界首脑会议上得到讨论并获得一致认同——这次会议是联合国千年首脑会议（Millennium Summit）的后续，有来自 191 个联合国成员国的代表参加，是历来举办的最大型的世界领导人集会之一。[42]《世界首脑会议成果文件》（*World Summit Outcome Document*）承认，国家保护责任首先落在每个国家身上，但接着就表明，如果和平手段不足以解决问题，而且有关国家当局“显然无法”保护其人民免遭“种族灭绝、战争罪、种族清洗、反人类罪”时，就将随时准备采取集体行动。[43]

从 2009 年起，时任联合国秘书长的潘基文（Ban Ki-moon）开始在联合国大会上就国家保护责任发表年度报告。其中第一份报告尤其值得注意，因为它为这一责任设定了三个支点。第一个支点是，国家保护其居民（无论是否本国国民）免遭四种特定罪行与侵害（即种族灭绝、战争罪、种族清洗和反人类罪）的责任。第二个支点是，国际共同体承诺协助各国履行这些责任、帮助他们塑造履行责任的能力。第三个支点是，“在一国显然未能提供这种保护时，成员国有责任及时、果断地做出集体反应”。潘基文强调，这种反应不应当狭隘地理解为仅仅包括军事干涉，他举例说，联合国曾在2008年肯尼亚因选举争议引发大规模暴力时成功发挥过作用。当时的联合国秘书长主持调停，将争议各方带上谈判桌，进而达成妥协，避免了更多流血事件的发生。不过，潘基文明确说，一旦需要使用武力，那就必须符合《联合国宪章》，并经安理会批准。[44]

2009年以来，秘书长的报告一直在关注与国家保护责任有关的特定议题及国家保护责任应当如何操作等方面。每次报告发表后，联合国大会都会就其所提出的议题和建议举办一次对话活动。在“国家保护责任国际联盟”（International Coalition for the Responsibility to Protect）——该组织旨在增进对国家保护责任的理解和支持，成员来自世界各地——看来，这一对话目前正在往积极方向进展。对话已经不再围绕国家保护责任是否存在，而是进展到如何最好地实施这一责任，而且参与范围越来越大。[45]

联合国不但在理论上接受了国家保护责任，而且已经付诸实践。2010年，西非国家科特迪瓦举行选举，本来有望为这个因内战而遭受巨大痛苦且停战以来一直保持分裂的国家重塑和平。但是，在位的领导人洛朗·巴博（Laurent Gbagobo）拒绝接受经联合国确认的总统选举结果，并拒绝下台，导致第二次内战爆发，战争双方都被曝光杀害了平民。2011年3月，安理会诉诸国家保护责任，授权联合国部队利用一切必要手段保护“处于直接的武器威胁之下的”[46]平民。最终，通过有联合国部队参与的后续战斗，巴博被打败并遭逮捕。

在安理会根据保护科特迪瓦平民的责任而采取行动的同一个月，另有一桩需要处理的极度危急的事态发生在利比亚。利比亚长期在位的独裁者穆阿迈尔·卡扎菲威胁将对班加西的抗议民众采取“绝不仁慈、绝不怜悯”的态度。[47]安理会首先是提醒利比亚政府注意其保护平民的责任，并谴责已经发生的针对平民的暴力。安理会还强调，合谋参与攻击平民者必须为之承担责任，并将事态提交给了国际刑事法院的检察官。随着卡扎菲的军队朝班加西开进，安理会又通过了第二项决议，授权执行禁飞区以及“一切必要手段”——但特别排除了“外国地面部队”——来保护利比亚平民。[48]正如加雷斯·埃文斯当时所写的，这一行动“不是为了炸出民主，也不是为了炸掉卡扎菲的脑袋”。在他看来，行动的唯一正当理由，乃是保护利比亚人民免遭卡扎菲已经对没有武装的抗议者所施加的伤害，以及他威胁要对反抗军占领区人民施加的伤害。埃文斯做出结论：利比亚“已经有一种极其重要的先例”，而且“安理会已经写下了最为准确的行动计划——如今剩下的问题只是要照章办事”。[49]

北约部队并没有按安理会的计划行事。俄罗斯和中国本来就对授权在利比亚设立禁飞区和采取一些必要措施保护平民的决议有所保留。它们并没有投赞同票，而是弃权，但未使用否决权，从而使决议得以通过。然而，很快它们就开始抗议北约军队越过了权限，以决议为借口行政权颠覆之实。这些抗议并非全无理由。北约军队扭转了战斗态势，不单单保护了平民，而且对卡扎菲的部队造成了足够伤害，为反抗军的胜利开辟了道路，卡扎菲最终被反抗军战士射杀。甚至是在卡扎菲位于的黎波里的豪华行宫被占领，且他本人已经在逃的情况下，北约仍对卡扎菲的部队进行了攻击。利比亚的事态最终在国家保护责任问题上造成反弹：俄罗斯和中国投票否决了一项呼吁对叙利亚采取非军事制裁措施的决议，尽管这项决议实际要温和得多，俄罗斯外交部长援引利比亚发生的事件为俄罗斯的否决票辩护。[50] 联合国 2011 年在叙利亚的行动是否本来可以给该国的悲剧性内战进程（到 2016 年已经夺走了至少 25 万人的生命）带来什么不同，我们永远也不可能知道了。

然而，从另外一个角度来说，利比亚的“任务偏离”（mission creep）所引发的不信任并没有造成有人所说的那种“保护责任的终结”。[51] 在联合国大会就这一问题举行的历次年度辩论中，来自各个地区的国家都对保护责任的基本原则表达了压倒性的支持态度。比如，在对秘书长 2014 年报告的讨论中，来自 81 个国家的代表做了发言。安理会内部，在利比亚事件导致严重分歧后的三年里，其所通过的决议中有 22 项明确使用了“国家保护责任”这一词汇，涉及的背景包括也门、马里、南苏丹和中非共和国等地的暴力威胁。[52]

国家主权、联合国和国家保护责任

正如我们已经看到的那样，潘基文秘书长在他 2009 年向联合国大会提交的报告中坚持，尽管军事干涉为履行国家保护责任所需，但这仍然需要得到安理会的授权。在此的十年前，当时的秘书长安南已经指出了提出这一要求所必然面临的困境。他提到，卢旺达的种族灭绝事件表明，面对大规模屠杀而袖手旁观，将会造成多么可怕的后果，而对科索沃的干涉则是“地区性组织（北约）绕过联合国批准”采取行动的例证。他继续说：

> 一些人认为，没有获得联合国批准就使用武力，是对未来国际秩序的最大威胁。我们可以问他们：不考虑科索沃，只是请想想卢旺达；在那些通往种族灭绝的黑暗日子里，如果曾有一个国家联盟准备以行动保护图西族人民，但安理会却拒绝或者拖延授权；这个联盟应该站在一旁袖手旁观，任由暴行发生吗？
>
> 另一些人认为，科索沃行动开辟了一个新时代。在这个时代，国家和国家集团可以绕开执行国际法的既有机构自行采取军事行动。我们同样可以问他们：这类干涉难道就不会威胁破坏“二战”后建立的虽不完善却颇具弹性的安全体系吗？会不会存在一种威胁，树立起一种影响未来干涉的危险先例？而且，关于在何种条件下谁可以援引这些先例，也缺乏清晰的标准。[53]

安南清晰无误地表述了自己的立场，称国家主权已经被全球化和国际合作等力量加以重新定义。“国家现在被普遍认为是服务于人民的，而不是相反。”承认国家保护责任，以之作为对此前被认为属于主权国家内部事务的干涉行动的依据证明了安南的观点，我们对国家主权的理解确实正在发生变化。正如我们在第一章中看到的，英国历史学家马丁·吉尔伯特曾在世界首脑会议召开两年后写道，接受这一原则是“360 年来对主权做出的最为重大的调整”。[54]

尽管国家保护责任已经牢固地镶嵌到了联合国的制度和决议中，但是我们仍然可以就其合法性及其与《联合国宪章》的融贯性提出疑问。《联合国宪章》第 2 条第 7 款指出：

> 本宪章不得认为授权联合国干涉在本质上属于任何国家国内管辖之事件，且并不要求会员国将该项事件依本宪章提请解决；但此项原则不妨碍第七章内执行办法之适用。

《宪章》第七章并没有提及人权问题，而只提及了“和平之威胁、和平之破坏或侵略行为”。我们如果只看其表面意义，那么联合国似乎无法设立程序来授权干涉，因为这么做将会违反联合国自己的章程。

《宪章》的这一部分如何才能与国家保护责任相兼容?《宪章》赋予其成员两组义务，即尊重人权和不干涉他国内部事务。正如布拉德·罗斯所说的那样：“该组织及其成员承诺要维持及推进健康的国内事务，但限度是不得强加于他国。”[55] 在 1970 年举办的纪念联合国成立 25 周年大会上通过的《关于各国依联合国宪章建立友好关系及合作之国际法原则之宣言》(Declaration on Principles of International Law Concerning Friendly Relations and Co-Operation among States in Accordance with the Charter of the United Nations)，为上述观点提供了一些支持。该宣言对《宪章》第 2 条第 7 款做的详细阐释如下：

> 武装干涉及对国家人格或其政治、经济及文化要素之一切其他形式之干预或试图威胁，均系违反国际法……每一国均有选择其政治、经济、社会及文化制度之不可移让之权利，不受他国任何形式之干涉。[56]

所以，难道防止暴行发生的干涉行动违反了《联合国宪章》所承认的对其他主权国家内部事务的不干涉原则吗？如果我们能为以下主张中的至少一个提供有效论证，我们就能使《宪章》与国家保护责任保持一致：

1. 侵犯人权，即便发生在一国内部，本身就是对国际和平的威胁。
2. 专制的存在本身就构成对国际和平的威胁。
3. 第 2 条第 7 款为各国保留的国内管辖权并不及于触犯反人类罪，或允许这种罪行发生于本国国内管辖范围内。

1. 侵犯人权本身就是对国际和平的威胁

这些论证中的第一个就是安南本人提出的。他在 1999 年 9 月的演讲中提到《联合国宪章》时说：

> 半个世纪前起草《宪章》的各主权国家致力于和平，但经历的是战争。
>
> 他们了解冲突的可怕，但是他们同样了解，为了追求和平，有些时候使用暴力可能是正当的。这就是为何《宪章》会以这样的语言宣告："非为公共利益，不得使用武力"。但是什么才是这里说的公共利益？应该由谁来界定？谁来保卫它？依据谁的权威？使用哪些干涉手段？随着我们步入新的世纪，这些都成为我们所面临的重要问题。

结合语境来理解以上评论，我们可以读出：安南暗示到在界定公共利益时，应当将防止独裁者侵犯他们所统治国家的人民的人权这一问题包含进来，即便该独裁者没有对其他国家构成威胁。尽管这看起来有些牵强，但安理会的一些决策也包含有同样的含义。1991 年，安理会针对伊拉克做出决定，认为其对平民大众的压迫，包括对库尔德人聚居区的压迫，都造成了威胁国际和平与安全的后果。不过，由于安理会还提到了流入他国的难民，所以我们也可以争辩说，这种压迫确实在伊拉克国境以外造成了某些影响。[57] 但是，在授权对索马里 20 世纪 90 年代初期发生的内战进行干涉时，安理会则只是确定"索马里境内冲突所造成的人类的巨大悲剧，因人道主义援助物资的分配工作面临种种人为阻碍而进一步恶化，对国际和平与安全构成威胁”。[58]这里再没有提出其他的解释，而且由于这次冲突纯粹属于国内冲突，所以，若索马里人只是被放任挨饿致死，无论这种情形有多么可怕，但为何国际和平与安全会因此遭到威胁？这是很难理解的。同样，2004 年海地推翻民选总统让-贝特朗·阿里斯蒂德 (Jean-Bertrand Aristide) 的行为被视为“对地区国际和平与安全”的一种威胁，从而为运用《宪章》第七章所规定的权利提供了依据。[59] 2011 年授权对利比亚进行干涉的决议也包含了一种认定，即利比亚的局势“继续对国际和平与安全构成威胁”。[60]

考虑到安理会要应对的是伊拉克、索马里、海地和利比亚的人道主义灾难，我们可以理解，安理会会愿意过度解释《宪章》的语言，将其理解到极限。也许有人认为，如果我们采纳那种依据我们行为的后果来判断对错的伦理学观点，那就要求我们所支持的任何策略必须是最有希望防止此类灾难发生的策略。然而，从长远来看，功利主义的伦理学也许确实会指出国际法的良好变迁方向，但它无论如何仍然会强烈支持国际法，因为国际法为我们提供了避免或减少战争恐怖的最大可能。所以，我们应该拒绝那种认为推翻海地总统就对国际和平构成威胁的明显的杜撰观点。一旦我们接受了这样一种杜撰，那么任何事都有可能发生，而且事实上安理会将获得一种毫无限制的授权，能够随其所欲地进行干涉。在实践中，至少只要安理会的每个常任理事国对任何决议都拥有否决权，那就不太可能出现安理会进行干涉时缺乏足够的正当理由这种危险。无论如何，要将这种权力赋予安理会，那在国际法上都是没有任何基础的。

2. 专制是对国际和平的威胁

第二种策略诉诸了这样一种论证：由于民主国家之间还从来没有发生过战争，所以专制本身就是对国际和平的威胁。[61] 这一论题是有争议的，而且其成立与否很大程度上取决于“战争”和“民主”怎么定义。比如，2014 ~ 2016 年俄罗斯对乌克兰的军事干涉，或许就是民主国家之间不发生战争这一论点的反例。但是人们也可以质疑这种干涉是否构成战争，以及俄罗斯和乌克兰当时是否属于民主国家。不过，少数反例的存在并不能驳斥该论点的一种表述相对更为审慎的版本：与非民主国家相比，民主国家之间更不可能走向战争。如果这一点成立，那么我们就可以论证说，第 2 条第 7 款并不妨碍为了建立或重塑民主而实施的干涉，因为这种干涉确实会从总体上减少由非民主政权造成的“对和平的威胁”。但是，应该以如此模糊而又不确切的和平威胁作为军事干涉的充分理由吗？同样地，接受这一点似乎就是找个借口来掩饰干涉，实则干涉的动机完全是另外一种不同的目的。

3. 第 2 条第 7 款为各国保留的国内管辖权并不与反对种族灭绝或其他反人类罪相抵制，也并不允许这种罪行发生

第三种策略指出：认为第 2 条第 7 款所提到的“在本质上属于任何国家国内管辖之事件”已经排除了为防止种族灭绝或其他反

人类罪行的干涉行动，这种假定属于循环论证。这种论证策略认为：在赋予国家国内管辖权时，《联合国宪章》不可能意图撤销对于实施国际法惯例所认定的罪行的禁令。

以这种方式将《联合国宪章》解释为对国内主权有所限制，存在一个问题，即国际法委员会直到1954年才建议应当为反人类罪追究国际刑事责任，而在此之前联合国的创始会员国早就已经起草并接受了《宪章》。所以，在制定和签署《宪章》的时候，完全有可能还不存在这种信念。

即便如此，认为《联合国宪章》所承认的国内管辖权并不及于实施或允许实施种族灭绝或反人类等罪行，仍旧是迄今为止我们所考察的三种策略中最可信也是最有希望的。正如我们已经看到的，干涉与国家主权国际委员会也得出了类似的结论，它论证说，国家主权意味着国家有责任保护其民众，但是如果一国不愿意或者没能力履行这一责任，那么这一责任就会落在国际共同体头上，更具体来说是落在安理会头上。因此，《联合国宪章》对军事干涉的强烈不满“不应该理解为绝对的”。[62]

第一种策略断定侵犯人权本身就是对国际和平的威胁，与此不同，第三种策略并不依赖于这种杜撰；并且与第二种策略不同的是，它也不依赖于那种关于民主与和平之联系的未经验证的理论。而且，它还内设有对干涉赖以成立的理由的限制。因此，它确实能够提供一个可靠的基础来支撑干涉与国家主权委员会发布报告后第一个十年内对国家保护责任的承认。

民主的传播能否为防止种族灭绝提供保护？

在上一节中我们发现，承认国家保护责任就暗示着国家主权并非绝对。接下来我将考察一种用于限制某些国家主权的、理论色彩更浓、适用范围更大的策略。这一策略建立在上一章对合法性问题的讨论基础上，在上文中，我们质疑过承认一个政府为合法依据的标准观点。我们已经看到，尽管一个政府只要能够对其宣称统治的领土拥有有效控制，通常就会被承认为合法，但是关于合法性，仍然存在另外一种更加强调民主的替代性观点——根据这种观点，以武力攫取大权的政权并不合法，除非它所统治的人民自由地表达出了拥护的意志。而且正如我们已经看到的，这种民主观点既可以根据基于自我统治权利的论证而得到辩护，也能依据成果论者（consequentialist）的思路得到辩护。如果我们接受关于合法政府的民主理解，那么上一章在贸易限制语境中提出的建议就可能具有更大的应用范围。因为，如果一个通过武装暴力夺权、通过压制一切反对力量而维持权力的政府，因为这一事实就不能被视为合法政府，那么它就不能占据其在联合国的位置。所以，如果它卷入针对本国民众的大规模暴力，那么《联合国宪章》限制成员国对其他成员国内部事务实施干涉的条款就不能适用。尽管这种理论有可能导致战争增加，但它的积极效应包括支持民主制，以及减少那些比匪帮好不了多少、只会掠夺所掌控的国家的政府数量，两种效应需要对比权衡。当然，通常用来反对参加战争的后果主义论证依然有效。战争会导致无边的痛苦和无数人命损失，因此永远应该是最后的手段，只有实在没有任何其他办法能够阻止更大的痛苦发生，而且以较小损失（用人命的损失或其他重大伤害来衡量）获得胜利的希望很大时，才可以开战。

我在本章的第一节中论证过，某些人想要屠杀非我族类者的意愿，可能具有遗传基础。现在，我又要提出，如果一个政权是以暴力进行统治，而非采用民主制，那么它就不具备合法性，来阻碍那种可以合理预期会带来良好结果的干涉（如果可能的话还会建立一个民主政府）。但是，也许有人会反驳说，我们哪里来的信心认为民主会是防止而非促进种族灭绝的工具呢？如果暴力的基因就藏在我们中的许多人身上，为什么民主选举出来的统治者携带它的可能性就一定比独裁者要小呢？[63]

20 世纪最恶劣的种族灭绝行为，都是由那些远远达不到民主标准的政府所实施的，比如亚美尼亚大屠杀时的奥斯曼土耳其、纳粹德国。但卢旺达大屠杀发生时，该国正在走向一种多党民主制，由于 85% 的人口都是胡图族，所以进一步的民主有可能并不会阻止对图西族的屠杀。另外一个更难处理的反例是米洛舍维奇的政府，它对发生于波斯尼亚和科索沃的大屠杀负有实质责任。米洛舍维奇曾两次凭借压倒多数的选票的支持当选为塞尔维亚总统，后来又胜选南斯拉夫总统。尽管无论是塞尔维亚还是南斯拉夫，当时都不算完全自由和开放的社会，但是，要将它们排除在民主制之外，我们必须把承认一个国家为民主制的门槛抬到很高，而这将意味着其他许多被公认为民主的国家也应该被排除在外。[64]

在多数人统治这层意义上，民主制并不能确保人权受到尊重。但是一种民主制的过程会要求政府决策必须得到公开的论证和辩护。不能简单地自上而下实施。尽管我们中有些人可能有能力触犯可怕的罪行，但还有许多人也具备道德感（moral sense），即一种对我们所做之事及统治者所做之事的对与错进行反思的能力。这种能力会在公共舞台产生。一个小团体也许可以策划种族灭绝并刺激或恐吓其追随者去实施，但如果种族灭绝需要在电视台黄金时段上进行论证，那它就将极其罕见。即便是纳粹，在已经上台八年、统治没有遭到任何反对，并且他们的宣传部长约瑟夫·戈培尔（Joseph Goebbels）穷尽一切手段进行宣传的情况下，也不敢公开他们正在对待犹太人的做法。党卫军首脑海因里希·希姆莱对一群党卫军高级军官说，消灭犹太人的工作是“我们历史的光荣一页，没有写下来，以后也不会写下来”。[65] 假设有可能确保纳粹历史的每一页都如其所是地写下来，并能将之交由德国人民讨论，那就很难相信大屠杀还会发生。在纽伦堡法庭上，当公诉人播放了盟军摄像师所拍摄的一段纳粹集中营影片时，一部分被告看起来明显被震惊了。即便是他们，也可能并没有完全理解他们所行政策的结果如果用特写镜头来看会是什么样的。公开的程序和公众的监督尽管并非是防止种族灭绝的完美堤防，但它们能够起到作用。

军事干涉是否利大于弊？

将合法政府的观念建立在某种程度的民主之上意味着：一旦政府纯粹依赖暴力，那么国家主权就会失效。那么，似乎对拥有这种政府的国家进行干涉，就是很容易得到辩护的。但如果干涉如此容易就能得到辩护，那是否会导致用得次数太多以至于滥用呢？

这种反驳错在没有区分法律辩护和道德辩护。即便对触犯反人类罪的专制政权进行干涉既不违反国际法，也不违反《联合国宪章》，干涉也仍然有可能是错的。正如迈克尔·多伊尔所言："为了拯救一个村庄而发动第三次世界大战，或者为了拯救一个村庄而摧毁它，这在道义上都没有任何道理。"[66]我们需要一些规则和程序，使得干涉更加难以辩护，从而让国家不会自欺欺人地认为他们扩张世界影响力的欲望真是一种保卫民主和人权的利他主义关怀。但即便满足了这些规则和程序，必定还有一个关键问题是：干涉带来的好处是否会多于坏处？

曾亲身经历过英国内战的托马斯·霍布斯（Thomas Hobbes）在其著作《利维坦》（*Leviathan*）中论证道，主权者，即便是专制主权者，也应当得到服从，因为否则就会返回到生活"孤独、贫困、卑污、残忍而短寿"的自然状态。[67]茨维坦·托多洛夫（Tzvetan Todorov）曾提出过一个类似的论证，认为无政府是比专制更大的邪恶，以此来反对出于人道主义目的的军事干涉。以东欧前共产主义政权的崩塌为例，托多洛夫写道，在有些情形中，民族国家的崩溃导致了权力沦入武装犯罪分子手中的情形。干涉，即便是出于人道主义动机的干涉，也可能导致同样的结果，因为它也会摧毁民族国家。[68] 这是托多洛夫写于 2001 年的。15 年后，他甚至可以举出更多例子来加强其论证，使他的观点更为有力：由美国所领导的对伊拉克的入侵，在 2003 年推翻了萨达姆政权；以及 2011 年联合国批准的北约在利比亚的军事行动，推翻了卡扎菲政权。

入侵伊拉克并没有得到联合国批准，而且它的首要依据（至少从小布什政府宣传的来看）并不是人道主义，而是为了清除萨达姆据称拥有的大规模杀伤性武器所构成的威胁。尽管如此，小布什在面向联合国的演讲中确实提到，“解放伊拉克人民是一项伟大的道德事业”。他还提到了萨达姆对本国人民所犯下的暴行。[69] 不过，这些暴行都发生在事发几年前，而且尽管萨达姆一直在折磨和处决那些被怀疑反对其统治的人，但杀害的数量是很少的。与之形成对比的是，正如我在第一章已经提到的，以战前条件测算，2003 年美国领导的入侵伊拉克估计导致了 65.4 万伊拉克人死亡。[70] 在本书写作的时候，极端组织 ISIS 已经占领了伊拉克部分地区，并将它眼中的叛教者和异教徒加以处决，强迫数千名雅兹迪女性俘虏沦为性奴隶。尽管萨达姆的统治很糟，但眼前的状况似乎更糟。

我们已经讨论过促使安理会援引保护责任为依据，对利比亚进行军事干涉，并最终导致卡扎菲政权垮台的那些形势。然而，此后并没有建立起一个民主政府，或甚至任何形式的稳定政府。相反，利比亚一直处于一种混乱状态，如《纽约时报》2015 年 2 月所言：“愈加广泛的利比亚骚乱，如今已沦为一种僵持不下的战斗，两个对立的武装集团联盟各自主张成立其国家政府。”[71] 平民需要再次承受战斗的大部分冲击。跟伊拉克的情形一样，推翻独裁者是否改善了大多数人的生活，这一点并不清晰。霍布斯也许会说，“我早就说过”，而且确有专家曾经警告说伊拉克和利比亚有可能陷入混乱。[72] 考虑到这类结果是可以预测的，所以军事干涉就不应该进行，而且国家保护责任也不意味着它应该进行。如果一国政权没有能力或者不愿意保护其人民免遭种族灭绝或反人类罪，而且国际共同体有能力推翻这一政权，但是却很可能无法保证新政权到位，无法保证它在接下来能够保护其人民免遭类似或更为糟糕的罪行，那么国际共同体也许就需要承认它的力量有限，并且无法履行它的保护责任。

对干涉的后果加以考虑至关重要，但这一点经常在关于干涉他国内部事务是否正当的争论中遭到忽略。北约在科索沃针对塞尔维亚人进行干涉时，有人争论说：如果为保护科索沃人免遭塞尔维亚人伤害而进行干涉是正当的，那么北约也应该干涉车臣，保护他们免受俄罗斯的伤害。后来又有人论证说，如果针对卡扎菲而干涉利比亚是正当的，那么针对阿萨德（Assad）而干涉叙利亚必定也是正当的。这种反驳所忽略的是：干涉具备法律依据甚至正义理由，这是一回事；而干涉从全面考虑来看是正当的，则是完全不同的另外一回事。北约如果针对俄罗斯而干涉车臣，就是犯了错误，这并不是因为干涉缺乏法律依据或正义理由（至少根据有关俄罗斯在车臣所作所为的描述，我们这么说是成立的），而是因为由此引发的战争的预期人类成本将使得干涉不正确。这不应该被理解为一种双重标准。国家保护责任意味着，采取措施来防止种族灭绝和反人类等罪行是正当的。这一原则也告诉我们，如果干涉的成本很可能高于所得到的收益，那就不应该去干涉。在车臣问题上，问题就在于俄罗斯军事力量的规模和核大国卷入战争的风险。在叙利亚问题上，关键就在于对于阿萨德缺乏一致的反对态度。奥巴马总统后来告诉《纽约时报》的托马斯·弗里德曼，他低估了推翻卡扎菲以后利比亚局势混乱的程度，而看到这一切发生后，每次他再考虑军事干涉时，都要追问自己："我们是否知道明天要怎么办？"[73] 这是一个极端重要的问题。如果从长远来看，军事干涉不太可能成功地保护平民，那么即便干涉可能具有法律依据和正当的理由，我们也不应该去干涉。不过，这确实又引出了更进一步的问题：为了履行我们保护人民免受暴力和死亡威胁的责任，我们是否应该提升自己的能力？

文化帝国主义、道德相对主义和一种全球伦理学

有时候有一种说法认为，干涉他国以保护人权的行为是文化帝国主义的一种形式。持这种观点的人会追问，我们凭借什么权利，能向别的民族强加我们关于他们应当拥有何种社会的观点呢？我们难道不是在重复西方传教士以前犯过的错误吗？他们远渡重洋来到非洲，来到南太平洋的岛屿上，心目中认为他们在那里遇到的都是原始人，告诉他们应该遮蔽裸体，且性行为只能用俯卧姿势，还必须是男上位。难道我们从这一历史中还没有学到，道德是相

对某人自己所属社会的？还不知道我们的道德规范并不比他们的好吗？

这种反驳是混乱不堪的。道德相对主义者以为他们在捍卫非西方文化的人民保存自身价值观的权利，但是，如果我们严肃对待道德相对主义，那么它就将摧毁所有的道德论证，包括反对文化帝国主义的那些论证。因为，如果道德总是相对于一个人所属社会的，那么你来自你的社会，拥有你的道德标准，而我来自我的社会，拥有我的道德标准。随之而来的是，如果我批评你的道德标准，那我只不过是在表达我的社会的道德观。不过同时成立的是，如果你对我批评你的社会的道德标准的做法进行谴责，那你也不过是在表达你的社会的道德观。根据这种观点，根本没有任何办法能够突破某人自己社会的道德，无法对任何事表达一种跨文化的或者客观的道德判断，包括尊重不同民族的文化这一道德判断。所以，如果我们碰巧生活在一个以征服其他社会并压制其文化为荣的社会里（捍卫道德相对主义的那批人经常跟我们说这就是西方的传统），那么这就是我们的道德观，而且相对主义者拿不出任何令人信服的理由证明我们不该接受这种道德观。查尔斯·纳皮尔将军（General Sir Charles Napier）在评论殉夫自焚（sati，指将寡妇在亡夫的火葬柴堆上活活烧死）这一行为时将这一点阐释得清晰无比。他是 19 世纪中期英国驻印军队的总司令，在他下令停止这一做法时，印度教的祭司向他抗议说这是他们的习俗，应当被尊重。“烧死寡妇是你们的习俗，”纳皮尔回答，“继续准备你们的柴堆吧。但是我们国家也有一个习俗，如果男人把女人活活烧死，我们就用绳子绞死他……我们都按各自的习俗来办吧。”[74]

我们应当拒绝道德相对主义。从允许超越某人所属文化进行道德推论的伦理学视角来看，我们能为反对文化帝国主义提供一个好得多的理由。我们可以论证说，特定的文化所体现的是历经无数代人而发展出来的生活方式，并且一旦其被摧毁，那么其所代表的那种层累的智慧就会丢失，以及如果能够观察和欣赏到文化多样性，那么我们所有人都会得到充实、提高。我们可以承认，西方文化并不垄断所有智慧，并且经常从其他文化中学习，而且仍然还有许多可以学的。我们也可以呼吁对其他人的价值观保持敏感，对赋予他们自尊和身份感的东西保持理解。在这个基础上，我们就可以批评 19 世纪传教士的缺乏敏感，批评他们对性行为姿势的偏执态度，这个领域的人类关系具有大量不同的形式，没有一种模式是明显优越于其他模式的。我们也可以论证说，我们应该在保存多样文化方面做出更大努力，特别是那些濒临消失的原住民文化。但是，只要我们承认伦理学具有独立于任何特定文化进行理性论证的余地，也就可以追问，我们所拥护的价值观是否合理，是否站得住脚，是否能够得到辩护？尽管通情达理的人们会在伦理学的诸多问题上持不同意见，而且文化在这种分歧中也起了一定作用，但是，有时人们宣称为独特文化实践的行为，其实只是为了满足一小部分人而非全部人的利益。也有可能它伤害了部分人的利益，却没有对任何人产生好处，之所以能维持下来，只是因为它跟某种难以改变的宗教教义或习俗有关。纳粹德国针对犹太人、吉卜赛人和同性恋者所采取的行为，卢旺达的胡图族对图西族所采取的行为，以及强制女性实施割礼或禁止女性接受教育的文化，诸如此类，均不是特定文化的要素，不值得保存；认为他们缺乏任何合理的伦理学都要求的一种要素，即对他人的体谅，这种观点也不是帝国主义。[75]

某些伦理观点可以在相当程度上说具有普适性。至少来说，互惠似乎就是任何地方的伦理体系中都普遍存在的。[76] 互惠观念也许就是“黄金法则”——以你希望别人对待你的方式来对待别人——的基础，而这一法则将互惠观念提升为一种不同的原则，不一定跟某人过去实际曾如何对待你相关。我们能从大量不同文化和宗教教导——大概按时间顺序排列，包括琐罗亚斯德、孔子、摩诃毗罗（耆那教的创立者）、佛陀、印度教史诗《摩诃婆罗多》、《圣经·利未记》、希勒尔*、耶稣、穆罕默德、康德及其他，等等——中找到黄金法则的不同表述形式。[77]

2001 年 9 月 11 日的恐怖袭击和随后其他伊斯兰极端组织的行为，似乎在共同的跨文化伦理标准这一理念上造成了一条裂痕，因为他们宣称以下行为均符合伊斯兰教义，甚至可能是其义务——杀害被视为威胁伊斯兰教的国家的“异教”平民，杀害属于其他伊斯兰教派的“叛教者”（比如 ISIS 就根据这一理由为杀戮什叶派进行辩护）。[78] 但是，伊斯兰教的绝大多数神职人员和学者均否定上述观点。尽管这种杀戮及其在部分激进穆斯林心中所激发的支持均表明：即便是禁止内部杀戮平民这一点并非完全普遍适用，但它仍几乎是普遍适用的。所以，利用一切社会共通或几乎共通的伦理观

* 希勒尔，犹太教《圣经》注释家，活跃于公元前 1 世纪后半叶。——译者注

点，来寻求建立一种全球性的伦理学，这仍然是有可能成功的。如果我们能够首先就事实问题而非伦理问题达成一致，如是否存在上帝或诸神，如果存在，他/她/他们是否曾在各宗教信徒宣称经神圣启示过的各种不同文本中表达过他/她/他们的某个或某些意愿，这时再就共通的伦理原则达成一致就会更容易些。不幸的是，我们在这些事情上的意见似乎比在基本的伦理原则上更加不统一。如果我们想要在一种共同的伦理学上达成共识，除了少数很宽泛的原则外，我们很可能无法再有突破。因此，也许可以说，这些为人所普遍接受的伦理标准，如果说它们还存在的话，也不是那种政治领导人可以据之表明他们干涉别国事务之正当性的东西。

比如，请想象这样一个国家：其人民都很保守，宗教上很虔诚，支持按照主导宗教的律法实行世袭君主统治。假设公民们也支持黄金法则，因为他们的宗教赞同该法则，但是公民们反对民主观念。那么其他人依据什么理由可以跟他们说他们的国家应该转变为民主制？

此处要提出的第一点已经在前面提到过。一个政权不民主并不意味着应该进行任何形式的干涉。如果该政权没有卷入种族灭绝、反人类罪或类似的暴行，干涉问题根本就不会出现。对行使传统权威的统治者和通过军事优势和压迫性措施夺得并掌控政权的统治者进行区分是合情合理的。不过，第二点，如果生活于世袭君主制下的人们认为他们的政府形式优于民主制，那么这一偏好应当是可以检验的。因此，我们可以设想该国通过定期举行的自由公开的全民公投，做出了不对政治职位进行选举的选择。这本身又可以被视为是给不民主的政权提供了合法性。

尽管如此，关于民主与主权之间关系的终极问题仍然存在。如果一个君主，尽管表达出了他对人民支持的信心，却不愿意举行全民公投来验证这种支持，那该怎么办？我们如何才能独立于我们自己的文化，给出理由说明合法性要求的是大众支持，而不能基于（比如）宗教律法？试图从政教分离的角度进行论证是行不通的，因为这对于那些否定政教分离的宗教的捍卫者而言就是一种循环论证。最终，如果我们不直面宗教信念的基础何在这一问题，我们就没法回应这一挑战。但是我们又不可能论证说，其他文化中人们的宗教信念是错的，同时却坚持自己那理据并不更加可靠的宗教信念。如果这么论证，那就真是文化帝国主义了。基于上帝或诸神存在以及据称经过神圣启示的经文真实可靠等主张，我们有一些实践行为，至少如果我们关心的是这一类行为，那么到最后，我们的理性能力才是最普遍的解决办法。但这已经不是本章所能进一步深入讨论的问题了。

对联合国进行改革的建议

我们已经看到，联合国的各成员国已经承认，它们具有一种保护人民免遭种族灭绝、战争罪、种族清洗和反人类罪的责任。如果一个政府明显无法履行保护本国民众的责任，那么这一责任就落在了国际共同体头上，只要有合理依据，相信国际共同体能承担这一责任，如此带来的伤害不会比它所防止的还大。因此，这里不仅存在一种干涉的权利，而且在适当条件下还存在干涉的义务。为了能够履行这一义务，联合国必须要能够调动足够的军事力量以使干涉生效。理想状况下，联合国应具备足够的收入，以便拥有自己的军事力量，进而能履行其目标，对遭受种族灭绝或反人类罪威胁的世界各地平民提供保护。

我也已经更为谨慎地建议，对于主权，有理由转向一种更为民主的理解，这会让那种对不满足最低限度民主要求的政府所进行的干涉更易得到辩护。以上两个建议相结合，逃不脱其讽刺意味，因为联合国很难说是民主的典范。它成立于“二战”以后，而且一直处在盟国的牢固控制之下。这一点在安理会中体现得最为明显。安理会作为安全事务方面（包括是否干涉争端，以军事方式还是以其他制裁手段等）的决策机构，有5个常任理事国，包括美国、英国、法国、中国和俄罗斯，对应的就是1945年的主要战胜大国。联合国大会额外再选举10个国家进入安理会，任期两年，但是不能违背5个常任理事国的任何明确反对意见而做出实质性决议。常任理事国的否决权在冷战时期被苏联和美国反复使用，这也能解释为什么安理会实质上无视了20世纪六七十年代发生的重大冲突，即越南战争。

有人认为，今天已经没有任何理由给1945年的主要大国、今天已经不再如此的国家提供特殊地位。为什么要给法国和英国否决权，而不给德国或日本？为什么中国应该是常任理事国，而印度、巴西或印度尼西亚就不是？为什么5个常任理事国之中有4个为欧洲国家或具有欧洲根源，而非洲或拉丁美洲或南亚或东南亚或南半球的任何地方都没有一个？ 5个常任理事国中有4个拥有基督教根源，没有一个具有伊斯兰教根源，这样好吗？

那么应该怎么做呢？扩大拥有否决权的常任理事国数目，可能会有让安理会无法运转的风险。因此，有人提出，取消否决权，代之以要求实质性决议须得到重构后安理会中的特定多数同意，如2/3或3/4，或许更合适。对此可能会有反对意见，认为现在的安理会运转得尚属良好，如果我们对之进行改变或使之更加公平，不清楚我们得到的安理会是否会比现在运转得更好。但是，如果在众多领域里（如贸易与环境以及和平和维护人权等）实现更大程度的全球治理是重要且值得期盼的，那么安理会目前的结构就会使工作变得很难。因为它在反复提醒人们，全球治理的机制被最富裕、最强大的国家所主导着。长期来看，很难相信赋予一小群国家特权会是维护联合国权威或维护世界和平的最佳方式。

对于改革安理会的第二个反驳更简单，就是这事情无法想象，而且如果违背美国或未来将会出现的任何其他军事大国所提出的无法和解的反对意见而采取军事行动，那将置安理会于危险境地。因此政治现实主义要求我们允许这类超级大国拥有否决权。这种主张也许是对的；但如果确实如此，那么超级大国的否决权就应当得到如其所是的理解：他们行使的是强力，而不是权利。另外，否决权还不止限定于涉及军事行动的决策。经过改革后的安理会能够对目前拥有否决权的国家实施制裁，这一点并非不可想象。

与安理会相比，拥有193个成员的联合国大会似乎更为民主。

它明显没有受主导安理会的同一个小圈子所主导。然而，联合国大会只能在非常有限的情况下采取行动。另外，它表面上的平等主义也是误导性的。它是世界各国的大会，不是世界人民的大会。有些国家本身就不民主，但即便我们不管这一点，也还是有个问题——与 WTO 一样——印度政府与冰岛政府具有同样的投票权。事实上，如果人口最少的 97 个国家联合起来反对人口最多的 96 个国家，那么联合国大会的决议就有可能得到大多数国家的支持，但它们只代表总数大约仅有 2.5 亿的人口，而被击败的 96 个人口最多国代表的则是 69.6 亿人口。代表联合国成员国总人口中不到 4% 的国家将可以在联合国大会中获胜。[79]

解决这个问题有个很容易找到的办法，而且这个想法并不新鲜。第二次世界大战结束后，在英国下议院就成立一个新的联合国的计划进行辩论时，英国外交大臣欧内斯特·贝文（Ernest Bevin）呼吁“完善”联合国的设计，“由组成联合国的各政府负责的人民直接选举出世界大会”。[80] 在这方面，议会直接由人民选举的欧盟可以为未来更为民主的联合国提供典范。目前，欧洲议会权力非常有限。在英国投票脱离欧盟以前，欧盟的长期规划是要随欧洲人民日益接受欧洲议会的角色影响力增大来扩大权力。现在看来，这种扩权不太可能很快发生。欧盟和联合国之间存在重大区别。就我们现在所关心的问题而言，最重要的是，正如我们已经看到的，欧盟有权设定最低加入标准，包括民主形式的政府和基本的人权保障。如果联合国采取类似的态度，不再承认非民主国家有资格获得联合国成员国的身份，那么它就可以像贝文所设想的那样，将联合国大会转变为一种民主选举出来的大会。但是也有理由说，与包容性更强的联合国相比，如果联合国拒绝中国、沙特以及其他许多国家发声，那么在维持世界和平方面将会不那么奏效。

处于现有体制和排斥非民主政府的体制之间的中间立场值得我们考虑。联合国仍然向所有国家的政府开放，无论其政府组织形式为何、是否尊重人权，但是可以对目前的联合国大会进行改革，代之以一种依照成员国人口分配代表名额的世界大会。然后联合国就可以在每一个成员国监督下举行这一代表团的民主选举。如果一国不允许联合国对其代表的选举进行监督，那就只能拥有一个代表名额，无论其人口多少。这一体制将为大多数国家的公民提供民主经验，同时仍能够保留作为联合国重要特征的包容性。

总结：国家主权与全球伦理学

一种真正的全球伦理学，绝不会止步于或过分看重国家边界。国家主权没有什么**内在的**道德分量。国家主权确实具有的分量，来源于国家主权在通常情况下在促进国家间和平关系上所扮演的角色获得了国际原则的尊重。这是一种派生的原则，是一种经验法则，是许多代人为避免战争而总结出来的难能可贵的经验。这并不是要否认它在我们生活的世界中所拥有的巨大分量。

在本章中，我已经论证到：尽管我们依然生活在一个由主权国家组成的世界中，并且距离一种真正的全球性伦理学还很远，但是国家主权已经不再绝对。在主权国家的世界之外，我们已经拥有了一个全球共同体，愿意在具有可行性及成本负担不那么沉重的情况下，在对保护人民具有首要责任的政府明显没能这么做的前提下，肩负起保卫全世界任何地方的人免遭种族灭绝、战争罪、种族清洗和反人类罪侵犯的重担。国家没能保护其公民会导致什么样的恐怖后果，全世界都已经见证过；所以现在已经有了一个广泛的共识：如果这类暴行有任何可能被阻止，那就应该阻止。在这个意义上，正如埃文斯所言，“威斯特伐利亚式的简单主权观念，即无论国境内所施加的恐怖规模有多大，一国均应该免于遭受国际审查和可能的干涉”已经一去不复返了。[81]

我们仍然期盼会有一个这样的联合国：既有权威判定一国是否明显未能履行其保护人民的责任，从而使得军事干涉成为必要，又有能力去执行这一判断。如果世界的主要大国能够接受联合国作为“最终守护者”的权威，如果这些国家也能向联合国提供履行这一责任所需的手段，那么世界就将向着演变为一个全球性伦理共同体的方向迈出关键一步。

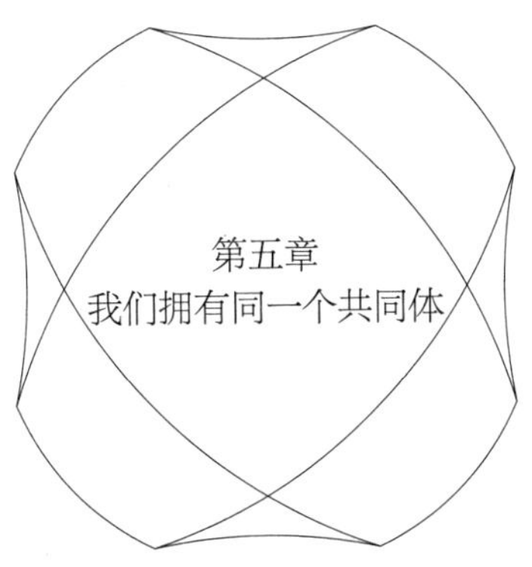

第五章 我们拥有同一个共同体

- ONE COMMUNITY -

人的平等：理论与实践

“雪崩似的”“洪水一样”——这些词描述的是人们对援助2001年9月11日世贸中心和五角大楼恐怖袭击受害者的公开呼吁的回应。灾难发生之后的三个月，总援助金额高达13亿美元。根据《纽约时报》的调查，其中的3.53亿单独归属于大约400名为救人而死去的警察、消防员及其他着制服人员的家庭。也就是说每个家庭能获得88万美元。即便完全没有捐款，死去的消防员家庭本来也能得到足够的抚恤。他们的配偶从纽约州获得与薪水损失相当的抚恤金，他们的孩子有资格获得州立大学的全额奖学金。联邦政府额外还向每一位因公死亡的警察和消防员的家庭提供25万美元。[1] 在这些可观的收益之外，每个家庭还能拿到将近100万美元现金，这可能会让我们觉得事情变味儿了。但还没完，美国红十字会收到的捐赠超过5.64亿美元，这么多钱甚至连找到有需要的接受者都成问题。于是，它将这笔资金中的将近一半留下来以备未来之需，包括将来可能还会出现的恐怖袭击受害者。这件事被公开之后，批评的声浪迫使该组织将所有资金都用在了“9·11”袭击受害者身上。这么做就等于放弃了检验潜在受助者是否需要帮助的任何企图。该组织只在曼哈顿下城区画了一条线，任何人只要生活在这条线以南，并且宣称自己曾受到世贸大厦倒塌的影响，就可以获得相当于3个月房租的资助（如果他们拥有自己的寓所，那就能获得3个月的按揭款和维护费），以及水电煤气等设施费和食品杂货费。该地区里生活在这条线以南的大部分居民并没有转移或疏散，但他们仍然得到了按揭款和租房补助等。一位妇女被告知，她的精神病治疗费用可以报销，尽管她说过她在9月11日之前就在看精神科了。国际红十字会的志愿者在特里贝克*的豪华公寓大楼的门厅里搭起小桌子，为居民讲解援助信息，大楼里住着的是金融分析师、律师和摇滚明星。你租的房子越贵，拿到的钱就越多。红十字会承认，资金确实流向了那些并不需要的人。一位发言人说：“在此类项目中，我们不会就人们的需求进行判别。”[2]

就在恐怖分子策划袭击的同时，联合国儿童基金会也在准备发布其2002年年度报告，即《世界儿童状况报告》（*The State of the World's Children*）[3]。根据这份于2001年9月13日对媒体发布的报告所说，每年有超过1000万名5岁以下儿童死于可以预防的情况，如营养不良、不安全饮水甚至缺乏最基本的医疗保健。对于世界上大多数极端贫困的人来说，2001年9月11日不过是又一个普通

* Tribeca，Triangle Below Canal Street 的缩写，一般是指纽约曼哈顿下城运河街以南、百老汇以西的三角形地区，位于原世贸双子大厦所在地以北。——译者注

的日子，因此当天又有接近 3 万名 5 岁以下儿童死于上述原因——大概是当天恐怖袭击受害人数的 10 倍。这些数字的发布，并没有为联合国儿童基金会或其他致力于减少儿童死亡率的组织带来雪崩似的捐款。2000 年，美国各种类型的对外私人援助总额大约相当于每位极度贫困者能得到 4 美元，或者说每个极度贫困家庭大约能获得 20 美元。2001 年 9 月 11 日生活在曼哈顿下城区的纽约人，无论贫富，平均每个家庭能够拿到 5300 美元。[4] 这些数量之间的差距概括地表明，许多人对他人的关怀圈止步于本国的边界——假如能延伸到这么远的话。“慈善始于国内”，人们都这么说，更明确而言，“在应付国外的贫困之前，我们首先应该关心自己国内的贫困。”他们理所当然地认为，国家边界具备道德分量，认为让本国同胞陷入穷困比让其他国家的人陷入贫困要更为糟糕。这是我在本书导论中介绍的那种观点的另一面向。我们是在将我们同胞的利益远远地置于其他国家公民的利益之前优先考虑，无论这样做的动机是避免损害美国人的经济利益，并以给孟加拉国人民带去洪水为代价，还是帮助国内急需的人而无视国外急需的人。

在这么做的同时，我们中的绝大多数人又毫不质疑地全数支持宣告所有人都有一定权利且所有人的生命具有同等价值的宣言。如果有人说其他种族或民族的人的生命比自己种族或民族的人命价值更低，我们会加以谴责。我们能否协调这些立场？如果我们可能想要帮助的“国内”同胞，已经有能力满足自己的基本需求，而且只是相对于我们很高的生活标准才算穷人，那么他们是我们的同胞这一事实，就足够让他们在其他更有需求的人之前优先得到考虑吗？追问以上这些问题会引发我们的思考：在多大程度上，我们确实能够或应该在同一个世界里实行同一种超出民族国家范围的道德标准。

偏爱我们自己

我们可以甚至应该偏爱“我们的同类”这种流行观点，掩盖了我们在“同类是什么”这一问题上的深刻分歧。在19世纪末，剑桥大学的一位道德哲学教授亨利·西季威克（Henry Sidgwick）如此描述他那个时代常见的道德观点：

> 我们应该都会同意：每个人都应当对他的父母、配偶、子女表现友善，对其他亲戚表现程度稍次的友善；对那些曾帮助过他的人和他承认与自己关系密切并称之为朋友的其他人友善；对邻人和同乡比对陌生人表现更多友善；也许我们还可以说，对那些与我们同种族的人要比对黑人或黄种人友善，以及根据其与我们自身的亲密程度，对广义上的人类表现友善。[5]

当我拿这一段落与学生进行讨论时，他们对西季威克提及的道德关怀的不同亲疏圈都没有什么疑问，直到他们读到我们应该偏爱自己的种族多于“黑人或黄种人”这一建议为止。在这一点上，他们不仅不同意，反应还常常特别激烈。

到了更近一些的时代，我们能看到有人为更为极端的偏袒辩护：

> 对与我们血统相同的人，我们务必要诚实、体面、忠诚、友善，对其他任何人则绝不这样。俄国人会怎样，捷克人会怎样，这种事对我来说完全毫无意义。我们同类的此种优良血统也许尚有散布在各国的，我们应该自行去取得，如果必要可以将那些孩子带回来，在我们自己中间养大。其他种族活得舒坦还是饥饿死亡，我只会出于需要他们给我们的文化当奴隶的角度才关心；除此之外，我绝不关心。一万个俄国女人会不会因为挖坦克壕而累垮，对这个问题我只会出于一个角度去关心：这条坦克壕是不是为德国而挖的。[6]

上面所引的这段话出自海因里希·希姆莱 1943 年在波兰对党卫军军官发表的一次演讲。为什么我要引用这种可怕的观点？因为有许多人认为以下说法是不证自明的：我们对离我们更近的人——包括自己的孩子、配偶、爱人、朋友和同胞——负有一种特殊的义务。对西季威克关于英国维多利亚时代观念的描述以及希姆莱对其同类更明显的偏袒态度进行反思，应当有助于颠覆一种信念，即认为这种不证自明是接受这一观点为真的充足理由。对于某些人而言，不证自明并不等于对其他人也不证自明。相反，我们需要其他的检验手段，来验证我们是否对我们更亲近的人，比如同胞，负有特殊的义务。

伦理学与无偏倚

我们如何判断自己是否对同类具有特殊义务，以及如果确实如此，谁才算是相关意义上我们的同类？让我们暂时先考虑一种与之相抗衡的理念，即在某种最为根本的意义上，无论是种族还是民族，均不能决定一个人的生命和体验的价值。这一理念基于对“无偏倚”（impartiality）的一种理解，而这种理解构成了道德理论事业在其最重要的思考者心目中所具备的基本性质。20世纪牛津的一位哲学家黑尔（R. M. Hare）论证说，一种判断要称为道德判断，它必须符合可普遍化（universalizable），也就是说，说出道德判断的人必须要愿意规定可以在一切真实及假象的情形中实施该判断，而不能仅仅限于他自己能够从中获利的情形，也要包括那些他会遭受损失的情形。[7] 与黑尔的这一思路相一致，判断我们对自己同类是否负有特殊义务的一种办法，就是要追问：接受负有特殊义务这一观点，是否能从不偏不倚的角度得到辩护？

1971年，数百万孟加拉国人民处于饿死边缘，躲藏在印度的难民营中，以躲避巴基斯坦军队在当时的东巴基斯坦所实施的大屠杀。那时候，我举了一个简单的例子，来证明我们有义务帮助远方的陌生人。我请读者设想，在去做演讲的路上，我途经一方池塘，这时候我看到一个小女孩掉进了池塘里，意识到她就要淹死了。走下池塘去把她拉出来是很容易的，但是我穿了双昂贵的新鞋，会被水泡坏。尽管如此，允许这样微不足道的考虑在重要性上超越救下孩子性命的好处，那会非常荒诞。救下孩子是我应该做的，如果我就此走了，那就是犯下了极为严重的错误。

从这个情形出发进行推演，我接着论证道，我们对于孟加拉国难民而言，正与一个人付出极小代价就能挽救一个孩子性命的情形一样。我们这些生活在发达国家的人，大部分都有一些可支配收入会花费在无聊之事或奢华之物上，对我们来说，这些事物的重要性并不高于避免我们的鞋子、裤子被污泥弄脏。如果有人正处于饿死的边缘，而且如果有机构能够以合理的效率将我们不太多的捐款转变为救命的粮食和基本的医药，如果在这种情况下我们还继续这么消费，我们会如何看待自己？我们比那些看见孩子掉进池塘后继续埋头走路的人究竟好在哪里？但这就是当时所发生的事：富裕国家拿出来的，不到维持难民所需的 1/6。英国的付出比其他所有国家都多，但是也只是它预备花在建造协和式超音速喷气式客机（事后证明这是个短命的实验）上的不可收回成本的 1/30。

我检查了人们可能在这两种情形之间找出的种种不同之处，并且论证说它们在道德意义上都不足够重要，都不能阻止我们做出一个判断：在没能给孟加拉国难民提供帮助的问题上，我们的所作所为是一种严重的错误。特别是，我写道：

> 我帮助的人是 10 米之外的邻家孩子，还是万里之外我永远不认识的孟加拉人，这在道德上是不重要的。[8]

据我所知，没人从距离本身，即 10 米和万里之外的差别这一角度对上述观点提出过异议。当然，我们的援助能否到达正确的人手中，能否真正帮到此人，答案的确定程度会受到距离的制约，而且这也可能影响我们决定应该做什么。但这又是另外一件事了，而且依赖于我们自己所处的特定环境。不过，人们确实抱有异议的是这样一种观点——我们帮助素不相识的外国人的义务，跟我们帮助自己邻居或同胞的义务一样大。他们说，我们对自己的邻居和同胞、对我们的家庭和朋友当然负有我们对其他国家的陌生人并不负有的特殊义务。[9]

这些反对意见会让人想起威廉·葛德文（William Godwin）的作品《政治正义论》（*Political Justice*）所收获的反响。该书在法国大革命时期震撼和刺激了整个英国社会。在书中最著名的段落里，葛德文设想了一个场景：一座宫殿正在起火，有两个人陷在里面。其中一人对人类是极其有益的，葛德文以费内隆主教（Archbishop Fénelon）为例，“当时他正在构思其不朽名著《忒勒马克斯》（*Telemachus*）的写作计划”。另一位受困者是主教的女仆。在今人看来，选择救费内隆是很古怪的，因为现在已经很少有人知晓他的“不朽”著作了，但假定我们跟葛德文一样对费内隆拥有极高的评价。我们应该救谁？葛德文的回答是我们应该救费内隆，因为这样一来我们就会帮成千上万以前“错误、堕落并因而不幸福”的人得救，因为他们能读到《忒勒马克斯》了。接着，葛德文继续提出他争议最大的观点：

> 假如我是那个女仆，我应该选择自己去死，而不让费内隆死。费内隆的生命确实比那仆人的生命更宝贵。但是理解力是人认识这一命题及其他类似命题的真理性的能力；正义则是支配我相应行为的原则。女仆如果将主教置于自身之前考虑，这是正义的。如果不这么做，就违反了正义。

> 假定这个女仆就是我的妻子、母亲或我的恩人，那也不会改变这一命题的真理。费内隆的生命仍然比女仆的宝贵；而正义，纯粹而十足的正义，仍会更加重视最有价值的。正义会教导我去挽救费内隆的生命而放弃另外那个人。那个代名词“我的”有何种神奇的力量，竟然能够推翻永恒真理的决定呢？我的妻子或母亲可能是个笨蛋、妓女，既恶毒，又满嘴谎言且不诚实。如果她们是这样，那她们是“我的”又有什么重要性可言呢？[10]

与葛德文的主张相比，我的论证更加谨慎。我所建议的，并不是为了救某个或者某一些陌生人，而去牺牲自己的妻子、母亲或孩子。但是，跟葛德文一样，我所呼吁的是，我们应当采用一种普遍的视角，并且承认如果我们付出极小的代价就能拯救陌生人的性命，那么陌生人带来的更大利益应当盖过我们那些相对微不足道的利益。

葛德文的批评者中有一位是萨缪尔·帕尔（Samuel Parr），他是当时著名的自由派牧师。他长年进行布道，后来还出版了对“普遍博爱”（universal philanthropy）构成经久不衰批判的布道辞。[11]在布道辞中，帕尔引用了保罗在《加拉太书》中的训诫，保罗在其中为“谁是我们的同类”这个问题又提供了一种不同解释：“所以有了机会，就当向众人行善。向信徒一家的人更当这样。”[12] 帕尔在保罗的话中发现，基督教经文反对平等关心所有人，反而要求向与我们有特殊关系的人给出更大关怀。帕尔为保罗辩护，论证说，要求我们对所有人展示不偏袒的关怀，是在向人类要求普遍意义上、大多数时候他们都无法拿出来的东西。“人的道德义务，”他写道，“不能被拉伸到他们的物理能力以外”。[13] 我们真正的欲望、持久且最为强烈的激情，都不是为作为整体种族的利益服务的，即便在最好的情况下，也只服务于那些与我们亲近的人的利益。

针对上述立场，当代对无偏倚主义（impartialism）、普世主义（universalism）和世界主义（cosmopolitanism）等不同流派持批评态度的人则认为，主张无偏倚伦理学的人就是那些很糟糕的父母、爱人、配偶或朋友。因为这类人际关系的观念，本身就意味着对与某人同样处于这一关系中的人展现出偏爱。这就意味着比起陌生人，我们要对自己的孩子、爱人、配偶或朋友的利益予以更多考量；而以一种无偏倚伦理学的视角来看，这是不正确的。尤其是女性主义的哲学家，更倾向于强调人际关系的重要性，他们指责男性道德哲学家经常忽略这一点。《关怀》（*Caring*）一书的作者内尔·诺丁斯（Nel Noddings）认为，我们关怀的义务仅限于我们会与其处于某种关系中的人。因此她宣称，我们“并无义务关怀非洲的嗷嗷待哺的婴孩”。[14]

钟情无偏倚伦理学的人在回应上述反驳时，拒绝承认他们必须持有“我们应当在生命的任何方面都不偏不倚”的立场。葛德文本人就曾写道（见于他为玛丽·沃斯通克拉夫特所写的回忆录，玛丽在为他生下第一个孩子不久后过世）：

> 一种合理的伦理学要求人之一切均不应当被我们视为无足轻重；但我们不可能不该对我们最亲密熟知的人的利益拥有最为强烈的感受，他们的福祉和同情与我们是融为一体的。真正的智慧会建议我们经营个体之间的依恋；因为较之于缺乏他们，只有拥有他们，我们的心智才会更为彻底地维持活跃与生机，而人最好是成为一个生机勃勃的存在，不要成为一根树干或一块石头。真正的美德会认可这一建议；因为美德的目的就在于创造幸福；因为生活在家庭关系环绕中的人，将会拥有更多机会来给予快乐，其情节或许轻微但分量并不琐屑，并且这么做也不会干扰普遍善心的用途。不，通过点燃他的敏感、协和他的心灵，我们甚至可以预期，如果这人天赐有一种自由而富于男性气概的精神，这甚至将会让他更乐于服务陌生人和公众。[15]

伴随着因与自己挚爱的妻子分离而产生的悲伤情绪，葛德文为有所偏袒的情感找到了一种无偏倚的辩护。在我们所处的时代，黑尔通过其“双层论”（two-level version）功利主义也得出了同样的结论。黑尔论证说，在日常生活中，我们通常很难计算出我们所做的每个决策的后果，而且如果我们试图这么做，我们有可能因为自己身涉其中以及当时情景的压力而遭遇算错的风险。为指引我们的日常行为，我们需要一套无须多少反思就能意识到的原则。这些原则就构成了道德的直觉或日常层面。而另一方面，在更冷静或更具哲学性时，我们可以针对自己道德直觉的性质进行反思，追问我们得到的是不是正确的道德直觉，即他们是否能导致最大化的利益，其中的利益需要无偏倚的衡量。一旦我们进入这种反思，我们就走向了道德的批判层面，而这会促进我们对日常层面上应当遵从何种原则这一问题进行思考。因此批判层面构成了道德直觉的测试场景。[16] 我们可以用它来测试西季威克所描述的，维多利亚时代英国普遍的道德观念所指出的那些特殊义务：对父母、配偶、孩子、其他亲属、帮助你的人、朋友、邻居、同乡，以及“同种族的人……以及根据他们与我们自身的亲密程度，对广而言之的人类”。这些特殊义务能够经受无偏倚辩护这一要求的考验吗？如果有，是哪些？

评估偏袒之爱

西季威克所提及的第一套偏爱非常站得住脚，即偏爱家庭、朋友和那些曾帮助过我们的人。父母爱其孩子，父母给自己孩子以偏爱的欲望超过给陌生的孩子，这都是非常深刻的。它可能根植于我们作为社会性哺乳动物的本性，我们的后代在很长一段时间的依赖期内并不能自我照顾，需要我们的帮助。我们可以推想，如果孩子的父母不对他们加以照顾，他们生存的可能性就会小一些，于是不照顾孩子的父母，比起照顾孩子的父母来，往后代传递其基因的机会就少一些。因此，父母与孩子之间的亲和（特别是母亲与孩子之间，因为在早期阶段，孩子若非得到母乳喂养就很难生存）在所有人类文化中都能看到。

说某种行为是普遍适用的，说其在我们的进化史中有其根源，并不必定意味着它们不可能改变，也不意味着它们不应该改变。尽管如此，就我们当前讨论的特定情况而言，种种乌托邦社会实验的经验表明，父母关心孩子的欲望是极度难以改变的。在以色列集体农庄基布兹（kibbutzim）的早期阶段，社会主义集体农庄的道德激进主义者试图将抚养孩子一事均等化，要求集体农场成员生下来的孩子全部要在一个特殊的儿童房里由集体共同养大，不赞成父母对他们自己的孩子展现特别的喜爱和感情。尽管如此，母亲们常常会在晚上偷偷溜进托儿所里亲吻和拥抱她们熟睡的孩子。如果她们信奉集体农场的理想，那她们这么做的时候大概也有点儿罪恶感。[17]

所以，即便我们像这类集体社区的创立者一样，认定父母钟爱其孩子是不好的，我们也会发现，这种钟爱是很难消除的。尝试这么做总会面临极高的成本，也会要求有持续的监督或强制。除非我们压制父母之偏爱的意图强烈到我们不惜发动一场全力以赴的战斗，以强制性措施和严苛的奖惩为后盾来施加强大的道德压力，否则我们终究会发现：大多数父母总是会更加偏爱他们的孩子，而这是不能基于对利益的平等考虑而得到直接辩护的。如果我们真要发动这场战斗，如果父母想要为他们的孩子做些如今被社会视为错误的事，我们还可能给他们造成罪恶感和焦虑感。这种罪恶感本身就是不幸福的来源之一。那么，消除对自己孩子的偏爱所形成的收益会超过这些损失吗？似乎不太可能，因为对孩子们来说，爱护他们的偏心父母所给予的照顾，很有可能比无偏倚的父母或集体雇佣的无偏倚的照顾者所给予的照顾要好。也有证据表明，孩子们如果由并非其生物学意义上的父母带大，他们更有可能遭受虐待。[18] 考虑到人性的这些无可避免的约束，考虑到孩子们在充满爱意的家庭中长大的重要性，我们就拥有一种无偏倚的理据，来支持那些视父母对孩子展现出某种程度的偏爱为理所当然的社会习惯。

要找出无偏倚的理由来接受爱情和友谊，比这更为容易。如果爱情关系和友情关系必定是偏心的，那么其对大多数人而言，也都处于任何能够被算作美好生活的核心。如果缺乏与特定某个人的依恋关系，很少有人能够过上幸福、圆满的生活。压制这些偏心的情感就会摧毁某些具有重大价值的东西，从而无法从一种无偏倚的视角获得辩护。

伯纳德·威廉姆斯（Bernard Williams）宣称，这种对于爱情和友谊的捍卫，要求“人们想得太多”。[19] 他说，我们应当去看望生病住院的朋友，这只是因为他是我们的朋友，并且正在住院，而不是因为我们通过计算发现，去看望生病的朋友比用这个时间做其他任何事都能更为有效地实现效益最大化。如果在我们决定是否要去看望生病的朋友的时候，有人提出我们应该思考一下对爱情或友谊的无偏倚辩护，如果这个时候提出威廉姆斯的观点，是有些道理的；但双层论功利主义的要点恰好就在于，它需要解释，为什么我们进行批判层面的思考而非进行日常层面的道德决策时应该有额外的思考。

请思考一下此前所引西季威克和希姆莱的事例，这些事例均不同程度地支持的一种观念，即白人应该更为关心且优先考虑其他白人的利益，或者说雅利安人应该优先考虑相同血统的其他人的利益。在当时，这类观念的直觉吸引力与我们有义务偏爱亲友这一观念的直觉吸引力非常相似。但是，种族主义观念已经导致了我们所处时代的许多糟糕的罪行，而且很难说它们曾带来过什么好处，即便有也绝对无法抵偿其所引发的痛苦。另外，尽管遏止种族主义很难，但真正的多种族社会的存在，以及某种程度上自美国南方废除种族隔离以来所取得的进步，都证明遏止种族主义并非全无希望。美国南方依然存在种族主义——北方也有——但大多数南方白人都不会因为与非裔美国人一起乘公交车而觉得苦恼，而且即便是那些曾为捍卫种族隔离奔走战斗的人，如今总体上也已承认自己是错的。种族主义是偏私主义的一种形式，也是我们可以反对且应当反对的，因为我们的反对能够有效地防止对无辜人民造成的巨大伤害。

因此，我们就可以用威廉姆斯的那句格言来回应他本人：哲学家如果相信他的观点，会让人们想得太少。当然，**总是**像哲学家那样思考，确实意味着在作为父母、配偶、爱人或朋友的角色时，我们逼迫别人想得太多。但如果我们就是哲学家或哲学学生，那么我们就必须花费时间来批判性地反思我们的直觉——实际上不仅是哲学家，所有有思想的人都应该这么做。如果我们直接全盘接受了我们的情绪，而不进行我们之前进行的那种额外反思，我们就无力决定在我们的直觉倾向中，哪些应该认可和赞同，而哪些需要反对。某些直觉反应为人们广泛拥有，可这一事实并不能证明其合理性。其中，有一些反应（大概是我们与我们这一种族里的其他人共有的那些，无论文化背景为何）在我们进化史的绝大多数时候，是相当切合于我们这种存在的生存与繁衍的。另一些反应（大概是我们与来自其他文化的人并未共享的那些）则可能是我们的特殊文化历史的产物。对于我们的直觉反应而言，无论是其生物学基础或文化基础，都不足以给我们一种合理的理由，让我们作为生活下去的指南。

回到偏爱家人、爱人和朋友的问题，我们已经看到，无偏倚的理解能让我们在这方面接受某种程度的偏爱。多大程度呢？就其宽泛而言，我们接受的偏爱程度应当为推进上文提及的好处所必需，但不能超过这个度。因此，父母偏爱子女的程度，应当足以为其提供生活的必需品，同时还要能满足他们一些更重要的需求，还必须能让子女感受到被关爱和被保护；但并未要求必须满足孩子所表达的每一种欲望，而且有许多理由告诉我们不应该这么做。如果我们生活在富裕国家，如美国、欧洲大部分国家、加拿大和澳大利亚等，我们在养育自己的孩子时应该让他们知道，还有许多其他人的生活比我们的短缺得多，让他们知晓帮助他们的可能办法，比如通过减少我们非必要的开支等。我们的孩子还应该学会对导致高水平消费的欲望进行批判性思考，知晓这种生活方式的环境代价。对于爱人和朋友来说，类似的情形也是存在的。这类关系要求有所偏爱，但只有彼此共享价值观或者至少彼此尊重对方所持有的价值观时，这种关系才会更加牢固。如果共享的价值观包括关心他人的福祉，而不论他们是朋友还是陌生人，这样一来友谊或爱情所要求的偏爱就不会特别重，不会对人们帮助急需者的能力构成极大的干扰。

西季威克给我们列出的对其有表达善意的特殊义务的清单里的其他人群又如何呢？父母、亲戚、“曾帮助过他的人”、邻居以及同乡，所有这些人群是否都能从无偏倚的角度得到辩护？在依赖直觉的伦理学家眼里，将“曾帮助过他的人”列入其中，就是感恩义务的典型例证。[20] 不过，从双层论视角来说，直觉到我们负有感恩义务，这并不构成对某种独立的道德真理的洞见，只是因为它有助于鼓励互惠，它才是值得追求的，而互惠则使得合作及合作所产生的一切好处成为可能。在这里，进化史同样有助于我们理解：为什么互惠及随之而来的感恩意识会进化出来，以及为什么它会在一切人类社会中以这种或那种形式构成普适性的规范。（不过，给出这样一种基于进化的解释，与人们实施合作行为时的动机完全不相干，正如从繁殖的角度来解释性行为，也并不是说人们性交就是因为他们想要孩子。）

一旦我们承认感恩的义务，那就不可能将父母排除在我们对之负有特殊善意义务的圈子之外。父母通常都给予子女无穷的帮助，所以我们不可能在服膺一种普遍的感恩原则的同时不承认孩子对父母的义务。此处的例外只有那些遭到父母虐待或抛弃的孩子——而且例外恰好证明了这一规则，因为它表明这一义务是一种感恩义务，而不是基于血缘关系的义务。

西季威克提到的另一类别，即我们的邻居，能以同样方式来处理。地理上的邻近，本身并不具有什么道德意义，但它能够给我们提供更多的形成友情关系以及相互有益的互惠关系的机会。在过去一个世纪里，流动性和通信的增长，已经侵蚀了邻居对我们的重要程度。在路过邻家时，如果正在和远方的朋友打电话，我们已经很少对邻居点头致意。如果家里没糖了，我们也不会学父母或祖父母以前的做法，跑到邻居那里去借，因为反正我们一会儿都会路过超市。在这种情况下，要说我们对自己的邻居还负有任何特殊的善意义务，是相当可疑的。我们恐怕只负有一种义务，即做那些邻里之间做起来最方便的事，比如当你去度假时帮你喂猫。

亲属，是西季威克清单里的下一类人，包括从兄弟姐妹到远方堂表亲的众多不同的人，你与前者小时候一起玩耍，长大后可能还共同承担照顾父母的义务；而后者你可能几十年都没有联系过。我们对自己的亲属负有多大程度的特殊义务，应当按照比例有所区分。亲属关系可能是爱意、友情和支持感的重要来源，于是，既然亲属关系能带来这些利好，就会产生一些无偏倚的辩护理由。但是，如果你那个几十年没来往的堂表亲，为了买新房突然要跟你借钱，这时候是否还存在一个可靠的无偏倚理由，让人相信你在帮助他时负有更大的义务，而不是帮助某个不沾亲带故、同样疏远的熟人？乍看起来并非如此。但也许更好的回答是：这取决于亲戚之间是否存在已被承认的合作关系。比如，在印度的农村，亲戚之间的这种关系能发挥巨大的作用，在紧急时刻给予帮助，从而减少事情恶化时的损害。[21]在这种条件下，就存在一种无偏倚的理由来认可这种做法。但如果不存在以上合作关系，那就缺乏这种理由。（在其他文化中，人格色彩更淡的保险政策在减少损害方面扮演了同样的角色，因此减少了对亲属之间特殊义务关系的需要，当然，它也有利有弊。）

民族国家的伦理意义

有什么无偏倚的理由来支撑偏爱本国同胞多于外国人的做法？根据某些关于民族性的理解，民族成员的关系就好比亲戚关系的放大版。迈克尔·沃尔泽在讨论移民政策时，表达了以下观点，他写道：

> 显然，公民们通常相信，他们有道德义务开放本国的国门——也许不是对所有想要进来的人开放，而只是对外面人中的一个特定群体，即被承认为本民族或族群“亲戚”的。在这个意义上，国家更像是家庭而不是社团，因为家庭的特征之一在于，家庭成员与那些生活在一家人以外的、未经自己选择的人存在道德上的关联。[22]

德国此前的《公民身份法》就体现了沃尔泽心目中对民族性的这种认识。18 世纪定居于东欧的德国农民和手工艺人的后代，被德国宪法承认有权回归德国并成为其公民，尽管他们中的大多数都不说德语，其家族也已经好几代人从未涉足过德国大地。而与之相对的，在 2000 年新的《公民身份法》生效之前，来自外国的外来工人有可能在德国生活几十年仍然没有资格获得公民身份，而且对他们的孩子也是如此，即便他们出生在德国，在德国的学校里接受教育，并且从未在任何别的地方生活过。尽管德国 2000 年前的法律是种族或族群偏爱方面的极端典型，但其他大多数国家在其历史上的大部分时候也都曾使用种族主义标准来挑选移民及公民。迟至1970年，具有欧洲人血统的移民仍被积极鼓励成为澳大利亚公民，同时“白色澳大利亚”政策（White Australia Policy）还阻止非欧洲的移民定居澳大利亚。

我们应该拒绝种族主义移民政策，理由跟我们应该拒绝种族主义相同。无论是种族还是族群，都不应该成为公民身份的前提要求。因此，对于我们应该偏爱自己的同胞是出于他们是我们扩大版的亲戚，这种直觉无法得到捍卫。公民身份与亲属关系是截然不同的。

桑德尔论团结与忠诚

迈克尔·桑德尔在其被广泛阅读的著作《公正》中论证到，对于我们身份认同所属团体的其他成员，比如对同胞，我们具有一种团结（solidarity）的义务。他拒绝认为团结仅仅是“对同类的偏心”，指出它甚至能对我们施加一种为他人做事的义务，比如为我们国家给他人造成的不公进行赔偿。这是对的，它表明当我们将自己认同为某个群体的成员时，我们这么做不仅是为了有利于自己或跟自己类似的人。不过，也有另外一种可能，即这种认同以及随之而来的这种情感只是我们心理状态的某些方面，而且经过反思之后我们应该对之有相当程度的保留。这种理解从桑德尔所援引的罗伯特·李（Robert E. Lee）将军案例中得到了支持。根据桑德尔所讲述的故事，美国内战爆发时，李正服役于北方军，而且反对南方各州脱离联邦。林肯任命其为北方军首领，但李来自弗吉尼亚，那是个蓄奴州且已经加入了南部邦联，所以李回答说他无法与“我的亲戚、孩子和家庭”作战。相反，随着事态进展，他成为了南部邦联军队的首领。桑德尔承认，由于李所支持的事业包括奴隶制以及分裂，所以他的决策“很难辩护”；但是他又论证说，忠诚是一种美德，即便还不足以证明李的决策合理，仍应当具有一定的道德分量：

> 除非我们严肃看待忠诚，视之为一种具有道德重要性的要求，否则我们根本无法将李所面临的两难理解为一种道德上的两难。如果忠诚只是一种情感，没有真正的道德分量，那么李的困境就仅仅是以道德为一方、以纯粹的感情或偏见为另一方的冲突。但是，如果这样理解，我们就误解了其中的道德利害关系。
>
> 对李的困境作纯粹心理学的解读，就会忽略一个事实，即我们不但同情他这样的人，而且敬佩他们。这种敬佩并不一定是出于他们所做出的选择，而是出于他们的审慎所体现出来的性格品质。我们敬佩的，是他那种性情倾向，即作为一种反思性的、嵌于情境中的（situated）存在来看待和承负生命的情境——这种存在被历史俘获，被纠缠在一种特殊的生活中，但对这种特殊性又具备自我意识，并且因而能充分意识到相互竞争的主张及更宽广视野的存在。人之具有品格，就表现为活着并承认自己的各种（有时甚至相互冲突的）负赘（encumbrances）。[23]

这是对忠诚问题的动人陈述；但它同时也让我们得以清楚地看到，视忠诚为美德而无论我们所忠诚的事业或团体价值如何，这一观念到底错在哪里。这里也一样，了解了我们这个种族的进化环境，就很容易理解为什么我们会对忠诚的人抱有好感。群体无论大小，都会从其成员的忠诚中受益，而没能培育忠诚的群体，很可能在与其他群体竞争时处于劣势。但这并不构成一种理由，来证明“反思性的、嵌于情境中的存在”应当“被历史俘获，被纠缠在一种特殊的生活中”。如果李确曾对何为正当这一问题进行充分反思，那么他就会认识到，他应当将自己对弗吉尼亚乡民的忠诚感放在一边，因为这一因素很可能会使他的恰当反思扭曲。然后，他就会展现更多（也更好的）品格——而且美国内战也会走向同样的结果，但很可能伤亡要少得多。李将军的忠诚是一种悲剧，不仅仅对他个人而言。

一种互惠的共同体

埃蒙·卡伦（Eamonn Callan）曾提出，身为一个国家的公民，就等于加入了一个互惠的共同体：

> 只要公民们意识到正义是他们所关心的一个特定政治共同体的基本要素，他们自己和他们同胞的成就在这个共同体中是休戚与共的，那么正义所要求的牺牲和妥协，在对自身利益的追求中就不可能是纯粹的损失。[24]

沃尔特·范伯格（Walter Feinberg）采用了类似的观点：

> 国家认同的源泉是……与一个互助网络关联在一起的，这个网络沿时光回溯，并能创造出未来的义务和预期。[25]

美国人对“9·11”遇难者家庭迸发式的援助行动是这一互助网络的一次惊人的案例，源于美国人会在危急时刻互相帮助这种意识。在日常生活中，美国人仍然能感受到这一点，他们通过纳税参与提供服务，而这会有益于他们的美国同胞，在这些人退休或残疾的时候为他们提供社会保险和医疗保健，打击犯罪，保卫国家免遭攻击，保护环境，维持国家自然保护区，教育他们的孩子，以及在发生洪涝、地震及其他自然灾害时开展义务救灾工作。如果年龄足够大，那他们还可能曾在战争中服役；如果比较年轻，那他们将来也可能会参军。

因此，我们有可能将优先于他国公民协助自己同胞的义务视为一种互惠义务。认为这种义务在有限程度内确实存在，这是十分合理的，尽管它会随着共同体的规模增大以及共同体成员之间直接联系的缺乏，或者甚至由于互不相识而逐渐减弱。但是它对于建立和维系一种集体感是很重要的，而这在支持我们帮助同胞方面构成了充分的理由——相对于帮助他国公民，给予了自己同胞一定优先性。不过，这种优先性应当与我们的帮助行为能够带来的好处放在一起来衡量。

想象的共同体

如果仅凭互惠还不足以表明我们对自己的同胞比对别人负有明显更重的义务，我们还可能试图通过诉诸本尼迪克特·安德森（Benedict Anderson）关于“民族就是想象的政治共同体”的描述来补充这一观念，这种共同体只存在于那些视自己为同一民族的公民的人心里。[26]尽管公民们从来没有遇到过本民族的其他大多数成员，但他们仍然认为他们共享对于共同制度和价值观的效忠，比如宪法、民主程序、宽容原则、政教分离及法治，等等。想象的共同体能够弥补真正的、面对面的共同体（其中将会有个人的关系和更具体的互惠义务）的缺失。于是，承认对本民族的其他成员具有特殊义务，可以被视为形成和维系这种想象共同体的必要组成部分。

安德森对民族主义的理解，是对“属于一个民族”这种观念如何在现代世界得以生根的一种说明。由于它是一种描述（description），而非一种规范（prescription），所以就无法基于它来形成一种道德论证，证明维系其所描述的那种想象共同体的重要性。不过，这个概念仍然是一种很有启发性的说明，这恰恰因为它表明了——我们对我们的民族共同体具有特殊忠诚这一现代观念，并不基于一种独立于我们的自我认知方式的共同体而存在。假设安德森是对的，即现代的民族观念依赖于我们想象自己所属的那种共同体，而非我们真正所属的那种共同体，那么我们想象自己属于另外一个不同的共同体也是有可能的。而这跟我在本书各个章节都在捍卫的观点是符合的：我们称之为全球化的由各种发展汇合成的复杂组合，应当会引导我们重新思考我们目前摆放在国家边界上面的道德意义。我们需要追问，长期来看，是继续生活在被称为民族国家的想象共同体中更好呢，还是对我们乃是全世界这一想象共同体的成员的理念保持开放更好？我已经为第二种观念提供了若干论证。目前，我们所面临的问题与由民族国家所组成的体系过于紧密地缠绕在一起，以至于很难解决，人们在这种体系中会将他们主要的、接近排他性的忠诚献给他们自己的民族国家，而不是更大的全球共同体。另外，这种体系也没能向那些生活在极度贫困中的人提供一种道德理由充分的回应。想把我们想象成一个民族共同体的一员，如果把这理解为将我们的关怀从更有限的部落忠诚进行了扩展，似乎比较恰当；但如果把这理解为针对全世界其他人树立起一堵围墙，就没有什么吸引力了。

基于效率的论证

关于对我们的同胞负有特殊义务的体系，罗伯特·古丁（Robert Goodin）为之提供的辩护是：它是“使得履行我们的一般义务更为有效的行政工具”。[27] 古丁论证说，如果你生病住院了，最好是有一位特定的医生对你负责照顾，而不是将这一责任丢给医院里所有的医生；同理，他说，最好有一个国家对于保护和促进其领土范围内每个个体的利益负有清晰的责任。这个论证毫无疑问有其合理部分，但它在现实世界中的适用范围极为有限。无论如何，单元内部的行政效率是一回事，资源在单元之间的分配又是另外一回事了。这一点古丁也是承认的：

> 如果存在某种形式的分配不当，导致派给某些国家的需要照顾的人数远远多于分配给它们的用于照顾的资源，那么就必须重新分配。[28]

在其他条件相同的情况下，让各国照顾自己的公民可能会更有效率，尽管如此，如果财富分配过分不均，比如一对富裕的夫妇用于看戏的钱都要超过其他许多人一整年生活必需的花费，那么情况就会不同。在这种情况下，基于效率的论证，如果以每单位可用美元能够获得的最大效益来理解的话，不但远远不能证明我们对同胞负有特殊义务，反而能为以下观点提供理据：所有这类义务都能被我们能在国外带来的大得多的好处所覆盖。这个结论，是我们在细致考察过好几个支持民族国家的伦理意义的论证后应该得出的。

国家内部与国家之间的正义

克里斯托弗·韦尔曼（Christopher Wellman）提出了另外三种无偏倚的理由，认为防止社会内部的经济不平等变得过大，比起防止社会之间的不平等过大更具有特别的重要性。第一个理由是，社会内部的政治平等可能遭受社会内部经济不平等的负面影响，但是不会遭受社会之间经济不平等的负面影响；第二个理由是，不平等不是那种本身为恶的东西，只是因为它会导致压迫关系而为恶，因此，我们更加关心生活在同一个国家内部的人们之间的不平等，而不是生活在不同国家的人们之间的不平等，这种做法是对的。因为生活在不同国家的人并不处于一种有意义的关系之中；第三个理由则与富裕和贫困的相对性有关。[29]

韦尔曼的头两个理由，至少已经部分地从作为本书主要论证基础的如下现象中获得了回答——我们正日益面临着会对整个地球造成影响的问题。无论我们珍视政治平等是为了什么（包括对影响我们决策的参与机会），全球化都意味着我们应该珍视社会之间的平等，而且应在全球层面上这么做，至少要达到我们珍视一个社会内部的政治平等那种程度。全球化还意味着，在全球层面上，与在社会内部一样或许存在压迫关系。关于这一点，我们在本书前面部分，特别是第二和第三章已经看到，情况确实如此。

马克思为我们提供了关于韦尔曼第三个论点的经典论述：

> 一座小房子不管怎样小，在周围的房屋都是这样小的时候，它是能满足社会对住房的一切要求的。但是，一旦在这座小房子近旁耸立起一座宫殿，这座小房子就缩成茅舍模样了……不管小房子的规模怎样随着文明的进步而扩大起来，但是，只要近旁的宫殿以同样的或更大的程度扩大起来，那座较小房子的居住者就会在那四壁之

内越发觉得不舒适，越发不满意，越发感到受压抑。*[30]

但是，今天还认为人们只会拿自己和他们的邻居（或他们的全部同胞）进行比较，这是错的。比如，密西西比州的居民可能并不会经常拿自己与纽约人比较，或至少不在收入上比较。他们的生活方式如此不同，以至于收入只是一大堆事务中的一部分。但在另一方面，有些墨西哥人却明显确实地热切企望边界北方的生活，心里想着如果他们能够生活在美国，经济状况可能好得多。他们试图越境偷渡美国，就是这种想法的体现。在地理上并不接近的人们身上也是如此，比如我们看到，有些非洲人会挣扎着穿越地中海企图进入欧洲，这并不是因为他们在政治上遭到了迫害，而是因为他们已经对远方国度的生活有了某些渴望。

尽管全球化已经给我们提供了一种不同图景，但我们仍然可以承认，确有一些理由认为，较之在整个全球居民的范围内避免显著的经济不平等而言，我们应该更加优先考虑在给定社会内部避免这种不平等。有一种非常强烈的立场认为，在其他条件相同的情况下，消除世界任何居民之间显著的经济不平等，比起在单一社会内部去消除，其可取之处并不会更低；如果我们面对的是这样一种主张，那我们可以承认韦尔曼的三个论点确有一些分量。但我们所承认的这种分量是有限的，并且受制于特定的环境。尤其是，追求社会内部的更大平等，还是社会之间的更大平等，这一问题只有在两者不可兼得时才成立。有时候我们是能两者兼得的。我们可以对

* 见《马克思恩格斯选集》第 3 卷，人民出版社中文第 3 版，第 345 页。——译者注

富裕国家收入较高或给自己子女留下巨额遗产的人加税，所得用于更大力度地帮助那些生活在世界最贫穷国家、收入连所在国家的平均水平都远远不能达到的人群。这既能减少贫穷国家的不平等，也能减少富裕国家的不平等，还能适当减少国家之间的不平等。

当然，如果我们生活在富裕国家，如果将针对富人的征税所得用于帮助本国内部境遇最差的人，确实能够更大力度地减少我们社会内部的不平等。但即便我们接受韦尔曼的论证，也会是一种错误的选择。因为这就意味着，我们是在选择减少本国内部的不平等，而没有选择既减少穷国的不平等又减少国家之间的不平等。韦尔曼提出的理由，只能说明关注国家内部的不平等为什么有可能比关注国家之间的不平等更为重要，但这不等于说他找到理由说明了克服本社会内部不平等比克服任何其他社会内部不平等均具有更大的优先性。假设生活在美国的我通过帮助比如肯尼亚社会底层的人，比起帮助减少本国内部的不平等，我能够为减少肯尼亚的不平等出更多的力，那么韦尔曼并没有对我提供任何理据，证明我更应当去减少美国的不平等。而且如果把钱拿给处于肯尼亚经济阶层中接近底层的人，既能减少那里的不平等，又能减少国家之间的不平等，那它似乎就是最值得去做的事。韦尔曼并没能在代词“我的”中发现任何魔力。

无论如何，在当前情况下，我们对外国人负有的一些义务超过了对自己同胞的义务。因为，即便不平等通常都是相对的，但我在第三章所描述过的那种极度贫困状态，则并非相对于其他任何人的财富而言的贫困状态。减少生活在极度贫困中的人数，比起减少由于有些人住宫殿、有些人住在不豪华但足够大的房子所引起的相对贫困来说，确切无疑地具有更为紧迫的优先性。在这里，西季威克关于他所处时代的普通道德意识的描述，也是与此相一致的。

在给出了我之前引用过的特殊义务清单后，西季威克继续如此说道：

> 对所有可能与我们有关的人，我们都承担一些帮助义务，而这种帮助的提供可能并不会导致我们的不便；但是，那些处于危难或极度匮乏中的人，有权要求我们给予其特殊的善意。

罗尔斯与《万民法》

我已经提到过一个惊人事实：20 世纪美国出版的最有影响力的讨论正义的著作，即约翰·罗尔斯的《正义论》，并没有处理社会之间的正义问题。罗尔斯后来确曾写过一本特别简短的著作，即《万民法》，来讨论超越我们社会边界的正义问题。在这本书中他论证说富裕社会对于挣扎求存的社会负有重要义务，但他并没有重点关注对于其他国家中穷苦无依的个体的义务。毕竟该书书名叫作《万民法》，而不是诸如《全球正义论》之类。

有一个例子可以说明罗尔斯实际写成的著作和他本来想写的著作之间的区别。罗尔斯要我们考虑一种由两个社会所组成的世界，这两个社会在其内部均满足了《正义论》所提出的两条正义原则，但是A社会中最弱势群体的代表，境况比B社会中最弱势群体的代表还要糟糕。接着，罗尔斯假定，我们有可能组织一种全球性再分配，在改善A社会中最弱势群体代表的命运的同时，仍能令这两个社会继续满足他关于国内正义的两条原则。换句话说，我们被要求考虑两个社会，如果我们把目光聚焦在其边界以内，两个社会都是正义的，但其中一个社会中有人的境况比另一个社会的所有人都差。我们应当选择一种再分配，以减少两个社会中最弱势群体之间的差距吗？罗尔斯的回答是否定的："万民法在这两种分配状态中保持中立。"[31]

在《正义论》中，罗尔斯为一种正义体系提出了论证，在该体系中，"没有任何人会因为自然机遇或社会环境偶然性的结果而在选择正义原则时有优劣势之分"。[32]而在这里，他宣称，在面对诸如碰巧出生在边境哪一侧这样的偶然性所导致的结果时，他的理论保持中立。这两个立场不可调和。在《万民法》中，罗尔斯所采用的进路非常不同于《正义论》。尽管两本书都诉诸"原初状态"，但在《正义论》中，原初状态中进行商议的各方衡量的是不同的正义原则，比如古典功利主义和道德完善主义（moral perfectionism），然后从中进行选择。但在《万民法》的原初状态中，进行商议的各方——他们的任务是确定国际关系的组织框架——却根本没有考虑将古典功利主义作为一种可能用来规定万民（peoples）之间行为方式的原则。罗尔斯告诉我们，这是因为：

> 人民不会接受古典的或曰普通的功利主义原则，因为任何由政府

组织起来的人民，都不会愿意把“其他人民的利益优先于他本身所承受的痛苦”作为第一原则。[33]

这一主张，似乎就是小布什强调的“美国人民才是重中之重”的奇怪预言。作为一种对既有社会中由人民组织而成的政府的社会学描述，它无疑是正确的。但这又怎么能支撑罗尔斯的以下做法呢？他把它当作一种结论性的理由，排除了假定人民在原初状态因而不知道他们将会生活在哪个社会的情况下进行选择时，他们选择接受这一原则的任何可能性。如果各个政府要做的是无偏倚的选择，那我们为什么要根据政府现在乐意接受什么，就判定他们将会接受什么呢？

《万民法》的另外一个奇怪之处在于，罗尔斯径直诉诸某些论证，来反对国家之间的经济再分配，而这些论证很容易就能用来——实际上也已经被人用来——反对同一国家内部的个人之间或家庭之间的经济再分配。因此，他让我们考虑一个例子，两个国家财富水平相同，人口规模也相当。第一个国家决定工业化，而第二个则更喜欢自己的社会是田园式的休闲，而没有选择工业化。几十年后，前者比后者富裕一倍。假定两个社会的决策都是自由做出的，罗尔斯问，我们是否应该对工业化社会征税，来为田园式社会提供资金。他说，这种做法“似乎不能接受”。[34]但是，如果罗尔斯认为这是不能接受的，那他如何能回应对他的《正义论》所持立场的一些批评呢？这些批评认为，有人辛苦工作积累财富，对他们征税，用以支持另外一些生活较休闲因而现在以所持有的资源来衡量属于社会中最弱势的群体的人们，这是不可接受的。这两个例子都对任何支持财富再分配的人提出了质疑，如果这种质疑在社会内部分配的问题上能得到回应，那它应该也可能在社会之间的分配问题上得到回应。

在《万民法》中，罗尔斯确实要求“秩序良好的人民有义务援助负担沉重的社会”，即那些“缺乏政治和文化传统，缺乏知道怎么做的人力资源，并且通常也缺乏为良好组织所必需的物质和技术资源”的社会。[35] 这一义务只延伸到援助要求的程度，帮助该社会变得“秩序良好”，而罗尔斯用这个词指的是那种旨在促进其成员利益，并根据一种公共正义概念（conception）进行有效管理的社会。[36] 在考虑如何才能帮助一个社会变得秩序良好时，罗尔斯强调社会需要发展出一种适宜的文化，因为他推测：“世上没有任何社会——除一些极端例子之外——的资源有那么匮乏，以至于它甚至在得到合理和理性的组织和治理时，仍不能实现秩序良好。”[37] 这一推测有可能是对的，也有可能是错的，但他对文化变革必要性的强调，完全没能处理众多个体所面临的困境，他们因为饥饿、营养不良和本来很容易防治的疾病，此刻就要死掉，而他们所生活的国家又缺乏满足其公民需求的能力。

在讨论由查尔斯·贝兹（Charles Beitz）和涛慕思·博格所提出的有关国际正义的相反观点时，罗尔斯说，他赞同他们追求的目标，即“获得自由或体面的体制，保障人权、满足基本需求”。而他相信，这些目标，“已由援助义务覆盖”。[38] 但是，如果这意味着富裕社会负有援助义务，应该帮助那些濒临饿死或其他无力满足自身基本需求的人，那么这层意思并没有得到它应得的强调。相反，罗尔斯在论述援助义务时，总是将其作为一个更宽泛计划的一部分，即帮助各人民获得自由或体面的体制。正如列夫·维纳在评论《万民法》时所说的那样，“罗尔斯在这本书中更加关心的是全球强制的合法性，而不是不同国家公民的命运的偶然与无常”。[39] 结果，个体的经济利害在罗尔斯规制国际关系的法则中完全看不到身影。如果没有发生大规模饥饿事件或践踏人权行为，罗尔斯的国际正义原则并不会延伸到帮助个体。悲剧的是，在《万民法》出版后的这么多年里，在那些尚未获得自由或体面体制因而也尚未变得“秩序良好”的国家里，数千万人已经因为与贫困相关的疾病而死亡。富裕国家及其公民应当如何回应身处极端贫困之中的数亿人的需求，这个问题的紧迫性超过了在那些未能依据一种公共正义概念进行有效管理的社会中实施文化变革这一长远目标。但这个问题《正义论》的作者却从未给予过严肃对待。

现　实

偏爱我们自己同胞的利益，这极少具备什么强有力的依据，至少在将其置于不偏不倚的评估检验下时如此，而且其中没有任何依据能够压倒一种特定条件下所产生的义务，即在我们付出的代价很少，却能给另外一个急需之人的福利带来绝对关键的改变的时候。因此，外国援助问题应是发达世界任何国家的公民均应当关心的事务。

许多年前，联合国设立了一个发展援助目标，即国民生产总值的0.7%。只有少数国家（丹麦、卢森堡、挪威和瑞典）在过去的至少十年内完成或超过了这一非常适中的目标，从其每100美元经济生产中拿出0.7美元给予发展中国家。荷兰自1974年至2012年都达到了这一目标，但2013年离0.7%稍差一点，到2014年援助继续下降到0.64%；2014年数据是本书写作时能够获得的最新数据。2013年，英国首次达到0.7%的目标，援助量比2012年突然增加了27%，并且自此以后将援助维持在这个水平。阿拉伯联合酋长国在2013年跃居首席，该国每赚取的100美元中有1.34美元拿了出来，2014年稍微减到1.17美元。其余所有发达国家在2014年均低于联合国建议水平。瑞士为0.5%，德国为0.42%，法国为0.37%，澳大利亚为0.31%，而加拿大的援助比以往的水平已经大为跌落，到了0.24%。美国公民应当为此感到特别忧心，因为美国只贡献了0.19%，尽管跟日本和意大利持平，但是比绝大多数富裕国家都要低。就富裕国家整体而言，所有国家贡献的援助总量只有其国民生产总值总和的0.3%。事实上，说美国为帮助极度贫困人口而给予的援助相当于该国每赚取100美元中的0.19美元，这种说法忽略了一个事实，即美国援助的很大一部分是出于政治目的而有策略地投放的。在美国仍有部队在伊拉克战斗的时候，伊拉克是美国官方发展援助的唯一最大受援国。2014年，美国不再在伊拉克驻军，但在阿富汗仍有驻军，于是阿富汗就升到了美国援助受援国列表中的首位，得到18亿美元。这一列表中的第二位是约旦，它并非世界最贫穷国家之一，但属于美国在中东的战略盟友。在美国战略资助的两大受益者之后，我们才看到了一个所获得的配额可能并非出于战略考虑的国家——肯尼亚，它得到了 8.54 亿美元。(但是人们禁不住会想，肯尼亚位居高位有没有受到时任美国总统的奥巴马与该国私人关系的影响。)肯尼亚之后，出现在列表上的又是具有战略意义的地区：约旦河西岸和加沙地带（人均而言为美国援助的最大受援国）、巴基斯坦以及阿拉伯叙利亚共和国。然后我们看到的是那些需求急迫因而援助很合理的国家，其中埃塞俄比亚处于第七位，再后面是坦桑尼亚、南苏丹和尼日利亚。[40]

当我在美国对听众提出这些观点时，有人反驳说，只关注官方援助是有误导性的。他们说，美国这个国家跟有些国家不同，它不信任政府，不愿意把所有事情都交给政府来办。如果把私人援助来源也包括进来，那么美国在对其他国家的援助方面就会是特别慷慨的。这是对的，比起其他任何国家的公民来说，美国人提供的“私人发展援助”更多，其中私人发展援助的定义为“来自私人来源的，通过正式渠道如非政府组织等自愿提供的，转移到国界以外用于国际发展和减少贫困的资金”，尽管人均而言，他们的付出没有英国人多；英国是私人发展援助的第二大捐赠国。在美国，每年提供的总量大概是 300 亿美元，比美国官方援助稍微少一点。将美国的私人和官方援助加在一起，我们发现美国援助总量跟法国官方援助的水平相近，但法国人却还提供了大约 10 亿美元的私人发展援助，因此他们官方和私人的援助总量在其国民总收入中所占的百分比仍然比美国更高一些。同样地，各种来源合算的美国发展援助也远远不如诸如瑞士、荷兰、英国、瑞典、丹麦、卢森堡、挪威和阿拉伯联合酋长国等国家提供的援助总量。美国官方和私人援助总量大概只有联合国 0.7% 的建议目标的一半——这个建议目标针对的只是官方援助，以占国民总收入的百分比来比较，只有提供援助最慷慨的国家的大约 1/3。[41]

这些事实与本章开头所提出的一个观点是相一致的：尽管大多数人口头上都会赞赏人类平等，但他们的关怀圈子很少会延伸到其国界以外。同样的态度也表现在美国人在被问到联邦政府应该在哪些方面减少开支时所提供的回答中。对外援助一般都居于榜首：通常有超过 70% 的受访者认为它应当削减。[42] 不过，这个数字也许并不能表明美国公众对其他国家民众漠不关心，而只是表明他们对自己政府的外援计划极度无知。在从 1995 年以来的一系列民意调查中，美国人被要求估计联邦预算中（即以政府开支算，而不是以国民总收入算）有多少花费在了外援上面。在马里兰大学的国际政策态度项目（Program on International Policy Attitudes）所进行的第一次民意调查时，中位数猜测（即所有回答中大小居中的那个）是 15%。正确的答案是低于 1%。在被问到占比多少才合适时，中位数答案是 5%，这比实际开支要多得多，国会山上的任何外援鼓吹者做梦都不敢想。《华盛顿邮报》联手凯泽家族基金会（Kaiser Foundation）决定组织一次自行调查，以验证上述结果是否为真。它得到的中位猜测比这还要高，人们认为 20% 的联邦预算都用在了外援上面，在对怎么才是“恰当数量”外援的回答中，中位数是 10%。有些怀疑主义者认为，这些数据可以由一个事实得到解释，即人们将保卫其他国家的军费开支也包括了进来，但后续研究表明情况并非如此。《华盛顿邮报》、凯泽家族基金会和哈佛大学于 1997 年所做的一次调查中列出了 5 个项目，问受访者联邦政府在其中哪个项目上面花钱最多。外援列于首位，然后是国防和社会保障。实际上，国防和社会保障共同构成了联邦预算的 1/3 以上。外援与前两者比较而言无足轻重。同年，皮尤（Pew）* 的一次调查表明，63% 的美国人认为联邦政府在外援上的开支高于医疗保险，而实际上医疗保险开支是外援开支的 10 倍。[43] 2000 年，马里兰大学的国际政策态度项目带着与五年前一模一样的问题去调查另外一批人，在用于外国援助的联邦开支占比问题上，他们得到的中位数猜测是 20%，跟《华盛顿邮报》1995 年调查结论一样。平均 20 个受访者中只有一人给出的猜测为 1% 或更低。即便是在那些接受了研究生教育的受访者中，中位猜测也是 8%。在被问及恰当的占比应是多少时，中位数的回答再次跟《华盛顿邮报》以前调查所得的一样，即 10%。没有任何迹象表明这种无知有所缓解。十年之后，世界公共舆论网站（World Public Opinion）又问了同样的问题，在联邦预算有多少用在了外援的问题上，得到的中位数猜测甚至更高，达到了 25%，而且关于联邦预算中应该有多少比例用于外援，中位数猜测还是 10%。[44] 2013 年，凯泽家族基金会又做了一次尝试，结果相差不远。[45]

---

* 指皮尤研究中心（Pew Research Center），美国的一家独立性民意调查机构，总部设于华盛顿特区。该中心针对那些影响美国乃至世界的问题、态度与潮流提供信息资料。——译者注

看来，对于自己国家惨淡的外援记录，美国人的无知不可救药，而且援助组织在过去 20 年的种种努力都没能改变这一事实。不过，这也值得更加努力地去尝试，因为如果人们得知联邦政府开支中只有 1% 用于外援，他们就不太可能认为外援应当减少。2013 年凯泽家庭基金会民意调查的受访者被告知了这一信息，于是，认为美国在外援上开支过少的人数占比从 13% 增加到 28%，而认为外援开支过多的人数则减少了一半，从 61% 减少到 30%。[46] 不幸的是，近期以来，尚没有任何一位美国政治领导人试图告诉公众自己国家在外援上的开支有多么少，遑论倡导增加开支了。

一种伦理的挑战

如果美国领导人对极度贫困人口的需求继续只给一点点微不足道的关注（而大多数其他富裕国家的领导人表现也只是稍微好一点点），这些富裕国家的公民应该做什么？我们并非全无力量自己行动起来。我们可以采取实际的步骤，通过支持那些无论位于何地的援助穷困者的组织，扩大我们对国家边界以外的关怀。但我们应该提供多少帮助？

七个多世纪之前，日后被天主教会封圣的托马斯·阿奎那（Thomas Aquinas）毫不畏缩地正面回应了这一问题。他写道，物质财富是为了满足人们的需求，而不该用会阻碍这一目标的方式来分配。由此他得出一种逻辑结论，即“一个人特别充裕的部分，根据自然权利，就应当属于穷人以为生计”。他甚至提出：“在极端穷困的情况下，偷偷拿走或用掉别人的财产，恰当来说并不是偷窃；因为他为维持生命所拿走的，已经因为这种需求而变成了他自己的财产。”[47]我们一般会认为罗马天主教会是个保守机构，但这确是一种非常激进的主张。而且它可不仅仅是那种当代教会宁愿忘记的中世纪思想遗产。相反，晚近的天主教会领袖都做出过同样的有利陈述。教宗保罗六世（Pope Paul VI）在他的通谕《民族发展》（*Populorum Progressio*）中说：“这里必须重提：富裕国家的剩余物资，应该供应给贫穷国家使用。以前的原则是惠及近邻，现在则应当扩展到世界的全体穷人。”[48]教宗约翰·保罗二世（Pope John Paul II）在他的通谕《论对社会事务的关怀》（*Sollicitudo Rei Socialis*）中重申了这一教义，教宗方济各也表达过同样的观点。[49]不幸的是，至少直到方济各成为教宗以前，教会将重心更多地放在谴责同性恋和堕胎上面，而不是谴责人们没能将剩余财富送给穷人。但是，即便对于非天主教徒来说，在别人饥肠辘辘的时候保持我们自己“特别充裕”，这种做法到底如何才能得到辩护，这并非易事。

纽约大学教授彼得·安格尔（Peter Unger）在其著作《高贵生活与让他人死亡》（*Living High and Letting Die*）中，提出了一系列极富创意的假想例证，意在探察我们的一种直觉，即我们生活得很好，却没有拿出足够数量的钱去帮助那些饥饿的、营养不良的人，或那些因为患上腹泻之类很常见的疾病而濒临死亡的人，这么做是否错了。以下是我对其中一个例子的改写：

> 鲍勃马上就要退休了。他的积蓄很大部分都投资在了一辆稀有而昂贵的布加迪老爷车上。他一直没能为这辆车买保险。这辆布加迪是他的骄傲和快乐所在。除了从开车和保养车上面获得乐趣之外，他知道，这辆车的市价在上扬，而这意味着他总能把它卖出去，退休之后能过上舒适的生活。有一天，鲍勃开车出门。他把布加迪停在一根废弃的铁路侧线尽头，然后沿着轨道散步去了。这时，他看见一辆失控的火车，上面没坐人，正沿着铁轨向他跑来。在铁轨尽头，他能看到有个孩子的小小身影，正在隧道里玩耍，很可能被失控的火车撞死。他无法阻止火车，而小孩又太远，没法提醒他注意危险，但他可以扳动一个扳道器，将火车转移到他停放布加迪的侧线上去。那样一来，虽没人会死，但由于侧线尽头的屏障已经坏了，火车会撞毁他的布加迪。想了想拥有这辆车能给他带来的快乐，想了想它所代表的财务保障，鲍勃决定不扳动这个扳道器。于是孩子被撞死了。但在此后的许多年里，鲍勃都很享受地拥有着他的布加迪以及它所代表的财务保障。[50]

我们大多数人立即就会觉得，鲍勃的行为大错特错，安格尔也同意这一点。但他随后就提醒我们注意，我们也有机会拯救孩子的性命。我们可以把钱送给各种组织，他们会用我们的捐赠来拯救那些生活于极度贫困中的儿童的生命。安格尔在书中做了一个粗略的估算，结论是：你只花 200 美元就能救一条人命。20 年过去了，我们已经有了更好的办法来评估哪些慈善组织最为有效，以及他们拿了你的捐赠后能做到什么。我们很容易知道一床蚊帐需要多少钱，甚至很容易知道把它送到疟疾易发地区的家庭手里需要多少钱，但要想计算救一条生命的花费，我们还需要知道送蚊帐有多大的机会能救人一命。根据业内领军的精确慈善评估机构武威尔（GiveWell）的一项测算，尽管反疟疾基金会（Against Malaria Foundation）为非洲疟疾易发地区的家庭购买并运送一床蚊帐的成本只有不到 7.5 美元，但因这种援助而救活的每一条生命都花费了 3340 美元。（这个数据没有考虑以下成绩的价值：预防了许多不致命但依然会使人虚弱的疟疾的发生，遏制了由蚊子携带的其他疾病。）武威尔认为，如果一项慈善活动能花费少于 5000 美元来救命，那成本效益就算是非常高了。[51] 这个数字明显高于安格尔早年的估算，也比我最初论述以毁坏一双昂贵跑鞋为代价来拯救落水儿童时所预测的数字要高。尽管如此，如果你认为鲍勃本来可以改变火车的走向并救下那个小孩的命，却选择不扳动扳道器的这种行为是非常错误的，那么就很难说清楚，你怎么能够认为以下做法也是错的：如果你口袋里至少有 5000 美元，这些钱也没有花在你本人或家庭的必要开支上，但你却没有把这笔钱送去给一个有效率的慈善机构。

也许，这两种情形之间存在某些道德上的重大区别？一种常见的区别是，我们无法确认我们给予的援助将会到达真正有需求的人手里。确实并非所有援助都到达了我们意图援助的人手中，但武威尔在进行测算时，已经将这种不确定性考虑了进去，这也是他们估测的救命成本已经大大高于此前估测的原因之一。

在鲍勃和那些本来可以向海外援助机构捐款却没有这么做的人之间，一个真正的差别是，只有鲍勃才能救那个隧道中的小孩，而世界上能向有效的援助机构捐赠的富人可能有10亿人。问题在于他们中的大多数都没有这么做，而这也许会让我们觉得，不这么做的话可能是错误的。

假设除了鲍勃之外，还有更多的昂贵老爷车主（比如卡罗尔、戴夫、艾玛、弗雷德等，还有基吉）也都遇到了跟鲍勃一模一样的情况，个个都对应一条轨道侧线和一个扳道器，为了保护他们自己的名贵汽车，全都把小孩牺牲掉了。这会使得鲍勃做下的同样的事变得正确吗？如果肯定地回答这个问题，我们就是在支持一种从众伦理学——而这种伦理学曾让许多德国人在纳粹实施其暴行时转脸不视。我们不会因为其他人做得并不比他们好就原谅他们。

我们似乎找不到合理的依据，在鲍勃的情形和任何拥有5000美元闲钱却没捐给有效援助机构的人之间，画出一条清晰的道德区分线。这些人的行为似乎跟鲍勃选择让失控的火车撞向毫不知情的孩子这种行为一样邪恶。实际上，他们的行为似乎比这还要糟糕得多，因为对大多数美国人来说，拿走5000美元比鲍勃选择救下小孩所要付出的牺牲还要小一些。所以，如果我们不打算捐赠5000美元给某有效的慈善机构去救下一条人命，我们似乎注定犯下了一个严重的错误。不过鉴于世界上还有许许多多极度贫困的儿童，这就不是我们所要面临的最后一次道德要求。永远会有下一个孩子，你再掏出5000美元就能救下他的性命。于是，我们是否有义务一直付出，直到一无所有？何时才是尽头？

请再次思考刚才鲍勃的情形。想想他最爱的那辆布加迪对他有多么重要，对他晚年的财务保障有多么重要。然后，再想想你要拿出多少钱，付出多大牺牲才能与此大致相等，我猜几乎肯定高于5000美元。对于大多数美国中产阶级来说，很可能超过25万美元。当鲍勃站在那个轨道扳道器边上，第一次意识到自己面临的两难抉择时，他肯定觉得自己特别倒霉，必须在救下无辜孩子的命和牺牲自己的大部分积蓄之间做出选择。但是他根本就不倒霉，我们所有人都处在这种情形当中。

对我刚才提出的这种论证，有人会提出反驳，认为主张一种大多数人都不会遵从的道德是一个馊主意。如果我们跟别人说，如果他们不愿为陌生人做出要求极高的牺牲就算是犯错，他们当下的反应可能不是付出更多，而是从此对道德变得彻底漠不关心。如果某个人因为买了冰激凌而没有把钱捐给世界上的穷人，我们就要让他产生罪恶感，那就会产生一种风险，会让曾指导我们生活的整体道德从此被束之高阁。

这种反驳实际上已承认，我们应该做的比实际上已经做的要多得多，只是没意识到提倡这一点真能让穷人获得更多援助。于是，问题就变成了：到底什么样的政策才能产生最优结果？比起提倡要求不太高的道德，如果提倡要求过高的道德水平实际上会导致更差的结果，那么我们确实应该去提倡前者。我们可以一边这么做，一边在批判反思的层面仍然坚持自己应该毫无偏倚。在这里，西季威克的另一个观点依然有效：在“有可能正确的但在私下里推荐去做的事”和“公开提倡的却有可能是不对的事”之间存在差别。[52]我们可能会觉得，应该彻底放弃那些“极为充裕”的东西，来帮助无力生存的人；但在公共场合，我们选择提倡的付出水平，可能是我们认为会带来最多援助的，且不会让人觉得要求过高以至于直接无视的水平。比如，假设提倡人们捐出收入的 1% 所筹集到的资金比提倡捐出 10% 时还要多，那么我们就应该提倡 1%。关键在于，要让指定的目标数字能够获取最大的筹款数额。要实现这一点，这个目标必须让人们能理解、接受。

在我另一本书《你能拯救的生命》（*The Life You Can Save*）中，我尝试了另外一种进路。一方面，我建议不要使用不分收入高低的统一比率，而是呼吁赚钱更多的人可以拿出收入中的更高比例来捐赠（就跟纳税规模累进制所设想的那样）。同时，在另一方面，我计算了世界上的富人要拿出多少钱才足够让极度贫困的规模得到极大缓解。我发现，全世界的富人可以每年捐赠 1.5 万亿美元，而这并不会造成不合理的牺牲。平均而言，要达到这一巨额援助，要求富裕国家底层 90% 的纳税者付出的不会超过他们收入的 1%，要求巨富者——全部纳税人中最富有的 0.01%——付出的甚至不会超过他们收入的三分之一，而由于他们每年的年收入都超过 1.1 亿美元，所以这么做之后还会给他们每年留下 700 万美元来生活。建议的捐赠比例随着收入水平下降而下降，最富 1%、最富 5%、最富 10% 等各不相同，到最富 10% 以外就只需捐赠 1% 了。[53] 这些标准没有对任何人强加沉重的负担，但得到的款额将会是所有富裕国家官方发展援助总和（2013 年达到 1360 亿美元）的 10 倍以上。[54]

上述论证中包含了一个事实假定，即援助是有效果的。威廉·伊斯特利（William Easterly）在《白人的负担》（*The White Man's Burden*）中，丹比萨·莫约（Dambisa Moyo）在《无用的援助》（*Dead Aid*）中都对援助提出了严厉的批评。[55] 他们坚持，有一个经验问题需要回答，即"我或者我的政府每多拿出 1 美元援助，会对获得援助地区人民的长期福利带来多大好处"。他们宣称，已经有数万亿美元花费在了援助上面，但成绩并没有多少。事实上，只有把过去 50 年间各种援助的总量加在一起，才能有数万亿（伊斯特利提到的是 2.3 万亿）。如果我们假定，在这短时间内，平均一共有 10 亿人生活于极度贫困中，那 2.3 万亿相当于每人每年大约 60 美元。这么小的数字，没能消除极度贫困毫不奇怪；尤其是还要考虑到，正如我们已经看到的，这些援助中还有很大一部分用在了推进援助国的战略利益上，并没有用于帮助世界上最贫穷的人。从财富的角度来看援助总量，它只相当于全部富裕国家的国民总收入的 0.3%，换句话说，仅仅是他们每赚取的 100 美元中的 0.3 美元。这个数量可并不怎么慷慨。

安格斯·迪顿（Angus Deaton）在其著作《胜利大逃亡》（*The Great Escape*）中同样对援助持批判态度，并争论说援助总会造成伤害，因为它允许政府绕开对其公民的责任。不过，迪顿承认，有很强的理由要求我们提供援助以对抗疾病，如艾滋病或天花。[56] 天花这个例子特别有意思，因为它是首例通过专门开展运动来使其完全消灭的疾病，而且它的被消灭毫无疑问是援助的结果。实际上，威廉·麦卡斯基尔（William MacAskill）在《更好的行善》（*Doing Good Better*）中论证道，即便对外援助所达成的成果仅仅是消灭天花，那也是功德无量的。这个观点如此惊人，以至于这里值得复述一下麦卡斯基尔所提出的数据。他接受了伊斯特里所提出的援助总量达到2.3万亿美元的数据，其中的一小部分用于消灭天花。最后一次自然发生的天花案例发生在1977年，到1980年正式宣告天花被消灭。令人非常痛苦的是，在消灭天花运动之前，天花每年都会夺走150万至300万条生命。取其中的最小数，然后乘以38（自天花被消灭到2017年的年数），我们得到的被拯救的总人数为5700万人。这个数字用2.3万亿美元一除，我们就得出，每救活一条人命的成本只有4万美元。用富裕国家通常用来救命的钱数标准来衡量，这个数字微不足道。在现代医院的重症监护室里维持早产儿的生命，不到两个星期就会花掉同样多的钱，而早产儿通常都会有好几个月需要重症监护，总花费超过100万美元。[57] 美国政府有关部门会尝试测算应该在诸如修筑更安全的道路及对消费品或工作场所提出更高的安全标准要求等方面花费多少钱，以保障生命安全。它们目前估计的数字在600万～900万美元，或者说，即便外国援助除了消灭天花外什么都没做，这个数字也大概相当于通过援助拯救一条生命所需成本的150倍。[58]

现实是，我们知道对外援助还做成了许多其他好事。正如我们在第三章中已经看到的，儿童死亡率自1990年以来已经显著下降，从每1000名初生儿中死亡90个降到了仅仅43个。在1960至2014年，世界人口从25亿增加到超过70亿。如果儿童死亡率现在还跟1960年水平一样，那么在2014年就会有5600万名五岁以下儿童死亡。事实是，只有590万名儿童死亡。因此，仅仅在 2014 年一年，儿童死亡率的下降就拯救了 5000 万儿童的生命，2015 年拯救的生命应该也一样多甚至更多，而且以后每年都有希望救下至少同样数量的儿童。这样可以拯救巨量的生命，在儿童因可预防的疾病而遭受的痛苦总量上也是巨大的削减（遭受疾病痛苦的儿童数量远远多于因这种疾病而死亡的儿童数量），在父母因失去子女而经历的痛苦方面也同样是巨大的削减。仅仅出于比较，自 1973 年以来因战争（包括柬埔寨的屠杀、卢旺达的种族灭绝、刚果的两次战争以及阿富汗战争和伊拉克战争）而死亡的人数达 1200 万。[59]

当然，刚刚提及的这种儿童死亡的减少，原因并不只有援助。经济增长让数亿人获得安全饮用水，使更好地喂养孩子以及在生病时获得医药均成为可能。但是同样毫无疑问的是，像全球疫苗免疫联盟（Global Allicance for Vaccines and Immunization）这样的援助倡议已经通过为儿童接种麻疹免疫拯救了数百万生命，分发蚊帐的慈善机构通过为儿童提供疟疾防护从而拯救了数百万生命，为农村地区提供安全饮用水的援助项目减少了腹泻的发生，还有其他项目也让患有腹泻的儿童能够获得实施口服补液疗法，从而减少了这一疾病的总致死人数。因此，与国内开支比起来，对外援助的物有所值是非常突出的。

最后一点评论是：当我指出最近几十年来儿童死亡率减少所取得的成就时，有人认为活下来的儿童越多，会意味着世界人口总量继续增加，最终会导致更多人挨饿。这种观点会让我想起加勒特·哈丁（Garrett Hardin）在 1974 年提出的一种想法，他认为像印度和孟加拉国这样的国家，人口多得令人绝望，以至于必须切断援助，应该让他们自生自灭，直到饥荒将他们的人口总数削减到可维持的水平。[60] 这两个国家现在的人口数量都比 1974 年时要多，但他们人口中处于极度贫困的比例也更小了，而且他们的人口增长率也显著下降了。从来没有证据表明，让人们陷入贫困会降低生育率。真正能降低生育率的是生活水平的提高、教育（尤其是对女孩的教育）和为妇女提供控制生育的手段。[61] 认为我们除了切断援助以便让饥荒把正在增长的人口降到可持续水平之外别无选择，这种看法在事实上并不准确，同样在伦理上无法站得住脚。

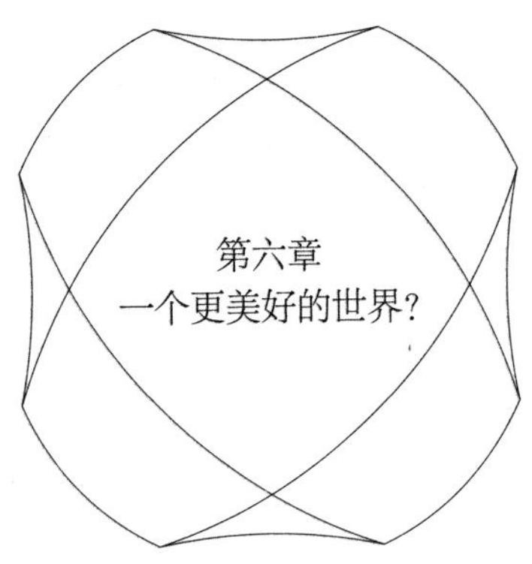

第六章 一个更美好的世界？

- A BETTER WORLD? -

在公元前5世纪，中国哲学家墨子对战争的破坏感到震惊，他曾追问："然则兼相爱、交相利之法，将奈何哉？"子墨子言："视人之国，若视其国。"[1]据说，当古希腊反对偶像崇拜的第欧根尼（Diogenes）被问到来自哪个国家时，他的回答是"我是一名世界公民"。[2]到了20世纪下半叶，约翰·列侬曾唱道"想象没有国界之分……想象所有的人，都能共享这个世界"，这并不难。[3]直到最近，这些思想都只是理想主义者的梦境，在民族国家的世界现实面前缺乏实践影响。但是，我们如今已经逐渐生活在一个全球共同体之中。世界上的绝大多数领袖都承认，我们需要在温室气体排放上采取全球性行动。全球经济促使了世界贸易组织、世界银行、国际货币基金组织的成立，尽管还不够完美，但这些组织已经承担了一些全球经济治理功能。我们当前已拥有了一个能发挥作用的国际刑事法院。对我们有责任保护人民免遭种族灭绝和反人类罪这一理念的接受，表明我们正生活于其中的全球共同体愿意对统治者不愿或不能保护其人民免遭此类罪行的主权国家行使强制力量，尽管仅仅限定在极端紧急情况下。在各种清晰的宣言和决议中，全球的领导人已经普遍承认，减轻世界最贫穷国家的困境是一种全球责任。作为这些宣言之一：2000 年联合国千年首脑会议所通过的《联合国千年宣言》(United Nations Millennium Declaration) 为联合国千年发展目标的后续采纳搭建了一个基本框架。尽管随后的行动并没能确保这些目标完全实现，但无论如何，它们仍然给世界最贫穷的数亿人的生活带来了巨大的改变。

当不同地区的人民过着一种各自分离的生活时，某个国家的人可能觉得，除了不干涉之外，他们对其他国家的人民不负任何责任，这可以理解，但这样的时代早已经过去了。今天我们的温室气体排放，改变的是全世界每个人都身处其中的气候。我们购买石油、钻石和木材，就可能让独裁者有钱去买武器，强化他们对处于其暴政魔爪之下的国家的掌控。我们对农业施加的补贴，会使发展中国家的小农想要以能获得足够收入养活自己及家人的价格来出售粮食变得更加困难。

然后，还有移民的问题。即时通信告诉了我们其他人正如何生活，他们也了解了我们的生活，并渴望着我们的生活方式。即便是相对贫穷的人们，也能借助现代交通跑到数千英里之外；而当人们绝望挣扎着想要改善自身境况时，许多国家的边界正在被强制穿越着。2001 年，布兰科·米拉诺维奇曾发出警告："认为地中海南北两岸之间、墨西哥和美国之间或者印度尼西亚和马来西亚之间的巨大收入差距仍会维持下去，并且不会进一步增加移民压力，这种观点是不现实的。”[4] 2015 年，超过 100 万潜在移民从非洲、中东和南亚涌入欧洲，导致右翼民族主义政党支持率飙升，其中富国和穷国之间的收入差距肯定是原因之一，此外还有叙利亚危机。[5] 美墨之间的边境安全已经成为了一个爆炸性的政治议题。气候变化将会极大地增加寻求移民的人口数量，会使得难民问题对全球性解决方案的需求变得更加显而易见。

《威斯特伐利亚和约》之后的时代，是独立主权国家的最高潮。在国家边界被认为具有的不可侵犯性后面，自由民主的体制在某些国家站稳了脚跟，而在另外一些国家，有的统治者却会针对自己的公民实施种族灭绝，或允许他们喜欢的公民对他们不太喜欢的公民实施种族灭绝。周而复始，独立的国家之间总会爆发血腥的战争。尽管我们也许会抱着怀旧的心态回望那个时代，但对于它的退场，我们完全不必惋惜。相反，我们应该为正在到来的单一世界共同体时代奠定伦理基础。

我已经论证过，随着越来越多的议题需要全球性的解决方案，任何国家能够独立决定其未来的可能程度已经减小了。因此，我们需要强化全球决策的机制，并使这些机制对其影响到的人民更具回应性。有一个方向是，拥有一个专属的、经独立选举产生的立法机构的世界共同体。

目前，这类理念几乎还没有什么政治支持，而英国在成为欧盟成员 43 年之后决定脱欧，也表明了国家独立理念的顽固性。世界联邦主义会给富裕国家里那些自私自利的人带来威胁，除此之外，很多人还会说，世界联邦主义所面临的风险过大，而所盼望的收益却过于不确定。许多人相信，世界政府将成为一头不受制约的官僚主义怪兽，甚至会使欧盟的官僚机构都显得精简而高效。而最糟糕的情形是，世界政府会走向一种全球专制，无人制约且无法撼动。

有必要严肃对待以上这些想法。如何防止全球机构要么变成危险的专制，要么变成自我膨胀的官僚机构，而是保证让它们高效且对受其影响的人民保持回应性，这是我们仍然需要从其他多国组织的经验中去学习的，包括积极的经验和消极的经验。[6]

跑步进入世界联邦主义确实是过于草率，但我们并不是必须这么做不可。我们可以接受国家边界的重要性逐步减弱这一事实，同时采取一种实用主义的、步步为营的办法来实现更高程度的全球治理。本书前面的章节已经论证，设立全球性的环境标准和劳动标准，为停止从偷窃人民财富的政权手上购买资源而采取“清白交易”的国际标准，这都是很有依据的。这些标准以及其他为完成特定目标而强化全球机制的特定建议，其优劣何在，都应当就事论事地予以考虑。迟早我们会明白它们到底运转得如何顺畅，以及它们所指向着的更为全面的全球治理机会。

15、16 世纪由于大发现之旅证明了地球是圆的而闻名遐迩。18 世纪则见证了《独立宣言》对普遍人权的第一次庄严宣告。20 世纪对太空的征服，让人类从地球以外观察我们的这颗星球成为可能，因此也使人类将世界看成字面意义上的“同一个世界”成为可能。现如今，21 世纪面临的任务是，发展出一种适合我们这个世界的治理形式。这是一个令人心生怯意的道德和智识挑战，但又不是我们能够拒绝面对的，因为未来的世界如何，无疑依赖于我们此刻如何回应这一挑战。

注　释

第一章 一个变化着的世界

1. *New York Times*, March 30, 2001, A Ⅱ .
2. Philip Elmer-Dewitt, “Summit to Save the Earth: Rich vs. Poor,” *Time*, 139:2 (June 1992), 42–8, http://www.cddc.vt.edu/tim/tims/ Tim599.htm.
3. Bill Keller, “The World According to Colin Powell,” *New York Times Sunday Magazine*, November 25, 2001, 67.
4. Ivan Eland, quoted in Alessandria Masi, “Does the US Need Ground Forces to Fight ISIS in Iraq, Syria? The Impact of Airstrikes vs. Combat Troops,” *International Business Times*, September17, 2014, http://www.ibtimes.com/does-us-need-ground-forces-fight-isis-iraq-syria-impact-airstrikes-vs-combat-troops-1690915.
5. Timothy Garton Ash, “War over Kosovo,” in *History of the Present: Essays, Sketches, and Dispatches from Europe in the 1990s*, Vintage, New York, 2001, 390. Center for Refugee and Disaster Response, Bloomberg School of Public Health, Johns Hopkins University, “Updated Iraq Study Confirms Earlier Mortality Estimates,” http://www.jhsph.edu/research/centers-and-institutes/center-for-refugee-and-disaster-response/publications_tools/iraq/index.html.

6. *Report of the Independent Inquiry into the Actions of the United Nations During the 1994 Genocide in Rwanda*, United Nations, Office of the Spokesman for the Secretary-General, New York, 15 December 1999, http://www.un.org/News/ossg/rwanda_report.htm.
7. Kofi Annan, "Two Concepts of Sovereignty," *The Economist*, 18 Septem ber 1999, http://www.un.org/Overview/SG/kaecon.htm.
8. Martin Gilbert, "The Terrible Twentieth Century," *Globe and Mail* (Canada), January 31, 2007.
9. John Langdon, *July 1914: The Long Debate, 1918–1990*, Berg, New York, 1991, 175.
10. G. Gooch and H. Temperley, eds., *British Documents on the Origins of the War*, 1898–1914, London, 1926–38, vol. XI, no. 91; cited in Zara Steiner, *Britain and the Origins of the First World War*, St. Martin's Press, New York, 1977, 221–22.
11. Charles Horne, ed., *Source Records of the Great War*, vol. 1, The American Legion, Indianapolis, 1931, 285.
12. Security Council Resolution 1373 (2001), http://www.un.org/Docs/scres/2001/res1373e.pdf.
13. Report of the High-Level Panel on Financing for Development appointed by the United Nations Secretary-General, United Nations General Assembly, Fifty-fifth Session, Agenda item 101, June 26, 2001, A/55/1000, 3, http://www.un.org/esa/ffd/a55-1000.pdf.
14. Juliet Eilperin, "House Approves U.N. Payment Legislation Would Provide $582 Million for Back Dues," *Washington Post*, September 25, 2001, A01.
15. See John Rawls, *A Theory of Justice*, Oxford University Press, Oxford, 1971. The objection to Rawls that I have put here was made by Brian Barry in *The Liberal Theory of Justice*, Oxford University Press, Oxford,

1973, 129–30. See also the same author's *Theories of Justice*, University of California Press, Berkeley, 1989. Other arguments to the same end have been pressed by Charles Beitz, *Political Theory and International Relations*, Princeton University Press, Princeton, 1979, and "Social and cosmopolitan liberalism," *International Affairs* 75:3 (1999): 515–29; by Thomas Pogge, *Realizing Rawls*, Cornell University Press, Ithaca, NY,1990, and "An Egalitarian Law of Peoples," *Philosophy and Public Affairs* 23:3 (1994); and by Andrew Kuper, "Rawlsian Global Justice: Beyond *The Law of Peoples* to a Cosmopolitan Law of Persons," *Political Theory* 28:5 (2000): 640–74.

16. Yael Tamir, "Who's Afraid of a Global State?," in Kjell Goldmann, Ulf Hannerz, and Charles Westin, eds., *Nationalism and Internationalism in the Post-Cold War Era*, Routledge, New York, 2000, 244–67.
17. David Held and Pietro Maffettone, *Global Political Theory*, Polity, Cambridge, 2016; for other work taking a global perspective, see also David Held, *Democracy and the Global Order*, Stanford University Press, Stanford, 1995; Carol Gould, *Globalizing Democracy and Human Rights*, Cambridge University Press, Cambridge, 2004; Gillian Brock, *Global Justice*, Oxford University Press, Oxford, 2009; and the essays included in Thomas Pogge and Keith Horton, eds., *Global Ethics*, Paragon House, St. Paul, 2008, and in Thomas Pogge and Darrel Moellendorf, eds., *Global Justice*, Paragon House, St. Paul, 2008.
18. *The Poverty of Philosophy*, in David McLellan, ed., *Karl Marx: Selected Writings*, Oxford University Press, Oxford, 1977, 202.
19. Thomas Friedman, *The Lexus and the Olive Tree*, Anchor Books, New York 2000, 104–6.
20. Ibid., 112.
21. Ibid., 104.

22. On the evolution of ethics, see Peter Singer, *The Expanding Circle*, 2d ed., Princeton University Press, Princeton, 2011, and Joshua Greene, *Moral Tribes*, Penguin, New York, 2013.
23. For more detailed discussion of the role of reason in ethics, see Katarzyna de Lazari-Radek and Peter Singer, *The Point of View of the Universe*, Oxford University Press, Oxford, 2014.

第二章 我们拥有同一个大气

1. IPCC, "Summary for Policymakers" in T. F. Stocker et al., eds., *Climate Change 2013: The Physical Science Basis. Contribution of Working Group I to the Fifth Assessment Report of the Intergovernmental Panel on Climate Change*, http://www.ipcc.ch/report/ar5/wg1. Statements on the following pages about the physical science of climate change are drawn from this document, which summarizes the work of Working Group I, presented in full in *Climate Change 2013: The Physical Science Basis.*
2. Justin Gillis, "2014 Was the Warmest Year Ever Recorded on Earth," *New York Times*, January 16, 2015; Justin Gillis, "Climate Accord Is a Healing Step, If Not a Cure," *New York Times*, December 12, 2015; Justin Gillis, "2015 Was Hottest Year in Historical Record, Scientists Say," *New York Times*, January 20, 2016.
3. On the organized movement to deny the scientific consensus on climate change, see Naomi Oreskes and Erik Conway, *Merchants of Doubt: How a Handful of Scientists Obscured the Truth on Issues from Tobacco Smoke to Global Warming*, Bloomsbury, New York, 2010.
4. The precise temperatures required to trigger tipping points for abrupt and irreversible climate change are uncertain, but the risks increase as

temperatures rise. See IPCC, "Summary for policymakers" in C. B. Field et al., eds., *Climate Change 2014: Impacts, Adaptation, and Vulnerability, Part A: Global and Sectoral Aspects. Contribution of Working Group II to the Fifth Assessment Report of the Intergovernmental Panel on Climate Change.* 20: http://www.ipcc.ch/report/ar5/wg2.

5. Sophie Lewis and David Karoly, "Anthropogenic contributions to Australia's record summer temperatures of 2013," *Geophysical Research Letters* 40 (2013): 3705–9.
6. Fraser Lott, Nikolaos Christidis, and Peter Stott, "Can the East African Drought Be Attributed to Human-Induced Climate Change?," *Geophysical Research Letters* 40 (2013): 1177–81.
7. World Health Organization, *Quantitative Risk Assessment of the Effects of Climate Change on Selective Causes of Death, 2030s and 2050s*, World Health Organization, Geneva, 2014, 1–2; http://www.who.int/globalchange/publications/quantitative-risk-assessment/en/.
8. James Hansen et al., "Ice melt, sea level rise and superstorms: evidence from paleoclimate data, climate modeling, and modern observations that 2°C global warming is highly dangerous," *Atmospheric Chemistry and Physics, Discussions* 15 (2015): 20059–20179, www.atmos-chem-phys-discuss.net/15/20059/2015/.
9. This summary of the meaning and use of the term "Anthropocene" draws on Dale Jamieson and Marcello Di Paola, "Political Theory for the Anthropocene," in David Held and Pietro Maffettone, eds., *Global Political Theory*, Polity, Cambridge, 2016; for a more popular account, see Dale Jamieson's and Bonnie Nadzam's introduction to their engaging work of fiction, *Love in the Anthropocene*, OR Books, New York, 2015.
10. *United Nations Framework Convention on Climate Change*, Article 4, section 2, subsections (a) and (b), available at http://www.unfccc.int/

resource/conv/conv.html; *Guide to the Climate Change Negotiation Process*, http://www.unfccc.int/resource/process/components/response/respconv.html.

11. "U.S. Carbon Emissions Jump in 2000," *Los Angeles Times*, November 11, 2001, citing figures released by the U.S. Department of Energy's Energy Information Administration on November 9, 2001.
12. Eileen Claussen and Lisa McNeilly, *The Complex Elements of Global Fairness*, Pew Center on Global Climate Change, Washington, DC, October 29, 1998, http://www.pewclimate.org/projects/pol_equity.cfm.
13. Associated Press, "Obama Commends Climate Change Accord," *New York Times*, December 12, 2015.
14. Ibid.
15. United Nations, Framework Convention on Climate Change, Conference of the Parties, 21st Session, *Adoption of the Paris Agreement*, 12 December 2015, http://unfccc.int/resource/docs/2015/cop21/eng/l09.pdf.
16. Jennifer Jacquet and Dale Jamieson, "Here's What to Hope For from the Paris Climate Talks," *Grist*, October 13, 2015, http://grist.org/ climate-energy/heres-what-to-hope-for-from-the-paris-climate-talks/.
17. Rodney Boyd, Joe Cranston Turner, and Bob Ward, *Intended nationally determined contributions: what are the implications for greenhouse gas emissions in 2030?*, ESRC Centre for Climate Change Economics and Policy and Grantham Research Institute on Climate Change and the Environment, 30 October 2015, http://www.lse.ac.uk/ GranthamInstitute/wp-content/uploads/2015/10/Boyd_Turner_and_Ward_policy_paper_October_2015.pdf.
18. Robert Nozick, *Anarchy, State and Utopia*, Basic Books, New York, 1974, 153.
19. John Locke, *Second Treatise on Civil Government*, ed. C. B. Macpherson,

Hacket, Indianapolis, 1980, sec 27, 19.

20. See Garrett Hardin, "The Tragedy of the Commons'" *Science* 162 (1968): 1243–48.

21. *Second Treatise on Civil Government*, sec 41.

22. Adam Smith, *A Theory of the Moral Sentiments*, IV i. 10.

23. World Bank Data, CO2 emissions, available at http://data.worldbank.org/indicator/EN.ATM.CO2E.PC.

24. D. Archer et al., "Atmospheric lifetime of fossil fuel carbon dioxide," *Annual Review of Earth and Planetary Sciences* 37 (2009): 117–34.

25. See Intergovernmental Panel on Climate Change, *First Assessment Report*, especially J. T. Houghton, G. J. Jenkins, and J. J. Ephraums, eds., *Scientific Assessment of Climate Change—Report of Working Group I*, Cambridge University Press, Cambridge, 1990. For a discussion of U.S. policy on climate change at the time of the Earth Summit, see Henrik Selin and Stacy Vandeveer, "U.S. Climate Change Politics: Federalism and Complexity," in Sheldon Kamieniecki and Michael Kraft, eds.,*The Oxford Handbook of Environmental Policy*, Oxford University Press, Oxford, 2012.

26. See Teng Fei et al., "Metric of Carbon Equity: Carbon Gini Index Based on Historical Cumulative Emissions per Capita, *Advances in Climate Change Research* 2 (2011): 134–40. See also Peter Singer and Teng Fei, "Fairness and Climate Change," *Project Syndicate*, April 11, 2013, http://www.project-syndicate.org/commentary/fair-distribution-of-rights-to-carbon-emissions-by-peter-singer-and-teng-fei.

27. John Vidal, "Vulnerable Nations Reject 2C Target," *The Guardian*, December 11, 2009, http://www.theguardian.com/environment/2009/dec/10/copenhagen-climate-change. The current level is updated monthly

at http://co2now.org.

28. IPCC, "Summary for Policymakers," in T. F. Stocker et al., eds., *Climate Change 2013: The Physical Science Basis. Contribution of Working Group I to the Fifth Assessment Report of the Intergovernmental Panel on Climate Change*, 27. http://www.ipcc.ch/report/ar5/wg1.
29. Food and Agriculture Organization, *Livestock's Long Shadow*, FAO, Rome, 2006, http://www.fao.org/docrep/010/a0701e/a0701e00.HTM.
30. These figures are derived from World Resources Institute Climate Data, available through CAIT 2.0 Equity Explorer (Beta version). The data are for 2010 and include emissions from land use changes and forestry—which slightly reduces the figure for the United States.
31. Paul Baer et al., "Equity and Greenhouse Gas Responsibility," *Science* 289 (29 September 2000), 2287; Dale Jamieson, "Climate Change and Global Environmental Justice," in Edwards and C. Miller, eds., *Changing the Atmosphere: Expert Knowledge and Global Environmental Governance*, MIT Press, Cambridge, 2001.
32. John Rawls, *Political Liberalism*, Columbia University Press, New York, 1993, 5–6, and also *A Theory of Justice*, esp. 65–83. For a different way of giving priority to the worst-off, see Derek Parfit, "Equality or Priority?," The Lindley Lecture, University of Kansas, 21 November 1991, reprinted in Matthew Clayton and Andrew Williams, eds., *The Ideal of Equality*, Macmillan, London, 2000.
33. This is Rawls's "difference principle," applied without the restriction to national boundaries that are difficult to defend in terms of his own argument. See chapter 5 for further discussion of this point.
34. "President Announces Clear Skies and Global Climate Change Initiative," Office of the Press Secretary, White House, February 14, 2002. For amplification of the basis of the administration's policy, see Executive

Office of the President, Council of Economic Advisers, *2002 Economic Report of the President*, U.S. Government Printing Office, Washington, DC, 2002, chapter 6, 244–49.

35. World Bank data indicate that in 2013 exports amount to only 13.5 percent of U.S. GDP. http://data.worldbank.org/indicator/NE.EXP.GNFS.ZS. Figures for previous years are similar.

36. International Energy Agency, *Key World Energy Statistics 2014*, 48–57, available at http://www.iea.org/publications/freepublications/publication/key-world-energy-statistics-2014.html. The figures quoted are for 2012 and are adjusted for purchasing power parity. For the figures at the time Bush made his claim, see Andrew Revkin, "Sliced Another Way: Per Capita Emissions," *New York Times*, June 17, 2001.

37. Bjorn Lomborg, *The Skeptical Environmentalist*, Cambridge University Press, Cambridge, 2001.

38. See Richard Newell and William Pizer, *Discounting the Benefits of Future Climate Change Mitigation: How Much Do Uncertain Rates Increase Valuations?*, Pew Center on Global Climate Change, Washington, DC, December 2001. Available at http://www.pewclimate.org/projects/ econ_discounting.cfm.

39. For discussion of equal votes as a compromise, see my *Democracy and Disobedience*, Clarendon Press, Oxford, 1973, 30–41.

40. For a range of reports on emission trading schemes, see ICAP (International Carbon Action Partnership), *Emissions Trading Worldwide: Status Report 2014*, https://icapcarbonaction.com/component/attach/?task=download&id=152; on China's plans, see International Center for Trade and Sustainable Development, "China unveils plans for national carbon market by 2016," *Bridges*, 18 September, 2014, http://www. ictsd.org/bridges-news/bridges/news/china-unveils-plans-for-

national-carbon-market-by-2016.

41. *Laudato Si, Encyclical Letter of the Holy Father Francis on Care for Our Common Home*, The Holy See, Vatican, 2015, paragraph 171.

42. Joseph Heath, "Pope Francis' Climate Error," *New York Times*, June 19, 2015.

43. For details, see United States Environmental Protection Agency, "EPA Collaboration with Canada," http://www2.epa.gov/international-cooperation/epa-collaboration-canada.

44. David Victor and Charles Kennel argue that keeping climate change below 2°C is unachievable in "Climate Policy: Ditch the 2°C Warming Goal," *Nature* 514 (October 2, 2014), 30–31; http://www.nature.com/polopoly_fs/1.16018!/menu/main/topColumns/topLeftColumn/pdf/514030a.pdf. James Hansen et al. give reasons for believing that we are already committed to sufficient climate change to cause the melting of sufficient Antarctic ice to cause sea levels to rise by several meters in a matter of decades, whether temperature rise is kept to 2°C or not. See James Hansen et al., "Ice melt, sea level rise and superstorms: evidence from paleoclimate data, climate modeling, and modern observations that 2°C global warming is highly dangerous," *Atmospheric Chemistry and Physics, Discussions 15* (2015): 20059–20179, www.atmos-chem-phys-discuss.net/15/20059/2015/.

45. World Bank *Economics of Adaptation to Climate Change Synthesis Report*,World Bank, Washington, DC, 2010, xix. Available at: https://openknowledge.worldbank.org/bitstream/handle/10986/12750/702670ESW0P10800EACCSynthesisReport.pdf.

46. Smita Nakhooda et al., *Climate Finance: Is it Making a Difference?*, Overseas Development Institute, London, 2014, 3. This report also indicates that climate finance money is, on the whole, being used for its

intended purposes.

47. "What Does a Climate Deal Mean for the World?" *New York Times*, December 12, 2015.

48. Paul Baer, "Adaptation: Who Pays Whom," in J. Adger et al., eds., *Fairness in Adaptation to Climate Change*, MIT Press, Cambridge, 2006, reprinted in Stephen Gardner et al., eds., *Climate Ethics: Essential Readings*, New York: Oxford University Press, 250.

49. John Shepherd et al., *Geoengineering the Climate: Science, Governance and Uncertainty*, Policy Document 10/09, Royal Society, London, 2009.

50. Dale Jamieson, *Reason in a Dark Time*, Oxford University Press, New York, 2014, 219; the "Plan B" label comes from Jeff Goodell, *How to Cool the Planet*, Boston: Houghton Mifflin Harcourt. 2010, 110.

51. Jamieson, *Reason in a Dark Time*, 207.

52. For the importance of the monsoon to India, see Soutek Biswas, "Why is India obsessed with monsoon rains?," BBC News, June 4, 2013, http://www.bbc.com/news/world-asia-india-22750169. The suggestion that geoengineering could disrupt the monsoon comes from Jamieson, *Reason in a Dark Time*, 220, citing studies by A. Robock, L. Oman, and G. L. Stenchikov, "Regional climate responses to geoengineering with tropical and Arctic SO2 injections," *Journal of Geophysical Research* 113 (2008): D16101; G. Bala, B. Duffy, and K. E. Taylor, "Impact of Geoengineering Schemes on the Global Hydrological Cycle," *Proceedings of the National Academy of Sciences* 105 (2008): 7664–69; and Victor Brovkin, Vladimir Petoukhov, Martin Claussen, Eva Bauer, David Archer, Carlo Jaeger, "Geoengineering Climate by Stratospheric Sulfur Injections: Earth System Vulnerability to Technological Failure," *Climatic Change* 92 (2009): 243–59.

53. K. E. Trenberth and A. Dai, "Effects of Mount Pinatubo Volcanic

Eruption on the Hydrological Cycle as an Analog of Geoengineering," *Geophysical Research Letters* 34 (2007): L15702; I owe this reference to Jamieson, *Reason in a Dark Time.*

54. On "the other carbon dioxide problem," see http://www.pmel.noaa.gov/co2/story/Ocean+Acidification/. I owe this reference to Jamieson, *Reason in a Dark Time.* On the effect on shell development and the oyster industry, see http://www.noaa.gov/features/01_economic/pacificoysters.html. (Both sites viewed July 29, 2015.)
55. U.S. Geological Survey, "Volcanic Gases and Climate Change Overview," http://volcanoes.usgs.gov/hazards/gas/climate.php.
56. Planet Editor, "Two Years After Russ George Illegally Dumped Iron in the Pacific, Salmon Catches Are Up 400," September 2, 2014, http://www.planetexperts.com/two-years-russ-george-illegally-dumped-iron-pacific-salmon-catches-400/.
57. Jamieson, *Reason in a Dark Time*, 224.
58. Here I draw on Ian Lloyd and Michael Oppenheimer, "On the Design of an International Governance Framework for Geoengineering," *Global Environmental Politics* 14 (2014): 45–63. See this article for further discussion of the possible structure of such a body and the political feasibility of realizing it.

第三章 我们拥有同一个经济

1. Thomas Friedman, "Senseless in Seattle," *New York Times*, December 1, 1999, A23.
2. Victor Menotti, *Free Trade, Free Logging: How the World Trade Organization Undermines Global Forest Conservation*, International

Forum on Globalization, San Francisco, 1999, ii.

3. *Agscene*, Autumn 1999, 20.
4. "How the South is getting a raw deal at the WTO," in Sarah Anderson, ed., *Views from the South: The Effects of Globalization and the WTO on Third World Countries*, International Forum on Globalization, San Francisco, n.d. (1999), 11.
5. Vandana Shiva, "War against nature and the people of the South," in Sarah Anderson, ed., *Views from the South: The Effects of Globalization and the WTO on Third World Countries*, International Forum on Globalization, San Francisco, n.d. (1999), 92, 93, 123.
6. Thomas Friedman, *The Lexus and the Olive Tree*, Anchor Books, New York, 2000, 190.
7. See World Economic Forum, *Summaries of the Annual Meeting 2000*, Geneva, 2000, summary of session 56.
8. World Trade Organization, *WTO in Brief*, Part II, https://www.wto.org/english/thewto_e/whatis_e/inbrief_e/inbr02_e.htm, viewed December 28, 2015.
9. World Trade Organization, *WTO in Brief* http://www.wto.org/english/thewto_e/whatis_e/inbrief_e/inbr00_e.htm.
10. "The WTO in Brief, Part 3: The WTO Agreements," available at http://www.wto.org/english/thewto_e/whatis_e/inbrief_e/inbr03_e.htm.
11. *10 Things the WTO Can Do*, 41, available at: http://www.wto.org/ english/thewto_e/whatis_e/10thi_e/10thi00_e.htm (downloaded February 17, 2015). This document has replaced an earlier document, *10 Common Misunderstandings about the WTO*, which was criticized in the first edition of this book. The newer version is more conciliatory in that it acknowledges that different perspectives are possible on some issues.
12. *10 Things the WTO Can Do*, 42.

13. World Trade Organization, *Agreement on Technical Barriers to Trade*,http://www.wto.org/english/docs_e/legal_e/17-tbt.pdf.
14. http://www.wto.org/english/thewto_e/whatis_e/tif_e/bey5_e.htm.
15. World Trade Organization,*Trading into the Future* (2d revised edition, March 2001), http://www.wto.org/english/res_e/doload_e/tif.pdf.
16. http://www.wto.org/english/thewto_e/whatis_e/tif_e/bey5_e.htm.
17. World Trade Organization, *United States: Import Prohibition of Certain Shrimp and Shrimp Products*, AB-1998–4, 12 October 1998, http://www.wto.org/english/tratop_e/dispu_e/58abr.pdf.
18. "DSB Adopts Two Appellate Body Reports on Shrimp and Corn Syrup," *WTO News*, 21 November 2001, http://www.wto.org/english/news_e/news01_e/dsb_21nov01_e.htm; *Bridges Weekly Trade News Digest*, vol. 5, no. 40, 28 November, 2001; http://www.wto.org/english/news_e/news01_e/dsb_21nov01_e.htm.
19. As quoted in the Appellate Body judgment, *European Communities: Measures Prohibiting the Importation and Marketing of Seal Products*, (AB 2014–1, AB 2014–2), 22 May 2014, par. 5.179, 142.
20. *European Communities*, par. 5.198–5.199, 148.
21. *10 Things the WTO Can Do*, 28.
22. See, for example, the *New York Times* editorial "The Urgency of Cheaper Drugs," October 31, 2001, and Nicolo Itano, "Double Standards," *Christian Science Monitor*, November 9, 2001.
23. World Trade Organization, "Declaration on the TRIPS Agreement and Public Health," November 14, 2001, WT/MIN(01)/DEC/2, pars 4, 5; http://www-chil.wto-ministerial.org/english/thewto_e/minist_e/min01_e/mindecl_trips_e.htm.
24. Martin Khor, "How the South is getting a raw deal at the WTO," in Sarah Anderson, ed., *Views from the South: The Effects of Globalization*

and the WTO on Third World Countries, International Forum on Globalization, San Francisco, n.d. (1999), 14; Walden Bello, "Building an Iron Cage: The Bretton Woods Institutions, the WTO and the South," in Anderson, ed., Views from the South, 85–86. The point is conceded, for the period up until the mid-1990s, in *10 Things the WTO Can Do*, 38.

25. John Weekes, "The WTO at Sixteen," *in The ACWL at Ten: Looking Back, Looking Forwards*, Conference held at the WTO, 4 October 2011, http://www.acwl.ch/e/documents/reports/ACWL%20AT%20TEN.pdf.
26. Pascal Lamy, "Introductory Remarks," in ibid.
27. Frank Bruni and David Sanger, "Bush urges shift to direct grants for poor nations," *New York Times*, July 18, 2001.
28. Vandana Shiva, "War against nature and the people of the South," in Anderson, ed., *Views from the South*, 98, 99.
29. Figures in this paragraph come from World Bank, "Poverty Overview," http://www.worldbank.org/en/topic/poverty/overview; the exception is the inflation adjustment, which was calculated using www.dollartimes.com.
30. World Bank, "World Bank Forecasts Global Poverty to Fall Below 10 for First Time; Major Hurdles Remain in Goal to End Poverty by 2030," Press release, October 4, 2015, http://www.worldbank.org/en/ news/press-release/2015/10/04/world-bank-forecasts-global-poverty-to-fall-below-10-for-first-time-major-hurdles-remain-in-goal-to-end-poverty-by-2030.
31. United Nations, *The Millennium Development Goals Report, 2015*. United Nations, New York, 2015, 4. The 2015 figure is a projection of trends, as the report was issued before the end of the year.
32. United Nations Development Programme, *Human Development Report, 2014*, United Nations Development Programme, New York, 2014, 41, 71. http://hdr.undp.org.

33. The sources for the figures in this paragraph are as follows: undernutrition: United Nations, *The Millennium Development Goals Report, 2015*. United Nations, New York, 2015, 20; sanitation: World Health Organization, "Water Supply, Sanitation and Hygiene Development," http://www.who.int/water_sanitation_health/ hygiene/en/ (accessed February 20, 2015); child mortality: United Nations Development Programme, Human Development Report, 2014, United Nations Development Programme, New York, 2014, Table 7, and United Nations Children's Fund (UNICEF), *Committing to Child Survival: A Promise Renewed (Progress Report, 2014)* UNICEF, New York, 2014, 5; child stunting: United Nations Development Programme, *Human Development Report, 2014*, United Nations Development Programme, New York, 2014, Table 7; physicians per 10,000 people and life expectancy: United Nations Development Programme, *Human Development Report, 2014*, United Nations Development Programme, New York, 2014, Table 8.
34. Robert McNamara in World Bank, *World Development Report*, 1978, World Bank, New York, 1978, iii.
35. Oxfam, *Even It Up: Time to End Extreme Inequality*, Oxfam GB for Oxfam International, Oxford, 2014, http://www.oxfam.org/sites/www.oxfam.org/files/file_attachments/cr-even-it-up-extreme-inequality-291014-en.pdf. The report has been criticized (and defended) on methodological grounds; for discussion, see Vauhina Vara, "Critics of Oxfam's Poverty Statistics Are Missing the Point," *New Yorker*, January 28, 2015, http://www.newyorker.com/business/currency/critics-oxfams-poverty-statistics-missing-point.
36. World Bank, Overview, http://www.worldbank.org/en/topic/poverty/overview (viewed December 37, 2015).
37. Branko Milanovic, "Global Income Inequality by the Numbers: in

History and Now," Policy Research Working Paper 6259, World Bank Development Research Group, Poverty and Inequality Team, November 2012, 12, 17.

38. World Health Organization, *World Health Statistics 2014*, http://www.who.int/mediacentre/news/releases/2014/world-health-statistics-2014/n/.

39. United Nations, *The Millennium Development Goals Report, 2015*, United Nations, New York, 2015, 32; see also United Nations Children's Fund, (UNICEF), *Committing to Child Survival: A Promise Renewed (Progress Report, 2014)*, UNICEF, New York, 2014, 5.

40. United Nations, *We Can End Poverty: Millennium Development Goals and Beyond 2015*, http://www.un.org/millenniumgoals/poverty.shtml.

41. United Nations, *The Millennium Development Goals Report, 2015*, United Nations, New York, 2015, 24.

42. Francisco Ferreira and Martin Ravallion, "Global Poverty and Inequality: A Review of the Evidence," World Bank Development Research Group, Poverty Team, Policy Research Working Paper 4623, May 2008, 25, http://elibrary.worldbank.org/doi/pdf/10.1596/1813-9450-4623.

43. Jonathan Ostry, Andrew Berg, and Charalambos Tsangardies, "Redistribution, Inequality and Growth," International Monetary Fund Research Department, IMF staff discussion note, February 2014, revised April 2014, http://www.imf.org/external/pubs/ft/sdn/2014/sdn1402.pdf. See also Alberto Alesina and Roberto Perotti, "The Political Economy of Growth: A Critical Survey of the Recent Literature," *World Bank Economic Review 8:3* (1994): 350–71, and Roberto Perotti, "Growth, Income Distribution and Democracy: What the Data Say," *Journal of Economic Growth I* (1996): 149–87.

44. Did Brandeis ever say this? See Peter Campbell, "Democracy v. Concentrated Wealth: In Search of a Louis B. Brandeis Quote,"

University of Louisville, School of Law, Legal Studies Research Paper Series, Paper No. 2014–11, http://papers.ssrn.com/sol3/papers.cfm?abstract_id=2434225.

45. Karl Marx and Friedrich Engels, *The Communist Manifesto*, Penguin, Harmondsworth, 1967, 82.

46. Herman E. Daly, "Globalization and Its Discontents," *Philosophy and Public Policy Quarterly* 21, 2/3 (2001): 19.

47. Vandana Shiva, "Social environment clauses—a 'political diversion,'" *in Third World Economics* 118 (1996): 8–9, as quoted in Michelle Swenarchuk, "The International Confederation of Free Trade Unions Labour Clause Proposal: A Legal and Political Critique," in Stephen McBride and John Wiseman, eds., *Globalization and Its Discontents*, St. Martin's Press, New York, 2000, 167.

48. Jim Yardley, "Report on Deadly Factory Collapse in Bangladesh Finds Widespread Blame," *New York Times*, May 22, 2013; Editorial, "One Year After Rana Plaza," *New York Times*, April 27, 2014; International Labour Organization, "Bangladesh: Improving Working Conditions in the Ready-Made Garment Industry: Progress and Achievements," Press Release, February 5, 2015, http://www.ilo.org/global/about-the-ilo/activities/all/safer-garment-industry-in-bangladesh/WCMS_240343/lang—en.

49. For the Singapore declaration, see World Trade Organization, Ministerial Declaration, December 13, 1996, WT/MIN(96)/DEC, par 4; http://www.wto.org/english/thewto_e/minist_e/min96_e/wtodec_e.htm. For Doha, see World Trade Organization, Ministerial Declaration,14 November 2001, WT/MIN(01)/DEC/1, par 8; http://www-chil.wto-ministerial.org/english/thewto_e/minist_e/min01_e/mindecl_e.htm.

50. World Trade Organization, "Labour Standards: Consensus, Coherence,

Controversy," *Understanding the WTO*, http://www.wto.org/english/thewto_e/whatis_e/tif_e/bey5_e.htm (accessed February 22, 2015).

51. Joseph Kahn, "U.S. Sees Trade Talks as a Test of Leadership," *New York Times*, November 9, 2001, C6.

52. World Trade Organization, "Background Paper: The WTO's 2-year strategy comes to fruition," January 2002, paragraph 17.

53. Quoted from Raymond Zhong, "How Can India Be Breaking WTO Rules When Rich Countries Spend So Much More on Their Farmers?," *Wall Street Journal*, August 13, 2014, http://blogs.wsj.com/indiarealtime/2014/08/13/how-can-india-be-breaking-wto-rules-when-rich-countries-spend. See also Timothy Wise and Jeronim Capaldo, "Will the WTO fast-track trade at the expense of food security?," *Al Jazeera*, July 24, 2014, http://www.aljazeera.com/indepth/opinion/2014/07/wto-negotiations-food-security-20147237431402983.html.

54. BBC News, "India and US reach WTO breakthrough over food," November 13, 2014, http://www.bbc.com/news/business-30033130.

55. See www.behindthebrands.org.

56. Michael Ross, *Extractive Sectors and the Poor*, Oxfam America, Boston, 2001; available at http://www.sscnet.ucla.edu/polisci/faculty/ross/oxfam.pdf; Jeffrey Sachs and Andrew Warner, "Natural Resource Abundance and Economic Growth," National Bureau of Economic Research Working Paper 5398, 1995, http://www.nber.org/papers/w5398. Some of this research is helpfully summarized in the opening pages of Leif Wenar, "Property Rights and the Resource Curse," *Philosophy and Public Affairs* 36 (2008), and, for a fuller account, see the same author's *Blood Oil*, Oxford University Press, New York, 2015. To appreciate the complexities of the research and some problems with it, see Graham Davis, "Extractive Economies, Growth, and the Poor," in J. Richards, ed., *Mining, Society*

and a Sustainable World, Springer-Verlag, Berlin 2009, 37–60.

57. Nicholas Kristof, "Deadliest Country for Kids," *New York Times*, March 19, 2015; Nicholas Kristof, "Two Women, Opposite Fortunes," *New York Times*, March 21, 2015; Kerry Dolan and Rafael Marques de Morais, "Daddy' s Girl: How an African 'Princess' Banked $3 Billion in a Country Living on $2 a Day," *Forbes*, August 14, 2013.
58. African Economic Outlook, "Equitorial Guinea," http://www.africaneconomicoutlook.org/en/countries/central-africa/equatorial-guinea; Borko Handjiski and Alexander Huurdeman, "Lucky Countries or Lucky People?: Will East Africans Benefit from Their Natural Resources Discoveries?," World Bank, *Africa Can End Poverty*, February 5, 2015, http://blogs.worldbank.org/africacan/lucky-countries-or-lucky-people-will-east-africans-benefit-their-natural-resource-discoveries.
59. Reuters, "Insight-Equatorial Guinea Tries to Shake Off 'Oil Curse' Image," *New York Times*, March 10, 2014, http://www.nytimes.com/reuters/2014/03/10/business/10reuters-equatorial-image-insight.html.
60. Justin Blum, "U.S. Oil Firms Entwined in Equatorial Guinea Deals," *Washington Post*, September 7, 2014, http://www.washingtonpost.com/wp-dyn/articles/A11012004Sep6.html; Associated Press, "U.S. Government Seeks $70M from African Official," October 26, 2011.
61. See Pogge' s "Achieving Democracy," *Ethics and International Affairs* 15:1 (2001): 3–23, and, for a more recent restatement that goes into other important issues as well, Thomas Pogge, *World Poverty and Human Rights*, 2d ed., Polity Press, Cambridge, 2008, chapter 6. For Academics Stand Against Poverty, see www.academicsstand.org.
62. Leif Wenar, *Blood Oil*, Oxford University Press, New York, 2015. For the organization Clean Trade, see www.cleantrade.org.
63. Wenar, "Property Rights and the Resource Curse," *Philosophy and*

Public Affairs 36 (2008): 2–32.

64. See Pogge, *World Poverty and Human Rights*, chapter 6.
65. http://www.cleantrade.org/policy_brief.pdf.
66. For a full discussion, see Wenar, *Blood Oil*, part III.
67. Lorand Bartels, "WTO Law Aspects of Clean Trade," *Social Sciences Research Network*, July 22, 2015, http://papers.ssrn.com/sol3/papers.cfm?abstract_id=2634567.
68. Brad Roth, *Governmental Illegitimacy in International Law*, Clarendon Press, Oxford, 1999, 162–63.
69. Thomas Jefferson to Gouverneur Morris, November 7, 1792, Works, 4th ed. vol. 3, 489, cited in Roth, *Governmental Illegitimacy in International Law*, 321.
70. See Fair Vote, "Problems with the Electoral College," http://www.fairvote.org/reforms/national-popular-vote/the-electoral-college/problems-with-the-electoral-college/ viewed August 3, 2015.
71. *The Warsaw Declaration*, June 27, 2000, https://www.community-democracies.org/Visioning-Democracy/To-be-a-Democracy-.
72. Community of Democracies, https://www.community-democracies.org/The-Community-of-Democracies/Our-countries.

第四章 我们拥有同一个法律

1. Numbers 31:1–18 (King James Version).
2. See, for example, Deuteronomy 3:1–7, 7:1–26, 20:13–17; I Samuel 15:3; Joshua 8:26–28; Ezekiel 9:5.
3. Lawrence Keeley, *War Before Civilization*, Oxford University Press, New York, 1996. See especially chapter 6.

4. Steven Pinker, *The Better Angels of Our Nature*, Viking, New York, 2011.
5. Richard Wrangham and Dale Peterson, *Demonic Males: Apes and the Origins of Human Violence*, Houghton Mifflin, Boston, 1996, 5–21; see also Jane Goodall, *The Chimpanzees of Gombe*, Harvard University Press, Cambridge, 1986, 530–34.
6. The classic article on this topic is R. L. Trivers, "The Evolution of Reciprocal Altruism," *Quarterly Review of Biology* 46 (1971): 35–57; see also Robert Axelrod, *The Evolution of Cooperation*, Basic Books, New York, 1984.
7. See Tony Ashworth, *Trench Warfare 1914–1918: The Live and Let Live System*, Macmillan, London, 1980.
8. Timothy Garton Ash, *History of the Present*, Allen Lane, London, 1999, 368.
9. Pinker, *The Better Angels of Our Nature*, 47–58.
10. *Charter of the International Military Tribunal*, Article 6; http://www.yale.edu/lawweb/avalon/imt/proc/imtconst.htm.
11. *R. v Bow Street Stipendiary Magistrate and others, ex Pinochet Ugarte* (No. 3) [2000] 1 A.C. 147, [1999] 2 All E R 97; available at http://www.parliament.the-stationery-office.co.uk/pa/ld199899/ldjudgmt/jd990324/pino2.htm.
12. Amnesty International, *The Pinochet Case—Universal Jurisdiction and the Absence of Immunity for Crimes Against Humanity*—Report—EUR 45/01/99 January 1999, United Kingdom, http://www.amnesty.org/ailib/aipub/1999/EUR/44500199.htm.
13. *Attorney-General of Israel v. Eichmann* (1962) 36 Intl.L.R. 5, and, for a summary, see http://www.gwu.edu/~jaysmith/Eichmann.html.
14. See the discussion by Lord Millett in *R. v Bow Street Stipendiary Magistrate and others, ex Pinochet Ugarte (No. 3)* http://www.parliament.

the-stationery-office.co.uk/pa/ld199899/ldjudgmt/jd990324/pino7.htm. Though the Supreme Court of Israel did assert universal jurisdiction, Israel also invoked a statute that was more specifically limited to Nazi crimes against Jews. See Gary Bass, "The Adolf Eichmann Case: Universal and National Jurisdictions," in Stephen Macedo, ed., *Universal Jurisdiction: National Courts and the Prosecution of Serious Crimes under International Law*, University of Pennsylvania Press, Philadelphia, 2004.

15. Dionne Searcey, "Hissène Habré, ex-President of Chad, Is Convicted of War Crimes," *New York Times*, May 30, 2016.
16. *R. v Bow Street Stipendiary Magistrate and others, ex Pinochet Ugarte (No. 3)* http://www.parliament.the-stationery-office.co.uk/pa/ld199899/ldjudgmt/jd990324/pino9.htm.
17. Princeton Project on Universal Jurisdiction, *The Princeton Principles on Universal Jurisdiction*, Program in Law and Public Affairs, Princeton University, Princeton, 2001.
18. Ibid., 49, n. 20.
19. Clyde Haberman, "Israel is wary of rights cases across borders," *New York Times*, July 28, 2001.
20. Ben Quinn, "Former Israeli minister Tzipi Livni to visit UK after change in arrest law," *The Guardian*, October 4, 2011.
21. "Bush Urged to Support World Court," New York Times, July 17, 2001.
22. Human Rights Watch, "U.S. 'Hague Invasion Act' Becomes Law," August 4, 2002, http://www.hrw.org/news/2002/08/03/us-hague-invasion-act-becomes-law.
23. Mark Mazzetti, "U.S. Cuts in Aid Said to Hurt War on Terror," *New York Times*, July 23, 2006.
24. "Bush Says Terrorists Will Get Better Treatment Than Those Killed Sept. 11," *New York Times*, December 28, 2001.

25. U.S. Department of State, "U.S. Engagement with the ICC and the Outcome of the Recently Concluded Review Conference," Special Briefing, June 15, 2010, http://web.archive.org/web/20120112210935/http://www.state.gov/j/gcj/us_releases/remarks/143178.htm.

26. BBC News, "ICC finds Congo warlord Thomas Lubanga guilty," March 14, 2012, http://m.bbc.com/news/world-africa-17364988.

27. BBC News, "ICC gives Congo warlord Germain Katanga 12-year jail term," May 23, 2014, http://www.bbc.com/news/world-africa-27531534.

28. Immanuel Kant, *Perpetual Peace: A Philosophic Sketch*, Second Supplement. Available at http://www.mtholyoke.edu/acad/intrel/kant/kant1.htm.

29. John Stuart Mill, "A Few Words on Non-Intervention," in John Stuart Mill, *Essays on Politics and Culture*, ed. Gertrude Himmelfarb, Anchor Books, New York, 1963, 377 (first published in *Fraser's Magazine*, December 1859). For further discussion, see Michael Doyle, "The New Interventionism," *Metaphilosophy* 32/1–2 (January 2001).

30. L. Oppenheim, *International Law*, vol. 1, Longman, 1948 (first published 1905), 279.

31. Michael Walzer, *Just and Unjust Wars*, Penguin, Harmondsworth, 1980, 107.

32. Michael Walzer, "The Argument about Humanitarian Intervention," Dissent (Winter 2002): 29–37.

33. Michael Walzer, "The Politics of Rescue," *Dissent* 42 (Winter 1995): 36; Walzer, "The Argument about Humanitarian Intervention," 29.

34. Walzer, *Just and Unjust Wars*, 53–54, 86, 89.

35. Walzer, "The Politics of Rescue," 36.

36. James D. Steakley, *The Homosexual Emancipation Movement in Germany*, Arno Press, New York, 1975, p110.

37. Kofi Annan, "Two Concepts of Sovereignty," *The Economist*, 18 September 1999, http://www.economist.com/node/324795.
38. Convention on the Prevention and Punishment of the Crime of Genocide, UN General Assembly 260A(III), 9 December 1948; http://www.unhchr.ch/html/menu3/b/p_genoci.htm.
39. Rome Statute of the International Criminal Court, Article 7, http://www.un.org/law/icc/statute/romefra.htm.
40. International Commission on Intervention and State Sovereignty, *The Responsibility to Protect*, International Development Research Centre, Ottawa, 2001, available at http://responsibilitytoprotect.org/ICISS%20 Report.pdf.
41. Ibid., paragraph 2.29.
42. United Nations, *Report of the Secretary-General: Implementing the Responsibility to Protect*, paragraph 4, available at http://www.unrol.org/doc.aspx?d=2982.
43. United Nations General Assembly, Resolution adopted by the General Assembly, 60/1 2005 World Summit Outcome, October 24, 2005, A/res/60/1, paragraphs 138–9, available at http://www.un.org/Docs/journal/ asp/ws.asp?m=A/RES/60/1.
44. United Nations, *Report of the Secretary-General: Implementing the Responsibility to Protect*, paragraph 11.
45. International Coalition for the Responsibility to Protect, "RtoP at the United Nations: Key Developments on the Responsibility to Protect at the United Nations from 2005–2014," September 2014, http://responsibilitytoprotect.org/index.php/about-rtop/the-un-and-rtop.
46. United Nations Security Council Resolution 1975 (2011) adopted March 30, 2011, http://www.un.org/en/ga/search/view_doc.asp?symbol=S/RES/1975%282011%29.

47. Maria Golovnina and Patrick Worsnip, "U.S. okays military action on Libya," *Reuters*, March 17, 2011, http://www.reuters.com/article/2011/03/17/us-libya-idUSTRE7270JP20110317.
48. United Nations Security Council Resolution 1973 (March 17, 2011) http://www.un.org/en/ga/search/view_doc.asp?symbol=S/RES/1973%282011%29.
49. Gareth Evans, "UN targets Libya with pinpoint accuracy," *Sydney Morning Herald*, March 24, 2011.
50. Chris Keeler, "The End of the Responsibility to Protect?," *Foreign Policy Journal*, October 12, 2011, http://www.foreignpolicyjournal.com/2011/10/12/the-end-of-the-responsibility-to-protect/.
51. Ibid.; David Rieff, "R2P, R.I.P.," *New York Times*, November 7, 2011.
52. Gareth Evans, "R2P: The Next Ten Years," in Alex Bellamy and Tim Dunne, eds., *Oxford Handbook of the Responsibility to Protect*, Oxford University Press, Oxford, 2016. The 2014 Security Council resolutions referred to are United Nations Security Council Resolution 2150, April 16, 2014, http://www.un.org/en/ga/search/view_doc.asp?symbol=S/RES/2150(2014), and Security Council Resolution 2171 (August 21, 2014),http://www.un.org/en/ga/search/view_doc.asp?symbol=S/RES/2171%20%282014%29. I owe these references to the International Coalition for the Responsibility to Protect, "References to Responsibility to Protect in Security Council Resolutions," http://www.responsibilitytoprotect.org/index.php/component/content/article/136-latest-news/5221—references-to-the-responsibility-to-protect-in-security-council-resolutions.
53. SG/SM/7136GA/9596: Secretary-General presents his annual report to General Assembly; http://www.un.org/press/en/1999/19990920.sgsm7136.html.

54. Martin Gilbert, "The Terrible Twentieth Century," *Globe and Mail* (Canada) January 31, 2007. I owe the reference to Gareth Evans, who modestly concedes that this "may be too big a call." See Gareth Evans, "R2P: The Next Ten Years." For a fuller description of the intellectual foundations on which the responsibility to protect was built, see Gareth Evans, "The Evolution of the Responsibility to Protect: from concept and principle to actionable norm" in *Theorising the Responsibility to Protect*, Ramesh Thakur and William Maley, eds., Cambridge University Press, Cambridge, 2015.
55. Roth, *Governmental Illegitimacy in International Law*, 324.
56. General Assembly Resolution 2625 (XXV), Annex, 25 UN GAOR, Supp. (no. 28), UN Dec A/5217 (1970), at 121, cited in Roth, *Governmental Illegitimacy in International Law*, 161–62.
57. Security Council Resolution 688 (5 April 1991), http://fas.org/news/un/ iraq/sres/sres0688.htm. I owe this and the following two examples to Gregory Fox, "The Right to Political Participation in International Law," in Cecelia Lynch and Michael Loriaux, eds., *Law and Moral Action in World Politics*, University of Minnesota Press, Minneapolis, 1999, 91.
58. Security Council Resolution 794 (3 December 1992), http://srch0.un.org:80/documents/sc/res/1992/s92r794e.pdf.
59. Security Council Resolution 841 (16 June 1993), http://srch0.un.org:80/Docs/scres/1993/841e.pdf.
60. United Nations Security Council Resolution 1973 (March 17, 2011), http://www.un.org/en/ga/search/view_doc.asp?symbol=S/RES/1973%2820%29.
61. The thesis goes back to Kant's *Perpetual Peace*, section II, and was also advanced by Joseph Schumpeter in "The Sociology of Imperialism," in *Imperialism and Social Classes*, World Publishing, Cleveland, 1955. See Michael Doyle, "Liberal Institutions and International

Ethics," in Kenneth Kipnis and Diana Meyers, eds., *Political Realism and International Morality*, Westview, Boulder, CO, 1987, 185–211; first published as "Liberalism and World Politics," *American Political Science Review* 80:4 (1986): 1152–69. There are many discussions of the "no wars between democracies" thesis on the web; see, for example, http://users.erols.com/mwhite28/demowar.htm.

62. *The Responsibility to Protect*, xi, 12–13, paras 2.7–2.15, 16, para 2.27, and 47–50, paras 6.1–6.18.
63. This objection was pressed by John Broome when I gave an earlier version of this chapter as an Amnesty Lecture at the University of Oxford. My response partially reflects comments made by Nir Eyal, who was also present on that occasion.
64. The preceding paragraph owes much to Leif Wenar's thoughtful comments.
65. Speech to SS Leaders in Posen, October 4, 1943, cited in Karl Dietrich Bracher, *The German Dictatorship*, Praeger, New York, 1971, 423.
66. Doyle, "Liberal Institutions and International Ethics," 220. See this paper generally for a discussion, with many contemporary illustrations, of some of the consequentialist aspects of humanitarian intervention.
67. Thomas Hobbes, *Leviathan*, first published 1651, chapter 13.
68. Tzvetan Todorov, "Right to Intervene or Duty to Assist?," in Nicholas Owen, ed., *Human Rights, Human Wrongs—Oxford Amnesty Lectures, 2001*, Oxford University Press, Oxford, 2002.
69. "Statement by President George W. Bush," United Nations General Assembly, New York, September 12, 2002, http://www.un.org/webcast/ga/57/statements/020912usaE.htm.
70. Center for Refugee and Disaster Response, Bloomberg School of Public Health, Johns Hopkins University, "Updated Iraq Study Confirms Earlier Mortality Estimates," http://www.jhsph.edu/research/centers-

and-institutes/center-for-refugee-and-disaster-response/publications_tools/iraq/index.html.

71. David Kirkpatrick, "Ties to Islamic State Cited by Group in Libya Attacks," *New York Times*, February 20, 2015, and David Kirkpatrick, "Wider Chaos Threatens as Fighters Seize Branch of Libya's Central Bank," *New York Times*, January 22, 2015.
72. See, for example, David Pugliese, "Canadian military predicted Libya would descend into civil war if foreign countries helped overthrow Gaddafi," *National Post*, March 1, 2015.
73. Michael Shear and Julie Hirschfeld Davis, "While Offering Support, Obama warns that U.S. Won't be 'Iraqi Air Force,'" *New York Times*, August 8, 2014.
74. Sir William Napier, *History of General Sir Charles Napier's Administration of Scinde, and Campaign in the Cutchee Hills*, Chapman and Hall, London, 1851, 35.
75. For further discussion of the basis of ethics, see my Practical Ethics, 3d ed., Cambridge University Press, Cambridge, 2011, chap. 1, and Katarzyna de Lazari-Radek and Peter Singer, *The Point of View of the Universe*, Oxford University Press, Oxford, 2014.
76. See Alvin Gouldner, "The Norm of Reciprocity," *American Sociological Review* 25:2 (1960): 171.
77. For references, see Leonard Swidler, ed., *For All Life: Toward a Universal Declaration of a Global Ethic*, White Cloud Press, Ashland, OR, 1999, 19–21; see also Q. C. Terry, *Golden Rules and Silver Rules of Humanity*, Infinity Publishing, West Conshohocken, PA, rev. ed., 2015.
79. Graeme Wood, "What ISIS Really Wants," *The Atluntic*, March 2015.
79. These figures were calculated from data available in August 2015 (with thanks to Dawn Disette for gathering the data and adding the figures).

80. Quoted from Erskine Childers, "Empowering the people in their United Nations," *Cross Currents* 45 (1995–96): 437–50. For a contem-porary defense of the same idea, see George Monbiot, "Let the People Rule the World," *The Guardian*, July 17, 2001.

81. Gareth Evans, "R2P: The Next Ten Years," in Alex Bellamy and Tim Dunne, eds., *Oxford Handbook of the Responsibility to Protect*, Oxford University Press, Oxford, 2016.

第五章 我们拥有同一个共同体

1. David Barstow and Diana B. Henriques, "Gifts for Rescuers Divide Terror Victims' Families," *New York Times*, December 2, 2001.
2. Joyce Purnick, "Take the Cash. You' re Making Us Look Bad," *New York Times*, February 11, 2002, B1; Nick Paumgarten, "Free Money: Trumpery Below Canal," *New Yorker*, February 18, 25, 2002, 58; Joyce Purnick, "For Red Cross, a New Round of Complaints," *New York Times*, February 21, 2002, B1.
3. For a summary, see http://www.unicef.org/media/sowc02presskit/. The full report is also accessible from this page.
4. Purnick, "Take the Cash," B1.
5. Henry Sidgwick, *The Methods of Ethics*, 7th ed., Macmillan, London, 1907, 246.
6. Heinrich Himmler, Speech to SS leaders in Poznan, Poland, October 4, 1943; cited from http://www.historyplace.com/worldwar2/timeline/posen.htm.
7. R. M. Hare, *Freedom and Reason*, Clarendon Press, Oxford, 1963; R. M. Hare, *Moral Thinking*, Clarendon Press, Oxford, 1981.

8. "Famine, Affluence and Morality," *Philosophy and Public Affairs* 1 (1972): 231–32; and reprinted with other essays in Peter Singer, *Famine, Affluence and Morality*, Oxford University Press, New York, 2015.
9. Raymond D. Gastil, "Beyond a Theory of Justice," Ethics 85:3 (1975): 185; cf. Samuel Scheffler, "Relationships and Responsibilities," *Philosophy and Public Affairs* 26 (1997): 189–209; David Miller, "Reasonable Partiality Towards Compatriots," *Ethical Theory and Moral Practice 8* (2005): 63–81.
10. William Godwin, *An Enquiry Concerning Political Justice and its Influence on General Virtue and Happiness*, 1st ed., published 1793, edited and abridged by Raymond Preston, Knopf, New York, 1926, 41–42.
11. Samuel Parr, *A Spital Sermon preached at Christ Church upon Easter Tuesday, April 15, 1800, to which are added notes*, J. Mawman, London, 1801. Henceforth cited as *A Spital Sermon.*
12. Galatians vi:10.
13. *A Spital Sermon*, 4.
14. Nel Noddings, *Caring: A Feminine Approach to Ethics and Moral Education*, University of California Press, Berkeley and Los Angeles, 1986, 86; for a related passage, see also 112.
15. William Godwin, *Memoirs of the Author of a Vindication of the Rights of Woman*, chap. vi, 90, 2d ed., quoted in William Godwin, *Thoughts Occasioned by the Perusal of Dr Parr's Spital Sermon, Taylor and Wilks*, London, 1801; reprinted in J. Marken and B. Pollin, eds., *Uncollected Writings (1785–1822) by William Godwin*, Gainesville, FL, Scholars' Facsimiles and Reprints, 1968, 314–15. As K. Codell Carter notes (op cit., 320, fn), the passage italicised in the original is from Terence (*Heautontimorumenos, I. 77*) and is usually translated as "nothing human is alien to me." Godwin's argument for the importance of

"individual attachments" is reminiscent of Aristotle's discussion of the need for friendship in his *Nicomachean Ethics*, bk. IX, sec. 9.

16. R. M. Hare, *Moral Thinking: Its Levels, Method and Point*, Clarendon Press, Oxford, 1981, pt. I.
17. See Yonina Talmon, *Family and Community in the Kibbutz*, Harvard University Press, Cambridge, 1972, 3–34.
18. See Martin Daly and Margo Wilson, *The Truth About Cinderella:A Darwinian View of Parental Love*, Yale University Press, New Haven, 1999.
19. Bernard Williams, "Persons, Character and Morality," in Bernard Williams, *Moral Luck*, Cambridge, Cambridge University Press, 1981, 18.
20. See, for example, W. D. Ross, *The Right and the Good*, Clarendon Press, Oxford, 1930, 21.
21. M. Rosenzweig, "Risk, implicit contracts and the family in rural areas of low-income countries," *Economic Journal 98* (1988): 1148–70; M. Rosenzweig and O. Stark, "Consumption smoothing, migration and marriage: Evidence from rural India," *Journal of Political Economy* 97:4 (1989): 905–26. I am grateful to Thomas Pogge for this information.
22. Michael Walzer, *Spheres of Justice*, Basic Books, New York, 1983, 12.
23. Michael Sandel, *Justice: What's the Right Thing to Do?*, Farrar, Straus and Giroux, New York, 2010, 237.
24. Eamonn Callan, *Creating Citizens: Political Education and Liberal Democracy*, Clarendon Press, Oxford, 1997, 96. This and the following quotation are cited from Melissa Williams, "Citizenship as Identity, Citizenship as Shared Fate, and the Functions of Multicultural Education," in Walter Feinberg and Kevin McDonough, eds., *Collective Identities and Cosmopolitan Values*, Oxford University Press, Oxford, 2002.

25. Walter Feinberg, *Common Schools/Uncommon Identities: National Unity and Cultural Difference*, Yale University Press, New Haven, 1998, 119.

26. Benedict Anderson, *Imagined Communities: Reflections on the Origin and Spread of Nationalism*, Verso, London, rev. ed., 1991, 6.

27. Robert Goodin, "What is so special about our fellow countrymen?" *Ethics* 98 (1988): 685; reprinted in Robert Goodin, *Utilitarianism as a Public Philosophy*, Cambridge University Press, Cambridge, 1995, 286. I was reminded of this quotation by Christopher Wellman, "Relational Facts in Liberal Political Theory: Is There Magic in the Pronoun 'My' ?," *Ethics* 110 (2000): 537–62.

28. Goodin, *Utilitarianism as a Public Philosophy*, 286.

29. Wellman, "Relational Facts in Liberal Political Theory: Is There Magic in the Pronoun 'My' ?" , *Ethics*, April 2000. [ms 10–12]; the third point is also made by David Miller, *Principles of Social Justice*, Harvard University Press, Cambridge, 1999, 18.

30. Karl Marx, *Wage Labour and Capital*, in David McLellan, ed., *Karl Marx: Selected Writings*, Oxford University Press, Oxford, 1977, 259.

31. John Rawls, *The Law of Peoples*, Harvard University Press, Cambridge, 1999, 120.

32. John Rawls, *A Theory of Justice*, Oxford University Press, London, 1971, 12; see also 100.

33. John Rawls, *The Law of Peoples*, 40.

34. Ibid., 117.

35. Ibid., 106.

36. For further details, see *A Theory of Justice*, 4f., 453f.

37. Ibid., 108.

38. Ibid., 116; for Beitz's criticisms, see Charles Beitz, *Political Theory and International Relations*, Princeton University Press, Princeton, 1979,

and "Social and cosmopolitan liberalism," *International Affairs* 75:3 (1999): 515–29; for Pogge's, see Thomas Pogge, *Realizing Rawls*, Cornell University Press, Ithaca, NY, 1990, and "An Egalitarian Law of Peoples," *Philosophy and Public Affairs* 23:3 (1994).

39. Leif Wenar, "The Legitimacy of Peoples," in C. Cronin and de Greiff, eds., *Global Politics and Transnational Justice*, MIT Press, Cambridge, 2002, 53.

40. See the Organization for Economic Co-operation and Development, "Detailed final 2014 aid figures released by OECD/DAC," http://www.oecd.org/dac/stats/final2014oda.htm, and "Aid at a glance charts, Interactive summary charts for all DAC members and total DAC," http://www.oecd.org/dac/stats/aid-at-a-glance.htm.

41. Sarah Hénon, *Measuring Private Development Assistance*, Development Initiatives, Bristol, 2014, 10, figure 5; available at http://devinit.org/staging/wp/wp-content/uploads/2014/08/Measuring-private-development-assistance1.pdf. I am grateful to Anthony Pipa for this reference.

42. See the surveys cited by Bruce Bartlett, "Voter Ignorance Threatens Deficit Reduction," *Fiscal Times*, February 4, 2011, http://www.thefiscaltimes.com/Columns/2011/02/04/Voter-Ignorance-Threatens-Deficit-Reduction.

43. Program on International Policy Attitudes, *Americans on Foreign Aid and World Hunger: A Survey of U.S. Public Attitudes*, February 2, 2001, http://www.pipa.org/OnlineReports/ForeignAid/ForeignAid_Feb01/ForeignAid_Feb01_rpt.pdf.

44. World Opinion Poll, "American Public Opinion on Foreign Aid," November 30, 2010, http://www.worldpublicopinion.org/pipa/pdf/ nov10/ForeignAid_Nov10_quaire.pdf.

45. Kaiser Family Foundation, *2013 Survey of Americans on the U.S. Role in*

Global Health, November 7, 2013, http://kff.org/global-health-policy/pollfinding/2013-survey-of-americans-on-the-u-s-role-in-global-health/.

46. Ibid.
47. Thomas Aquinas, *Summa Theologica*, II–II, Q66 A 7.
48. Pope Paul VI, *Populorum Progressio* (1967), paragraph 23.
49. Pope Francis, *Fraternity, the Foundation and Pathway to Peace*, available at http://www.vatican.va/holy_father/francesco/messages/peace/documents/papa-francesco_20131208_messaggio-xlvii-giornata-mondiale-pace-2014_en.html.
50. Peter Unger, *Living High and Letting Die*, New York: Oxford University Press, 1996, 136–39.
51. http://www.givewell.org/International/top-charities/amf. GiveWell considers anything under $5,000 per life saved to be good value, though the organization also cautions against taking such estimates too literally. For further discussion, see http://www.givewell.org/international/technical/criteria/cost-effectiveness. For a list of effective aid organizations partly based on GiveWell's evaluations but using broader criteria in some cases, see www.thelifeyoucansave.org.
52. Henry Sidgwick, *The Methods of Ethics*, 489–90; for discussion of the idea of esoteric morality, see Katarzyna de Lazari-Radek and Peter Singer, *The Point of View of the Universe*, Oxford University Press, Oxford, 2014, chapter 10.
53. For details of the suggested levels, and for the calculation of how much this would raise, see Peter Singer, *The Life You Can Save*, Random House, New York, 2009, chapter 10.
54. Organization for Economic Cooperation and Development, "Aid at a Glance Charts, Interactive Summary for all DAC members and Total DAC," https://public.tableau.com/views/AidAtAGlance/

DACmembers?:embed=y&:display_count=no?&:showVizHome=no#1.

55. William Easterly, *The White Man's Burden: Why the West's Efforts to Aid the Rest Have Done So Much Ill and So Little Good*, Penguin, New York, 2006; Dambisa Moyo, *Dead Aid: Why Aid Is Not Working and How There Is a Better Way for Africa*, Farrar, Straus and Giroux, New York, 2009.
56. Angus Deaton, *The Great Escape: Health, Wealth, and the Origins of Inequality*, Princeton University Press, Princeton, 2013, chapter 7.
57. Jonathan Muraskas and Kayhan Parsi, "The Cost of Saving the Tiniest Lives: NICUs versus Prevention," *AMA Journal of Ethics* 10 (2008): 655–58.
58. William MacAskill, *Doing Good Better*, Gotham, New York, 2015, 46.
59. Ibid., 45–46.
60. Garrett Hardin, "Living on a Lifeboat," *Bioscience*, October 1974; reprinted, with some changes, in William Aiken and Hugh LaFollette, eds., *World Hunger and Moral Obligation*, Prentice-Hall, Englewood Cliffs, NJ, 1977.
61. On the relation between fertility and education in India, see Jean Drèze and Mamta Murthi, "Fertility, Education and Development," Discussion paper DEDPS 20 (January 2000), Suntory Centre, London School of Economics and Political Science, available at: http://eprints.lse.ac.uk/6663/1/Fertility,_Education_and_Development.pdf.

第六章 一个更美好的世界？

1. Cited from W.-T. Chan, *A Source Book in Chinese Philosophy*, Princeton University Press, Princeeton, 1963, 213. I owe this reference to Hyun Höchsmann.

2. Attributed to Diogenes by Diogenes Laertius, *Life of Diogenes of Sinope, the Cynic*. The same remark is attributed to Socrates by Plutarch, in *Of Banishment.*
3. John Lennon, *Imagine*, copyright © 1971 Lenono Music.
4. Branko Milanovic, "World Income Inequality in the Second Half of the 20th Century," a paper that was available in draft form at www.world bank.org in June 2001. The draft later became Branko Milanovic, *Worlds Apart*, Princeton University Press, Princeton, 2011, where the sentence may be found on 156.
5. Sewell Chan, "How a Record Number of Migrants Made Their Way to Europe," *New York Times*, December 22, 2015.
6. On this and other ideas about the nature of global institutions, see Daniel Weinstock, "Prospects for Transnational Citizenship and Democracy," *Ethics and International Affairs* 15 (2001): 53–66. Weinstock argues persuasively against some common objections to the idea of global citizenship.

人名对照表

Aaron Jackson	阿伦・杰克逊
Adam Smith	亚当・斯密
Adolf Eichmann	阿道夫・艾希曼
Al Gore	阿尔・戈尔
Alan Pattern	艾伦・帕顿
Alex Gosseries	艾力克斯・戈瑟里斯
Amy Gutmann	艾米・古特曼
Andrew Warner	安德鲁・沃纳
Andy Kuper	安迪・库珀
Angus Deaton	安格斯・迪顿
Archbishop Fénelon	费内隆主教
Ariel Sharon	阿里埃勒・沙龙
Assad	阿萨德
Augusto Pinochet	奥古斯托・皮诺切特
Ban Ki-moon	潘基文
Barack Obama	贝拉克・奥巴马
Benedict Anderson	本尼迪克特・安德森

Bernard Williams	伯纳德·威廉姆斯
Bill Cliton	比尔·克林顿
Bjorn Lomborg	比约恩·隆伯格
Brad Roth	布拉德·罗斯
Branko Milanovic	布兰科·米拉诺维奇
Brend Howard	布伦德·霍华德
Carlos Eire	卡洛斯·艾尔
Charles Beitz	查尔斯·贝兹
Christopher Wellman	克里斯托弗·韦尔曼
Chuck Beitz	查克·贝茨
Colin Powell	科林·鲍威尔
Condoleezza Rice	康多莉扎·赖斯
Dale Jamieson	戴尔·杰米森
Dambisa Moyo	丹比萨·莫约
Darryl Mcleod	达瑞尔·麦克劳德
David Held	戴维·赫尔德
Dianne Witte	戴安娜·维特
Diego von Vacano	迭戈·冯·瓦卡诺
Diogenes	第欧根尼
Dwight H. Terry	特里
Eamonn Callan	埃蒙·卡伦
Ernest Bevin	欧内斯特·贝文
Ernesto Zedillo	埃内斯托·塞迪略
Eugene Stoermer	尤金·斯托莫
Franz Ferdinand	弗兰茨·费迪南
Gareth Evans	加雷斯·埃文斯
Garrett Hardin	加勒特·哈丁

General Sir Charles Napier	查尔斯·纳皮尔将军
George H. W. Bush	老布什
George Kateb	乔治·凯特布
George W. Bush	小布什
Germain Katanga	热尔曼·加丹加
Gordon Brown	戈登·布朗
Harold Koh	高洪柱
Heinrich Himmler	海因里希·希姆莱
Henry Sidgwick	亨利·西季威克
Herman Daly	赫尔曼·达利
Hissène Habré	侯赛因·哈布雷
Idi Amin	伊迪·阿明
Isabel dos Santos	伊莎贝尔·多斯桑托斯
Ivan Eland	伊万·伊兰德
James Hansen	詹姆斯·汉森
Jane Goodall	珍·古道尔
Jean Thomson Black	琼·汤姆森·布莱克
Jean-Bertrand Aristide	让-贝特朗·阿里斯蒂德
Jean-Jacques Rousseau	让-雅克·卢梭
Jeffrey Sachs	杰弗里·萨克斯
Jennifer Jacquet	珍妮弗·雅克
Joe Klein	乔·克莱因
John Broome	约翰·布鲁姆
John Huss	约翰·赫斯
John Kerry	约翰·克里
John Lennon	约翰·列侬
John Locke	约翰·洛克

John Rawls	约翰・罗尔斯
John Ryden	约翰・赖登
John Stuart Mill	约翰・密尔
John Sweeney	约翰・斯威尼
John Weeks	约翰・威克斯
José Eduardo dos Santos	若泽・爱德华多・多斯桑托斯
Joseph Goebbels	约瑟夫・戈培尔
Joseph Heath	约瑟夫・希斯
Joseph Kony	约瑟夫・科尼
Kant	康德
Karl Marx	卡尔・马克思
Kim Girman	金・吉尔曼
Kofi Annan	科菲・安南
Lass Oppenheim	拉萨・奥本海
Laurent Gbagobo	洛朗・巴博
Lawrence Keeley	劳伦斯・基利
Leif Wenar	列夫・维纳
Leo Hickey	利奥・希奇
Lincoln	林肯
Lorand Bartels	罗兰・巴特尔斯
Lord Browne-Wilkinson	布朗-威尔金森勋爵
Lord Phillips of Worth Matravers	沃斯麦特勒佛的菲利普斯勋爵
Lori Gruen	罗莉・格伦
Louis Brandeis	路易斯・布兰代斯
Martin Gilbert	马丁・吉尔伯特
Martin Khor	马丁・科尔
Mary Wollstonecraft	玛丽・沃斯通克拉夫特

Matt Ball	马特・波尔
Melissa Williams	梅丽莎・威廉姆斯
Michael Doyle	迈克尔・多伊尔
Michael Ross	迈克尔・罗斯
Michael Sandel	迈克尔・桑德尔
Michael Walzer	迈克尔・沃尔泽
Mohamed Sahnoun	穆罕默德・萨努恩
Muammar Gaddafi	穆阿迈尔・卡扎菲
Nathan Nicholas	内森・尼古拉斯
Nel Noddings	内尔・诺丁斯
Nevin Johnson	内文・约翰逊
Nicholas Kristof	尼古拉斯・克里斯托弗
Nick Owen	尼克・欧文
Nir Eyal	尼尔・埃亚勒
Nirmala Sitharaman	尼尔马拉・西塔拉曼
Otto von Bismarck	奥托・冯・俾斯麦
Pascal Lamy	帕斯卡尔・拉米
Paul Baer	保罗・贝尔
Paula Casal	波拉・卡索
Peter Godfrey-Smith	彼得・戈德菲–史密斯
Peter Singer	彼得・辛格
Peter Unger	彼得・安格尔
Pietro Maffettone	彼得罗・马非同
Pope Francis	教宗方济各
Pope John Paul II	教宗约翰・保罗二世
Pope Paul VI	教宗保罗六世
R. M. Hare	黑尔

Radley Daly	拉德利・达利
Reinhard Heydrich	莱因哈德・海德里希
Renata	勒娜特
Richard Wood	理查德・伍德
Robert Adams	罗伯特・亚当斯
Robert Apfel	罗伯特・阿普佛
Robert E. Lee	罗伯特・李
Robert Goodin	罗伯特・古丁
Robert Nozick	罗伯特・诺齐克
Russ George	拉斯・乔治
Saddam Hussein	萨达姆・侯赛因
Samuel Parr	萨缪尔・帕尔
Silvia Ribeiro	西尔维娅・里贝罗
Sir Edward Grey	爱德华・格雷爵士
Slobodan Milosěvić	斯洛博丹・米洛舍维奇
Stephen Macedo	斯蒂芬・马塞多
Stephen Rapp	斯蒂芬・拉普
Steven Pinker	斯蒂芬・平克
Svante Arrhenius	斯凡特・阿伦尼乌斯
Teodorin Obiang	特奥多林・奥比昂
Teodoro Obiang Nguema Mbasogo	特奥多罗・奥比昂・恩圭马・姆巴索戈
Thomas Aquinas	托马斯・阿奎那
Thomas Friedman	托马斯・弗里德曼
Thomas Hobbes	托马斯・霍布斯
Thomas Jefferson	托马斯・杰斐逊
Thomas Lubanga	托马斯・卢班加
Thomas Pogge	涛慕思・博格

Timothy Garton Ash	蒂莫西·加顿艾什
Tony Blair	唐尼·布莱尔
Tzipi Livni	齐皮·利夫尼
Tzvetan Todorov	茨维坦·托多洛夫
Vandana Shiva	纨妲娜·希瓦
Victor Menotti	维克托·梅诺蒂
Vivian Leven	薇薇安·列文
Walter Feinberg	沃尔特·范伯格
William Easterly	威廉·伊斯特利
William Godwin	威廉·葛德文
William MacAskill	威廉·麦卡斯基尔
Yael Tamir	耶尔·塔米尔
Zarek Bell	扎里克·贝尔

如何看待全球化：
写给每一个关心世界的人

[澳] 彼得·辛格 著
沈沉 译

图书在版编目(CIP)数据

如何看待全球化：写给每一个关心世界的人 / (澳)彼得·辛格著；沈沉译. — 北京：北京联合出版公司，2017.11

ISBN 978-7-5596-0876-5

Ⅰ. ①如… Ⅱ. ①彼… ②沈… Ⅲ. ①伦理学—研究 Ⅳ. ① B82

中国版本图书馆CIP数据核字 (2017) 第222694号

One World Now:
The Ethics of Globalization

by Peter Singer

北京市版权局著作权合同登记号 图字：01-2017-5834号

选题策划	联合天际
责任编辑	谢晗曦　夏应鹏
特约编辑	王　微
美术编辑	晓　园
封面设计	汐　和

UnRead
—
思想家

出　　版	北京联合出版公司 北京市西城区德外大街83号楼9层 100088
发　　行	北京联合天畅发行公司
印　　刷	北京慧美印刷有限公司
经　　销	新华书店
字　　数	190千字
开　　本	787毫米 × 1092毫米 1/32 9印张
版　　次	2017年11月第1版　2017年11月第1次印刷
I S B N	978-7-5596-0876-5
定　　价	58.00元

关注未读好书

未读 CLUB
会员服务平台

本书若有质量问题，请与本公司图书销售中心联系调换
电话：(010) 5243 5752　(010) 6424 3832